Precedentes no Direito Administrativo

O GEN | Grupo Editorial Nacional – maior plataforma editorial brasileira no segmento científico, técnico e profissional – publica conteúdos nas áreas de concursos, ciências jurídicas, humanas, exatas, da saúde e sociais aplicadas, além de prover serviços direcionados à educação continuada.

As editoras que integram o GEN, das mais respeitadas no mercado editorial, construíram catálogos inigualáveis, com obras decisivas para a formação acadêmica e o aperfeiçoamento de várias gerações de profissionais e estudantes, tendo se tornado sinônimo de qualidade e seriedade.

A missão do GEN e dos núcleos de conteúdo que o compõem é prover a melhor informação científica e distribuí-la de maneira flexível e conveniente, a preços justos, gerando benefícios e servindo a autores, docentes, livreiros, funcionários, colaboradores e acionistas.

Nosso comportamento ético incondicional e nossa responsabilidade social e ambiental são reforçados pela natureza educacional de nossa atividade e dão sustentabilidade ao crescimento contínuo e à rentabilidade do grupo.

Rafael Carvalho Rezende Oliveira

Precedentes no Direito Administrativo

- A EDITORA FORENSE se responsabiliza pelos vícios do produto no que concerne à sua edição (impressão e apresentação a fim de possibilitar ao consumidor bem manuseá-lo e lê-lo). Nem a editora nem o autor assumem qualquer responsabilidade por eventuais danos ou perdas a pessoa ou bens, decorrentes do uso da presente obra.

  Todos os direitos reservados. Nos termos da Lei que resguarda os direitos autorais, é proibida a reprodução total ou parcial de qualquer forma ou por qualquer meio, eletrônico ou mecânico, inclusive através de processos xerográficos, fotocópia e gravação, sem permissão por escrito do autor e do editor.

  Impresso no Brasil – *Printed in Brazil*

- Direitos exclusivos para o Brasil na língua portuguesa
  Copyright © 2018 by
  EDITORA FORENSE LTDA.
  Uma editora integrante do GEN | Grupo Editorial Nacional
  Travessa do Ouvidor, 11 – Térreo e 6º andar – 20040-040 – Rio de Janeiro – RJ
  Tel.: (21) 3543-0770 / (21) 3543-0896
  faleconosco@grupogen.com.br / www.grupogen.com.br

- O titular cuja obra seja fraudulentamente reproduzida, divulgada ou de qualquer forma utilizada poderá requerer a apreensão dos exemplares reproduzidos ou a suspensão da divulgação, sem prejuízo da indenização cabível (art. 102 da Lei n. 9.610, de 19.02.1998).

  Quem vender, expuser à venda, ocultar, adquirir, distribuir, tiver em depósito ou utilizar obra ou fonograma reproduzidos com fraude, com a finalidade de vender, obter ganho, vantagem, proveito, lucro direto ou indireto, para si ou para outrem, será solidariamente responsável com o contrafator, nos termos dos artigos precedentes, respondendo como contrafatores o importador e o distribuidor em caso de reprodução no exterior (art. 104 da Lei n. 9.610/98).

- Capa: Danilo Oliveira

- Fechamento desta edição: 09.04.2018

- CIP – Brasil. Catalogação-na-fonte.
  Sindicato Nacional dos Editores de Livros, RJ.

O51p

Oliveira, Rafael Carvalho Rezende

Precedentes no direito administrativo / Rafael Carvalho Rezende Oliveira. – Rio de Janeiro: Forense, 2018.

Inclui bibliografia
ISBN 978-85-309-8069-6

1. Direito administrativo – Brasil. 2. Administração pública – Brasil. I. Título.

18-48838 CDU: 342.9(81)

Meri Gleice Rodrigues de Souza – Bibliotecária CRB-7/6439

Para minha mulher, Alessandra Simões Bordeaux Oliveira, e meus filhos, Lucca Bordeaux Oliveira e Isabela Bordeaux Oliveira, amores da minha vida.

"It is a basic principle of the administration of justice that like cases should be decided alike."

(Rupert Cross e J. W. Harris)

AGRADECIMENTOS

A elaboração deste livro decorre das pesquisas realizadas durante o programa de residência como *Visiting Foreign Scholar* na Fordham University School of Law, em Nova Iorque, no período de 2015 a 2016.

O afastamento de minhas atividades profissionais cotidianas e a dedicação ao programa de estudos pós-doutorais nos Estados Unidos somente foram viabilizados pelo apoio da família, dos amigos e das instituições que tenho a honra de integrar.

Por essa razão, não posso deixar de agradecer a todos que contribuíram de alguma forma para os meus estudos no exterior e para a elaboração desta obra.

Em primeiro lugar, agradeço à minha mulher, Alessandra Simões Bordeaux Oliveira, e ao meu filho, Lucca Bordeaux Oliveira, companheiros para todas as horas, que me acompanharam nessa jornada, tornando-a uma experiência, pessoal e profissional, inesquecível.

À minha filha, Isabela Bordeaux Oliveira, o meu maior presente de toda essa experiência.

Aos meus pais, Celso Rezende Oliveira e Cleonice Carvalho Rezende Oliveira, e à minha irmã, Renata Carvalho Rezende Oliveira, alicerces da minha vida.

À Procuradoria do Município do Rio de Janeiro, pelo apoio e pela concessão da licença para os estudos na Fordham Law School.

Ao IBMEC-RJ, instituição na qual sou professor titular, pelo apoio dos coordenadores, dos professores e dos alunos.

Registro meu agradecimento especial à professora Toni Jaeger-Fine, *Assistant Dean*, Fordham University School of Law, New York City, pelas aulas brilhantes e pela amizade construída comigo e com a minha família ao longo da minha permanência na universidade. Com obras publicadas em diversos países, Toni é uma referência intelectual e, ainda mais importante, uma amiga que levarei comigo para sempre.

Por fim, agradeço a Deus por abençoar o meu caminho, permitindo o meu constante crescimento pessoal e profissional ao lado da minha família amada.

Março de 2018.

Rafael Carvalho Rezende Oliveira

PREFÁCIO (INGLÊS)

It is an enormous honor to have been invited to write a foreword to Rafael Carvalho Rezende Oliveira's book on *The theory of binding precedents in Administrative Law*. This work makes a valuable contribution to the emerging understanding of the theory and use of binding precedent in Brazil in both the judicial and administrative contexts.

I first met Professor Rafael in January 2016, when he arrived in New York City for a stay as a Visiting Foreign Scholar at Fordham University School of Law and simultaneously to take part in a new program we were launching called the Fordham Law Winter Institute in New York City. Along with his wife, Alessandra, and their adorable young son Lucca, we became fast friends and trusted colleagues. Professor Rafael and I realized quickly that we shared a deep interest in comparative legal systems and in particular the use of precedent as a binding source of law.

Professor Rafael's credentials are extremely impressive. He received his doctorate in law at UVA-RJ, a Master of Theory of State and Constitutional Law at PUC-RJ, and a Specialist in Public Law at UERJ. Professor Rafael serves as Attorney of the City of Rio de Janeiro, Professor of Law at the esteemed IBMEC and Professor of Graduate Studies at the equally venerated FGV Law and Candido Mendes. He is also a Member of the Administrative Law Institute of Rio de Janeiro State. His academic and professional qualifications arm Professor Rafael with the foundation and experience to undertake this important study with a solid background in the theory of law and a particular emphasis on public law. And his time at Fordham Law School, I hope, supplements his work with a more concrete footing in Anglo-American legal traditions. He is already the author of six prior books on various public law topics.

As a longtime follower of Brazil's legal system, I admit to a certain fascination with the recent movement in Brazil toward a system of binding precedents.

Although, as Professor Rafael points out in *The theory of binding precedents*, there are numerous and significant differences between the exercise of binding precedents in the U.S. and in Brazil, I am intrigued by Brazil's recent shift toward a system of *sumula vinculante*, by the reasons prompting the adoption of binding rules of precedent, by the reaction it has generated, and by the rules attending its implementation. Thus, the theme of Professor Rafael's most recent work fascinates me immensely.

Professor Rafael begins his work on *The theory of binding precedents* with an exploration of the history of the tradition of binding precedents, derived, of course, from the English. I very much enjoyed reading Professor Rafael's in-depth history of the development of the notion of binding precedent in England, meticulously detailing the four periods of the history of English law. From this, Professor Rafael reflects on the distinctly U.S. custom of binding precedent which, although obviously based on the English tradition has its own peculiar defining characteristics. For instance, Professor Rafael quite correctly notes and discusses the impact that U.S.-style federalism has on our system of binding precedents. He also observes insightfully the importance of our version of *stare decisis* given the "stiffness of the [U.S.] constitutional text and the difficulty of formally changing it" through the amendment process. In a system such as ours, in which the court structure and the power of judicial review are highly diffuse (and especially over such a large geographic space) and in which the Constitutional text is nearly impervious to formal amendment,[1] *stare decisis* and the binding impact of precedent has special force and relevance.

In some senses, the Brazilian experience shares commonalities with the U.S., but also important differences. Both are large federalist systems governed by a written Constitution. The U.S. and Brazil, however, come from wildly different legal traditions – the Anglo common law tradition in the case of the United States and the Roman-Germanic in the case of Brazil. As a result, historically, Brazil's legal system did not operate under a system of binding precedents but rather by a comprehensive system of codification along with a tendency to amend the Constitution on a fairly regular basis. Professor Rafael's discussion of the system of binding precedent in Brazil is notable for its sensitivity to the particular milieu in which Brazil's system of *sumula vinculante* exists, drawing on the English and

---

[1] Article V of the Constitution of the United States sets out the procedure for amending the Constitution. Consistent with our form of federalism, amendments must be approved by a super-majority of the states. The amendment process is enormously burdensome and has been accomplished rarely – only 17 times since the initial Bill of Rights, last in 1992 (an amendment that was first proposed in 1789).

U.S. traditions but embracing the uniqueness of the Brazil's legal institutions in its implementation. This includes, as Professor Rafael observes, a greater role for the judiciary as precedents take on greater importance and obligatory character – a factor I have heard Brazilians speak about often and with more than a little consternation.

In comparing the Anglo-American system of binding precedents with the Brazilian experience, Professor Rafael notes the increasing convergence between traditional civil and common law systems. Like globalization more broadly, legal systems around the world have taken on characteristics typically associated with others – and this has occurred in both directions. While the U.S. now has a wealth of statutory law at both the federal and state levels, civil law states like Brazil have reassessed the value of a system of binding precedents. Judicial activism, once a moniker of the U.S. and a handful of other common law jurisdictions, is now a phrase that has great currency in Brazil. And, as Professor Rafael correctly observes, judicial powers around the world have assumed greater responsibility for the protection of human rights.

Professor Rafael appropriately points to the importance of the specific facts presented and the court's analysis of those facts under the legal standard in understanding a precedential opinion and in the application of that precedent, recognizing the important role of the courts in determining the scope of precedent, for instance, by discounting dictum, and by analogizing, distinguishing, and occasionally overruling precedents. And, to counter the many arguments against and a binding system of precedent, Professor Rafael emphasizes the important function of a system of binding precedent in promoting certainty, protecting legitimate expectations, and development of a modern and democratic system rule of law.

Professor Rafael's work on *The theory of binding precedent* is also distinguished for its emphasis on administrative precedents – an aspect of the theme that is frequently ignored in the literature in favor of the arguably more sexy application of controlling precedents in the judicial branch. In Brazil in particular, the theory and practice of biding precedents in the executive branch is of crucial importance, and Professor Rafael's work gives it the attention it is due.

Finally, I particularly enjoyed Professor Rafael's discussion of the changes in Brazil's system of judicial review and of binding precedents since the New Code of Civil Procedure was enacted in 2015. These innovative and significant changes to the Brazilian procedural code have not yet been fully explored in the literature, and Professor Rafael's explanation of the principal code provisions and their impact are enormously useful.

In sum, Professor Rafael's new work on *The theory of binding precedents* makes an important contribution. This contribution of course includes a better understanding of judicial review and the use of binding precedents in Brazil. But it goes much further and helps the reader understand the foundations of this important principle and its application in the U.K., the U.S., and more generally around the world. It is an honor to have had the opportunity to read and comment upon this significant achievement.

Toni Jaeger-Fine
Assistant Dean, Fordham University School of Law, New York City.

PREFÁCIO (TRADUZIDO)

É uma enorme honra ter sido convidada para escrever o prefácio para o livro de Rafael Carvalho Rezende, intitulado *The theory of binding precedents in Administrative Law* (*Precedentes no Direito Administrativo*, em tradução adaptada). Este trabalho oferece uma contribuição inestimável ao crescente entendimento da teoria e do uso dos precedentes vinculantes no Brasil, tanto no contexto judicial como no administrativo.

Conheci o Professor Rafael em janeiro de 2016, quando ele chegou à Cidade de Nova Iorque para uma estadia como Professor Estrangeiro Visitante na Fordham University School of Law e, simultaneamente, para participar de um novo programa que estávamos lançando, chamado *Fordham Law Winter Institute*, na cidade de Nova Iorque. Com sua esposa, Alessandra, e seu adorável filho Lucca, logo nos tornamos amigos e colegas de confiança. O Professor Rafael e eu rapidamente percebemos que compartilhávamos de um profundo interesse em sistemas jurídicos comparados e, em especial, no uso dos precedentes vinculantes como fonte vinculante do direito.

As referências do Professor Rafael são altamente impressionantes. Ele concluiu seu doutorado em direito na UVA-RJ, o Mestrado em Teoria do Estado e Direito Constitucional na PUC-RJ e Especialização em Direito do Estado na UERJ. O Professor Rafael é Procurador do Município do Rio de Janeiro, Professor de Direito da prestigiada IBMEC e Professor dos cursos de pós-graduação da igualmente renomada Faculdade de Direito da FGV e da Candido Mendes. Também é Membro do Instituto de Direito Administrativo do Estado do Rio de Janeiro (IDAERJ). Suas qualificações acadêmicas e profissionais proporcionam o alicerce e a experiência para que possa assumir esse importante estudo com uma base sólida na teoria do direito, com ênfase especial no direito público. Além disso, acredito que o tempo que passou na Fordham Law School complementa seu trabalho com uma fundação mais concreta em tradições jurídicas anglo-americanas. Ele já é autor de seis livros sobre diversos tópicos do direito público.

Há muito tempo acompanhando o sistema jurídico brasileiro, admito uma certa fascinação pelo recente movimento no Brasil na direção de um sistema de precedentes vinculantes. Embora, como destaca o Professor Rafael em *The theory of binding precedents in Administrative Law*, existam inúmeras e significativas diferenças entre a aplicação dos precedentes vinculantes nos Estados Unidos e no Brasil, estou intrigada com a recente virada do Brasil na direção de um sistema de súmulas vinculantes e, também, com os motivos que ensejaram a adoção dos precedentes vinculantes, com a reação que isto gerou e com as normas para sua implementação. Portanto, o tema do trabalho mais recente do Professor Rafael me fascina imensamente.

O Professor Rafael inicia seu trabalho em *The theory of binding precedents in Administrative Law* explorando a história da tradição dos precedentes vinculantes, proveniente, naturalmente, dos ingleses. Gostei muito de ler a história pormenorizada do desenvolvimento da noção de súmula vinculante na Inglaterra, com detalhes meticulosos dos quatro períodos da história do direito inglês. A partir daí, o Professor Rafael reflete sobre o costume manifestamente norte-americano dos precedentes vinculantes, que, embora tomando obviamente como base a tradição inglesa, possui suas próprias características determinantes peculiares. Por exemplo, o Professor Rafael muito bem aponta e discute o impacto que o federalismo tipicamente norte-americano tem sobre o nosso sistema de súmulas vinculantes. Ele também observa de forma criteriosa a importância da nossa versão da *stare decisis* diante da "rigidez do texto constitucional [norte-americano] e a dificuldade de alterá-lo formalmente" por meio do processo de emenda. Em um sistema como o nosso, em que a estrutura dos tribunais e o poder do controle judicial são altamente difusos (principalmente em um espaço geográfico tão extenso) e em que o texto constitucional é quase imune a emendas formais,[1] a *stare decisis* e o impacto vinculante dos precedentes têm especial força e relevância.

Em determinados sentidos, a experiência brasileira guarda semelhanças com a norte-americana, mas também diferenças importantes. Ambas são grandes sistemas federalistas regidos por uma Constituição escrita. Entretanto, os Estados Unidos e o Brasil originam-se de tradições jurídicas extremamente diferentes – a

---

[1] O artigo V da Constituição dos Estados Unidos estabelece o procedimento para emendas à Constituição. De acordo com nossa forma de federalismo, as emendas precisam ser aprovadas pela maioria absoluta dos estados. O processo de emenda é extremamente penoso e raramente foi realizado – apenas 17 vezes desde a Declaração de Direitos inicial, sendo a última vez em 1992 (uma emenda que havia sido proposta em 1789).

tradição anglo-saxônica do *common law*, no caso dos Estados Unidos, e a romano-germânica, no caso do Brasil. Como resultado, historicamente, o sistema jurídico brasileiro não operava de acordo com um sistema de precedentes vinculantes, mas, sim, seguindo um sistema abrangente de codificação, aliado a uma tendência de emendas à Constituição que ocorriam de forma bastante regular. A discussão do Professor Rafael sobre o sistema de precedentes vinculantes no Brasil é notável por sua sensibilidade com relação ao meio específico onde o sistema de súmulas vinculantes no Brasil existe, valendo-se das tradições inglesas e norte-americanas, mas incorporando a singularidade das instituições jurídicas brasileiras em sua implementação. Conforme observado pelo Professor Rafael, isso inclui um papel mais amplo do poder judiciário na medida em que os precedentes assumem uma maior importância e um caráter obrigatório – fator sobre o qual já ouvi os brasileiros falarem muitas vezes, um tanto quanto desanimados, aliás.

Ao comparar o sistema anglo-americano de precedentes vinculantes com a experiência brasileira, o Professor Rafael aponta a crescente convergência entre o sistema da *common law* e o sistema civil tradicional. Como ocorreu com a globalização de forma mais ampla, os sistemas jurídicos em todo o mundo assumiram características tipicamente relacionadas aos demais – e isto ocorreu em ambas as direções. Enquanto os Estados Unidos hoje têm um grande número de leis tanto na esfera federal quanto estadual, os estados que adotam o direito civil, como o Brasil, reavaliaram o valor do sistema de precedentes vinculantes. O ativismo judicial, antes intimamente associado aos Estados Unidos e a uma série de outras jurisdições que adotam o *common law*, é agora uma expressão com grande aceitação no Brasil. E, conforme o Professor Rafael muito bem observa, os poderes judiciários no mundo todo assumiram uma maior responsabilidade pela proteção dos direitos humanos.

O Professor Rafael corretamente indica a importância dos fatos específicos apresentados e da análise destes fatos pelos tribunais segundo os padrões jurídicos, para o entendimento de uma manifestação utilizada como precedente e na aplicação daquele precedente, reconhecendo o importante papel dos tribunais na determinação do alcance dos precedentes, ao, por exemplo, descartarem o *dictum* e ao aplicarem a analogia, distinguirem e eventualmente reformarem precedentes. E, para contestar os diversos argumentos contrários a um sistema vinculante de precedentes, o Professor Rafael destaca a importante função de um sistema de precedentes vinculantes na promoção da segurança jurídica, protegendo expectativas legítimas e desenvolvendo um sistema de estado de direito moderno e democrático.

O trabalho do Professor Rafael em *The theory of binding precedents in Administrative Law* também é notável por sua ênfase em precedentes administrativos

– um aspecto do tema que é frequentemente ignorado na doutrina em prol de uma aplicação possivelmente mais atraente dos precedentes vinculantes no judiciário. Especificamente no Brasil, a teoria e a prática dos precedentes vinculantes no poder executivo são de importância crucial e o trabalho do Professor Rafael dá ao assunto a atenção que lhe é devida.

Finalmente, gostei particularmente da discussão do Professor Rafael sobre as alterações do sistema brasileiro de controle judicial e sobre precedentes vinculantes desde que o novo Código de Processo Civil foi promulgado em 2015. Estas mudanças inovadoras e significativas do código processual brasileiro ainda não foram inteiramente exploradas na literatura e a explicação do Professor Rafael sobre as principais disposições do código e seu impacto são extremamente úteis.

Em resumo, o novo trabalho do Professor Rafael, intitulado *The theory of binding precedents in Administrative Law*, traz uma importante contribuição, a qual certamente inclui um melhor entendimento sobre o controle judicial e o uso dos precedentes vinculantes no Brasil. Mas também vai muito além e ajuda o leitor a compreender os fundamentos deste importante princípio e sua aplicação no Reino Unido, nos Estados Unidos e, de forma mais geral, em todo o mundo. É uma honra ter tido a oportunidade de ler e fazer comentários sobre essa notável realização.

Toni Jaeger-Fine
Assistant Dean, Fordham University School of Law, New York City.

APRESENTAÇÃO

O livro *Precedentes no Direito Administrativo* é o resultado das pesquisas realizadas pelo autor durante o programa de residência como *Visiting Foreign Scholar* na Fordham University School of Law, em Nova Iorque, no período de 2015 a 2016.

O objetivo central do livro é investigar a existência de uma teoria dos precedentes judiciais vinculantes no Brasil e seus reflexos para a Administração Pública, bem como a possibilidade de instituição de uma teoria dos precedentes administrativos no exercício da atividade administrativa.

É possível perceber, de forma cada vez mais intensa, uma aproximação entre as tradições jurídicas do *common law* e do *civil law*, reforçada com o advento do Código de Processo Civil de 2015, que adotou o sistema de precedentes judiciais vinculantes (*binding precedents* ou *stare decisis* ou *stare decisis et non quieta movere*).

Com isso, o papel do Poder Judiciário na tarefa de uniformizar a interpretação e a aplicação do direito, garantindo o tratamento isonômico aos jurisdicionados, ganha maior relevância e, ao mesmo tempo, apresenta o novo desafio de utilizar a teoria dos precedentes vinculantes, originada no *common law*, no ordenamento pátrio que sempre foi vinculado, de forma preponderante, ao sistema do *civil law*.

Desde então, o estudo dos precedentes no Brasil se intensificou e justificou, inclusive, a escolha do tema pelo autor para investigação e pesquisa na Fordham University School of Law.

Nesta obra, após a introdução ao tema, serão apresentadas, no Capítulo 2, as fontes históricas do *common law* e do *civil law*, a evolução, as respectivas caraterísticas e a aproximação entre as duas tradições jurídicas, com reflexos marcantes no papel das fontes do direito.

No Capítulo 3, o estudo apresentará a teoria dos precedentes judiciais vinculantes, demonstrando o significado, os fundamentos, as classificações, as distinções de outros institutos jurídicos (decisões judiciais, súmulas e jurisprudência), a estrutura e as formas de aplicação e superação dos precedentes judiciais.

Em seguida, no Capítulo 4, o foco será o estudo da teoria dos precedentes judiciais vinculantes adotada pelo CPC/2015, com adaptações em relação ao modelo clássico do *common law*. Após a apresentação dos precedentes vinculantes enumerados no Código de Processo Civil, serão destacadas as principais distinções entre as teorias dos precedentes no Brasil e nos países do *common law*.

Finalmente, no Capítulo 5, o livro apresentará a teoria dos precedentes no Direito Administrativo. Além dos possíveis efeitos da aplicação dos precedentes judiciais no âmbito da Administração Pública, o livro pretende demonstrar a possibilidade de adoção de uma "teoria dos precedentes administrativos" no exercício da função administrativa.

Assim como ocorre na esfera jurisdicional, o exercício da função administrativa deve ser pautado pela isonomia, pela boa-fé, pela proteção da confiança legítima dos administrados, entre outros princípios, o que sugere a necessidade de coerência na atividade administrativa.

Destarte, no sobredito capítulo, serão apresentados o conceito de precedentes administrativos, a teoria da autovinculação, os fundamentos, os efeitos, os impactos nas fontes do Direito Administrativo, a distinção entre os precedentes administrativos e outros institutos semelhantes (praxe administrativa, costumes, teoria dos atos próprios e a analogia), os requisitos, a aplicação e a superação dos precedentes administrativos, os efeitos da violação aos precedentes, as diferenças e os diálogos entre os processos judiciais e os processos administrativos, e a relevância do papel da advocacia pública na aplicação dos precedentes administrativos.

Por último, no Capítulo 6, o trabalho apontará as sínteses conclusivas.

O público-alvo da obra são estudantes, advogados, Juízes, Promotores de Justiça, Defensores Públicos, Procuradores e todos os estudiosos do Direito Administrativo.

Boa leitura!

SUMÁRIO

CAPÍTULO 1 – INTRODUÇÃO... 1

CAPÍTULO 2 – *COMMON LAW* E *CIVIL LAW*: ORIGEM, EVOLUÇÃO E APROXIMAÇÃO 3

2.1. O *common law* no direito inglês 4
    2.1.1. Origem, evolução e características 4
    2.1.2. A organização do sistema judiciário inglês 10
2.2. O *common law* no direito norte-americano 11
    2.2.1. Origem, evolução e características 11
    2.2.2. A organização judiciária norte-americana 15
2.3. O papel da jurisprudência nos sistemas do *common law*: a doutrina do *stare decisis* e as fontes do direito 18
2.4. O *civil law*: origem, evolução e suas fontes 26
2.5. A aproximação entre o *civil law* e o *common law* 29

CAPÍTULO 3 – A TEORIA DOS PRECEDENTES JUDICIAIS 35

3.1. Conceito 35
3.2. Fundamentos: vantagens e desvantagens 38
3.3. Classificações 40
3.4. Decisões, precedentes, súmulas e jurisprudência 43
3.5. Estrutura dos precedentes: *ratio decidendi* (ou *holding*) e *obiter dictum* 46
3.6. Aplicação e superação dos precedentes: *analogy*, *distinguishing*, *overruling* e outros mecanismos.. 49

CAPÍTULO 4 – A TEORIA DOS PRECEDENTES NO BRASIL E O CÓDIGO DE PROCESSO CIVIL (CPC/2015) 65

4.1. A evolução da teoria dos precedentes no Brasil 65
4.2. Os precedentes judiciais no CPC/2015 75
4.3. Precedentes judiciais vinculantes (art. 927 do CPC) 78
    4.3.1. Decisões do Supremo Tribunal Federal em controle concentrado de constitucionalidade (art. 927, I, do CPC) 79
    4.3.2. Enunciados de súmula vinculante (art. 927, II, do CPC) 80
    4.3.3. Acórdãos em incidente de assunção de competência ou de resolução de demandas repetitivas e em julgamento de recursos extraordinário e especial repetitivos (art. 927, III, do CPC) 80
    4.3.4. Enunciados das súmulas do Supremo Tribunal Federal em matéria constitucional e do Superior Tribunal de Justiça em matéria infraconstitucional (art. 927, IV, do CPC) 83
    4.3.5. Decisão do plenário ou do órgão especial dos tribunais (art. 927, V, do CPC) 85
4.4. Graus de vinculação dos precedentes: forte, média e fraca 85
4.5. Aplicação dos precedentes: *ratio decidendi* (ou *holding*) e *obiter dictum* 87
4.6. *Distinguishing* 88
4.7. Superação dos precedentes (*overruling*) 89
4.8. Divulgação dos precedentes 92
4.9. Distinções entre as teorias dos precedentes no Brasil e nos países do *common law* 93

CAPÍTULO 5 – A TEORIA DOS PRECEDENTES ADMINISTRATIVOS 95

5.1. Conceito 95
5.2. Autovinculação e os precedentes administrativos 101
5.3. Fundamentos 107
5.4. Precedentes administrativos e as fontes do Direito Administrativo 109
5.5. Discricionariedade, vinculação e precedentes administrativos 112
5.6. Efeitos vinculantes e persuasivos dos precedentes administrativos 116
5.7. Precedentes administrativos e institutos afins 118
    5.7.1. Praxe administrativa 118
    5.7.2. Costumes 119
    5.7.3. Teoria dos atos próprios (*nemo potest venire contra factum proprium*) 121
    5.7.4. Analogia 123

5.8.	Requisitos para aplicação dos precedentes administrativos		125
	5.8.1.	Identidade subjetiva da Administração Pública	126
	5.8.2.	Identidade objetiva	129
	5.8.3.	Legalidade	130
	5.8.4.	Inexistência de justificativa relevante e motivada para alteração do precedente	131
5.9.	Aplicação dos precedentes administrativos: analogia e *distinguishing*		132
5.10.	Superação dos precedentes administrativos: *overruling*		133
	5.10.1.	Exigências para superação dos precedentes administrativos	134
		5.10.1.1. Efeitos e modulação	134
		5.10.1.2. Motivação	135
	5.10.2.	Hipóteses de superação dos precedentes administrativos	136
		5.10.2.1. Anulação da decisão administrativa que originou o precedente	136
		5.10.2.2. Ilegalidade do precedente sem anulação da decisão administrativa	140
		5.10.2.3. Superação do precedente por razões de interesse público	141
5.11.	Efeitos da violação aos precedentes administrativos		141
5.12.	Processos judiciais *versus* processos administrativos		143
5.13.	Precedentes judiciais nos processos administrativos		146
5.14.	Precedentes administrativos nos processos judiciais		154
5.15.	A relevância do papel da advocacia pública na aplicação dos precedentes administrativos		161

CAPÍTULO 6 – CONCLUSÕES 165

BIBLIOGRAFIA 167

Capítulo 1

INTRODUÇÃO

O estudo dos precedentes judiciais vinculantes sempre exerceu papel destacado nos países da tradição do *common law*. A relevância da jurisprudência no rol das fontes de direito nesses países contrastava, tradicionalmente, com o papel da legislação nos países de tradição do *civil law*.

Todavia, a crescente aproximação e o diálogo entre as tradições jurídicas do *common law* e do *civil law* suavizam as fronteiras entre os ordenamentos jurídicos alinhados às duas tradições.

No Brasil, a crescente relevância do Poder Judiciário na interpretação e na aplicação das normas jurídicas bem como a necessidade de uniformização, estabilidade, integridade e coerência da jurisprudência justificaram, em grande medida, a adoção adaptada de uma teoria dos precedentes judiciais no Código de Processo Civil de 2015.

Trata-se de instituto jurídico desafiador para os juristas brasileiros, cuja formação, pautada pela lógica do protagonismo da legislação e dos códigos, dificulta a assimilação e a operacionalização dos precedentes judiciais vinculantes.

Não basta a incorporação da teoria dos precedentes na legislação processual. É fundamental a mudança de mentalidade dos juristas brasileiros para que a referida teoria seja aplicada de forma satisfatória.

Este livro tem por objetivo contribuir para o estudo dos precedentes, com destaque para os respectivos efeitos na atuação da Administração Pública.

Pretende-se demonstrar que a adoção da teoria dos precedentes judiciais vinculantes no Brasil acarreta relevantes reflexos para a Administração Pública, bem como reforça a possibilidade de instituição de uma teoria dos precedentes administrativos no exercício da atividade administrativa.

Vale dizer: ao lado da vinculação aos precedentes judiciais, seria possível sustentar a existência de uma teoria dos precedentes administrativos, com o objetivo de garantir que as decisões administrativas sejam respeitadas em casos semelhantes futuros, salvo as situações excepcionais que justificariam a inaplicabilidade ou a superação dos próprios precedentes.

Assim como ocorre na atividade jurisdicional, a atividade administrativa deve ser pautada pelo respeito aos precedentes.

Não é por outra razão que neste livro abordaremos a necessidade de coerência na atuação administrativa, o que representa um enorme desafio para a sociedade contemporânea, fortemente marcada por incertezas, riscos e constantes mudanças.

A velocidade das transformações tecnológicas, que impactam nos indivíduos, não é acompanhada pelo ritmo do Direito, que demora a compreender e lidar com a nova realidade, agora incompatível com velhos dogmas jurídicos. Basta mencionar os desafios oriundos do processo de transformações tecnológicas disruptivas, tal como ocorre nos casos do Uber, da Netflix etc.

No atual cenário, o desafio é a busca da coerência no ambiente de caos. Não se trata de exigir, pura e simplesmente, a petrificação da ação estatal, uma vez que a coerência não significa imutabilidade.

Em verdade, o caminho é a atuação estatal coerente com as promessas firmes, interpretações e com os próprios atos passados, com o objetivo de gerar previsibilidade para os cidadãos e, desta forma, proteger as legítimas expectativas geradas, sem proibir, contudo, as mudanças, as adaptações e as evoluções que são necessárias para que o Direito se mantenha conectado com as necessidades da sociedade.

É verdade que a exigência de coerência absoluta por parte das pessoas representa utopia. Afinal de contas, as pessoas são imperfeitas e a incoerência é uma característica inerente à natureza humana.

O objetivo, aqui, é estabelecer as premissas para que a Administração Pública seja coerente com os precedentes judiciais e com os próprios precedentes administrativos. A previsibilidade deve ser o alvo da ação administrativa, tendo em vista a necessidade de efetivação dos princípios da isonomia, da boa-fé, da segurança jurídica e da proteção da confiança dos administrados.

Antes, contudo, de aprofundarmos o estudo dos precedentes judiciais e dos precedentes administrativos, é relevante analisarmos a origem e a evolução da teoria dos precedentes judiciais vinculantes nos países de tradição do *common law*.

Com efeito, no próximo capítulo, serão apresentadas as fontes históricas do *common law*, com destaque para o direito inglês e o direito norte-americano, e do *civil law*, bem como a evolução, as respectivas caraterísticas e a aproximação entre as duas tradições jurídicas, com reflexos marcantes no papel das fontes do direito.

Capítulo 2

COMMON LAW E CIVIL LAW: ORIGEM, EVOLUÇÃO E APROXIMAÇÃO

As tradições jurídicas (ou famílias jurídicas)[1] do *common law* e do *civil law* apresentam distinções importantes em relação à origem e às respectivas características.

É possível perceber, contudo, certa aproximação entre as duas tradições, o que pode ser observado, inclusive, na crescente adoção da ideia dos precedentes vinculantes em países da tradição do *civil law*.

Nos tópicos seguintes, serão destacadas a origem e a evolução do *common law* no direito inglês e no direito norte-americano, com destaque para o papel da jurisprudência no sistema de fontes do direito.

Em seguida, o destaque será o estudo da origem, da evolução e das fontes do *civil law* e a sua aproximação com a tradição do *common law*.

---

[1] A doutrina tem utilizado, com maior frequência, a expressão "tradição jurídica" ou "família jurídica" em vez de "sistema jurídico" para se referir ao *common law* e ao *civil law*. Isso porque a expressão "sistema jurídico" refere-se ao conjunto de instituições jurídicas, procedimentos e regras, razão pela qual cada país, integrante do *common law* ou do *civil law*, possui peculiaridades em seu(s) próprio(s) sistema(s) jurídico(s). Países que pertencem à mesma tradição jurídica possuem seus próprios sistemas jurídicos. No Reino Unido, por exemplo, enquanto o direito inglês (Inglaterra e o País de Gales) e o direito irlandês pertencem à tradição do *common law*, o direito escocês tem origem romana e pode ser considerado um sistema misto. Nesse sentido: FALCÓN Y TELLA, Maria José. *Case Law in Roman, Anglosaxon and Continental Law*. Boston: Martinus Nijhoff Publishers, 2011. p. 19-22; DAVID, René. *Os grandes sistemas do Direito Contemporâneo*. São Paulo: Martins Fontes, 2002. p. 20-23.

2.1. O *COMMON LAW* NO DIREITO INGLÊS

2.1.1. Origem, evolução e características

A expressão *common law* é normalmente atribuída ao direito consuetudinário, não escrito ou costumeiro (em oposição ao direito legislado), que corresponde ao antigo direito nacional inglês que se expandiu aos demais povos de matriz anglo-saxônica, cuja eficácia deriva de usos e costumes imemoriais.

O *common law* caracteriza-se como direito costumeiro-jurisprudencial, fundado nos usos e costumes consagrados nos precedentes firmados por meio das decisões dos tribunais, distinto do direito continental europeu e latino-americano, ligado à tradição romanística, do direito Romano medieval, e caracterizado pelo primado da lei, considerado fonte primária do ordenamento jurídico.[2]

A tradição jurídica (ou família jurídica) do *common law*, originada na Inglaterra, fundamentou substancialmente, salvo pequenas exceções, o direito elaborado na maioria dos países de língua inglesa, tais como: Estados Unidos, com exceção do estado da Louisiana; Canadá, com exceção de Québec; Austrália; Nova Zelândia; Índia; África do Sul etc. Em verdade, cada país possui seu próprio ordenamento jurídico, dotado de peculiaridades, mas é possível identificar características comuns nesses diversos ordenamentos que formariam a base (ou núcleo fundamental) do *common law*.[3]

Antes de analisarmos as principais características e vicissitudes desse modelo jurídico, é imprescindível realizarmos um estudo acerca da própria história do direito inglês desde os seus primórdios até a atualidade. É que, como veremos, além de um forte caráter jurisprudencial e processualístico, o *common law* possui uma profunda dimensão histórica.

Em resumo, a história do direito inglês pode ser dividida em quatro períodos, a saber:[4]

a) período anglo-saxão, anterior à conquista normanda de 1066;

b) período de domínio pelos normandos, em que houve a formação e o desenvolvimento do *common law*, entre o ano 1066 e a dinastia dos Tudors (1485);

---

[2] REALE, Miguel. *Lições preliminares de direito*. 25. ed. São Paulo: Saraiva, 2001. p. 89.

[3] Em verdade, no próprio Reino Unido, berço da tradição do *common law*, não há uniformidade em relação às jurisdições. Enquanto a Inglaterra, o País de Gales e a Irlanda adotam o *common law* inglês, com a crescente produção legislativa (*statutes*), a Escócia adota o sistema misto, entre o *common law* e o *civil law*.

[4] DAVID, René. *Os grandes sistemas do Direito Contemporâneo*. São Paulo: Martins Fontes, 2002. p. 356.

c) o período de desenvolvimento do sistema complementar ao *common law* que se manifesta nas regras de equidade (*equity*), entre os anos de 1485 e 1832; e

d) período de ascensão do direito inglês moderno, com desenvolvimento intenso da lei escrita, perdurando desde o ano de 1832 até os dias atuais.

No estágio inicial da evolução do direito inglês, até o ano de 1066, a Inglaterra vivenciou o direito anglo-saxão, composto por leis locais e escritas em língua inglesa (e não mais em latim), inexistindo, nesse período, um direito comum aplicável em todo o país.

O domínio romano na Inglaterra, que perdurou até o século V, não deixou vestígios marcantes no direito inglês, uma vez que, entre outros fatores, não era costume de Roma enviar jurisconsultos às províncias, mas apenas administradores assessorados por soldados e escravos.[5]

Após a conquista normanda em 1066, sob a liderança de Guilherme, o Conquistador, a época tribal é substituída pelo feudalismo, surgindo um poder centralizado e, em oposição aos costumes locais, um direito comum a toda Inglaterra, denominado *common law*.[6] Trata-se, aqui, do segundo momento da evolução histórica do direito inglês, com a formação e o desenvolvimento do *common law*.

O *common law* foi obra dos Tribunais Reais de Justiça (Tribunais de Westminster ou tribunais de *common law*), que funcionavam como cortes de exceção, ao decidirem livremente sobre os casos que seriam apreciados, e exerciam competências especiais, inicialmente limitadas a três questões que justificavam a divisão em três jurisdições especializadas, a saber: a) o Tribunal de Apelação ou do Tesouro (*Court of Exchequer*), com competência para o julgamento de questões relacionadas às finanças reais; b) o Tribunal de Queixas Comuns (*Court of Common Pleas*), incumbido de julgar litígios concernentes à posse e propriedade de terras; e c) o Tribunal do Banco do Rei (*King's Bench*), com competência para julgar graves questões criminais perturbadoras da paz do reino. Os demais casos estavam excluídos da

---

[5] Não por outra razão, Carlos Jáuregui afirma que os romanos se assemelhavam mais com conquistadores do que com colonizadores. JÁUREGUI, Carlos. *Generalidades y peculiaridades del Sistema Legal Inglés*. Buenos Aires: Depalma, 1990. p. 7. De forma semelhante: CASTRO, Flávia Lages. *História do Direito Geral e Brasil*. Rio de Janeiro: Lumen Juris, 2007. p. 182. Nas palavras da autora, "até o século V a Inglaterra era, em grande parte, domínio romano, entretanto, não houve 'romanização', ou seja, não houve uma transformação da população local de maneira a tomar a cultura romana para si. Os romanos eram apenas o exército invasor, agiam como tal e eram tratados como tal. A miscigenação não foi uma constante".

[6] CASTRO, Flávia Lages. *História do direito geral e Brasil*. Rio de Janeiro: Lumen Juris, 2007. p. 183.

competência dos tribunais reais e permaneciam sendo julgados pelas jurisdições senhoriais e eclesiásticas, as *Country Courts*.[7]

Na ausência de regras substanciais definidoras de direitos e obrigações, os Tribunais Reais estabeleceram regras processuais formalistas (*forms of action*) que deveriam ser observadas na resolução das controvérsias submetidas à sua jurisdição.

Em consequência, a ausência de previsão de um *writ* específico inviabilizaria a proteção de direitos ("no writ, no remedy" ou "remedies precede rights"). Esse problema, todavia, era mitigado porque o rei tinha a liberdade para configurar quantos *writs* desejasse.[8]

Essa fase histórica marcou tão profundamente o direito inglês que a sua influência pode ser sentida até os dias atuais em quatro aspectos do direito inglês:[9] a) marcante ênfase do direito processual, cuja origem advém das formas de petições dirigidas aos Tribunais Reais, os quais, por possuírem competência para conhecerem somente determinadas matérias, preconizavam a divisão dos *writs*, com a prevalência do processo sobre o direito material; b) a elaboração de inúmeras categorias de conceitos paradigmáticos, que até hoje servem de base para o direito inglês; c) a rejeição da distinção entre direito público e privado; e d) a rejeição das categorias e dos conceitos próprios do direito romano.

A importância do processo em contraposição às regras substantivas pode ser exemplificada pela Magna Carta de 1215, do Rei João Sem-Terra, que, embora já consagrasse alguns elementos constitucionais, era voltada essencialmente ao estabelecimento de garantias de índole formal, como a ideia de devido processo legal (*due process of law*).

Ademais, a ênfase processual do direito inglês explica, em grande parte, o surgimento tardio dos cursos de direitos nas universidades inglesas (Oxford, em 1758, e Cambridge, em 1800) e a menor importância do direito romano na Inglaterra, uma vez que as regras processuais eram aprendidas na prática e não na teoria. O direito inglês é, essencialmente, processualista e pragmático.

---

[7] DAVID, René. *Os grandes sistemas do direito contemporâneo*. 4. ed. São Paulo: Martins Fontes, 2002. p. 360-361; LOSANO, Mario G. *Os grandes sistemas jurídicos*: introdução aos sistemas jurídicos europeus e extra-europeus. São Paulo: Martins Fontes, 2007. p. 328.

[8] LOSANO, Mario G. *Os grandes sistemas jurídicos*: introdução aos sistemas jurídicos europeus e extra-europeus. São Paulo: Martins Fontes, 2007. p. 329.

[9] DAVID, René. *Os grandes sistemas do direito contemporâneo*. 4. ed. São Paulo: Martins Fontes, 2002. p. 364-370.

A expansão da jurisdição dos tribunais reais sobre questões até então julgadas pelos tribunais senhoriais e o abuso do Rei no exercício do seu poder de configurar os *writs* geraram descontentamento dos barões que pretendiam manter seus poderes em seus domínios, o que justificou, como forma de contenção do poder real, a elaboração das Provisions of Oxford, de 1258, que restringiu a emissão de *writs* pelos Tribunais Reais aos casos já existentes e aqueles que decidiram casos semelhantes (*writs in consimili casu*).[10]

Nesse contexto, entre os anos de 1485 e 1832, verifica-se o terceiro momento marcante da evolução do direito inglês, com o desenvolvimento do sistema complementar ao *common law* que se manifesta nas regras de equidade (*equity*).

A crescente insatisfação social e a ampla demanda por justiça abriram espaço para o nascimento de uma nova forma de jurisdição que não levava em consideração as rígidas regras processuais: a *equity*.

A *equity* funcionava como uma instância recursal, de modo que todos aqueles que eram vencidos ou não eram admitidos a litigar perante os tribunais reais poderiam interpor recursos direcionados à autoridade real. Em síntese, a *equity* era um sistema complementar ao *common law* que, pautado pela ideia de equidade, pretendia aperfeiçoá-lo, flexibilizando a rigidez desse sistema.[11]

O Chanceler era normalmente um eclesiástico, razão pela qual buscava a solução para os casos nos princípios gerais do direito romano que permeavam as concepções dispostas no direito canônico. A partir do século XVI, porém, o Chanceler passou a ser um jurista e não mais um confessor do rei ou eclesiástico, mas suas decisões continuavam a ser inspiradas no direito canônico e no direito romano.[12]

Todavia, a jurisdição do Chanceler também apresentou problemas, como a morosidade, e o conflito de forças com os Tribunais Reais foi resolvido, tacitamente (e não por meio de lei ou outro ato formal), em favor do equilíbrio entre as jurisdições dos Tribunais de *common law* e do Chanceler. Este, por sua vez, deixou de

---

[10] LOSANO, Mario G. *Os grandes sistemas jurídicos*: introdução aos sistemas jurídicos europeus e extra-europeus. São Paulo: Martins Fontes, 2007. p. 329.

[11] DAVID, René. *Os grandes sistemas do direito contemporâneo*. 4. ed. São Paulo: Martins Fontes, 2002. p. 375.

[12] DAVID, René. *Os grandes sistemas do direito contemporâneo*. 4. ed. São Paulo: Martins Fontes, 2002. p. 372.

atuar de acordo com as leis morais e passou a adotar a postura dos juristas, agindo com equidade e de acordo com seus precedentes.[13]

Por fim, o quarto período da evolução do direito inglês, caracterizado pela ascensão do direito inglês moderno, iniciou-se, no século XIX, com a implementação das denominadas Grandes Reformas e o avanço da legislação escrita (*statutes*).

As grandes reformas do direito processual, implementadas em 1832, 1833 e 1852, relativizaram os entraves processuais para enfatizar o direito substantivo, tal como ocorria na Europa continental.[14]

Outra reforma importante se iniciou em 1873, com a expedição do *Judicature Act*, que implementou uma profunda alteração na organização judiciária inglesa por meio da fusão definitiva entre as jurisdições do *common law* e da *equity*, o que acarretou a supressão da distinção formal entre os Tribunais do *common law* e os Tribunais da *equity*, de modo que todas as jurisdições inglesas passaram a aplicar tanto o direito consuetudinário quanto as regras de equidade.[15]

Essa fase também foi marcada pelo avanço da legislação (*statute law*). O *statute law* surgiu como um remédio para os novos desafios advindos, sobretudo, do Estado do *Welfare-State* ou Estado de Bem-Estar Social. É que o *Welfare-State* tem como característica marcante uma ampliação do papel do Estado na consecução de serviços públicos ou de utilidade pública.

Com efeito, como forma de se adaptar às novas e complexas demandas sociais advindas do surgimento do Estado do Bem-Estar Social, o Estado inglês passou a recorrer à ampliação da atividade legislativa e ao fortalecimento das atividades administrativas. Isso abriu espaço para o desenvolvimento e fortalecimento da regulamentação naquele país, evidenciando pela primeira vez em muito tempo uma aproximação entre o direito inglês e o direito continental europeu de base romano-germânica.[16]

Frise-se, porém, que o advento do *statute law* não significa, de modo algum, ter o direito não legislado perdido o seu posto de fonte regular do direito inglês.

---

[13] DAVID, René. *Os grandes sistemas do direito contemporâneo*. 4. ed. São Paulo: Martins Fontes, 2002. p. 373-374.

[14] DAVID, René. *Os grandes sistemas do direito contemporâneo*. 4. ed. São Paulo: Martins Fontes, 2002. p. 377.

[15] LOSANO, Mario G. *Os grandes sistemas jurídicos*: introdução aos sistemas jurídicos europeus e extra-europeus. São Paulo: Martins Fontes, 2007. p. 332.

[16] DAVID, René. *Os grandes sistemas do direito contemporâneo*. 4. ed. São Paulo: Martins Fontes, 2002. p. 378-379.

Pelo contrário, a lei escrita ocupa o papel de norma de exceção, cuja função é determinar as hipóteses excepcionais, isto é, as hipóteses que fogem aos princípios gerais do *common law*.

Ademais, como o precedente jurisdicional é a principal fonte do *common law*, os juízes sempre interpretam de modo restritivo a legislação (o *statute law*), limitando ao máximo sua incidência sobre o *common law*.[17]

A aproximação entre o direito inglês e o direito continental europeu de base romano-germânica foi especialmente ampliada em razão da globalização e do ingresso do Reino Unido, em 1973, na Comunidade Econômica Europeia (CEE), a qual, com a celebração do Tratado de Maastricht, no ano de 1993, foi substituída pela União Europeia (UE).

No ano de 2016, contudo, após referendo marcado por acirrada votação, os britânicos decidiram deixar a União Europeia ("Brexit"). Com a saída da União Europeia, iniciou-se um processo de incerteza em relação ao futuro do Reino Unido, mas, formalmente, o direito interno não se submeteria, a partir de agora, às normas da União Europeia.

Outras importantes transformações no ordenamento jurídico inglês foram instituídas com a promulgação de duas normas:

a) o *Human Rights Act* de 1998: abriu a possibilidade para a declaração de incompatibilidade de leis inglesas com os direitos humanos reconhecidos pela Comunidade Europeia;[18] e

b) o *Constitutional Reform Act* de 2005: instituiu uma nova Suprema Corte, tornando o Judiciário independente do Parlamento, uma vez que, até então, a *House of Lords*, responsável pela função judicante, era órgão vinculado ao Parlamento.

A partir da evolução histórica, verifica-se que o direito inglês não é formado por normas substanciais ou codificadas, que estabelecem direitos e deveres. Ao contrário, o direito é formulado a partir da jurisprudência dos Tribunais Reais (*common law*) e do Tribunal de Chancelaria (*equity*). O direito inglês, dessa forma, é a norma extraída, por indução, da *ratio decidendi* do caso concreto e aplicada aos futuros casos semelhantes.

---

[17] LOSANO, Mario G. *Os grandes sistemas jurídicos:* introdução aos sistemas jurídicos europeus e extra-europeus. São Paulo: Martins Fontes, 2007. p. 334.

[18] Até o advento do *Human Rights Act* de 1998, as violações aos direitos consagrados na Convenção Europeia de Direitos Humanos (*European Convention of Human Rights* – ECHR) não poderiam ser discutidas perante os tribunais ingleses, mas apenas na Corte Europeia de Direitos Humanos (*European Court of Human Rights* – ECHR).

2.1.2. A organização do sistema judiciário inglês

A organização judiciária inglesa pode ser percebida a partir de sua divisão em dois tipos de jurisdições: a) cortes superiores e b) cortes inferiores. Enquanto as cortes inferiores têm por objetivo exclusivo a resolução de litígios, as cortes superiores, além dessa função, dizem o que é o direito e instituem os precedentes vinculantes.[19]

A primeira instância, em matéria criminal, é formada, basicamente, por dois órgãos: a) *Magistrate's Court*: responsáveis pelos julgamentos das infrações de menor potencial ofensivo (*petty offences, non-indictable offences*); e b) *Crown Court*: competente para os julgamentos das infrações penais de maior gravidade (*indictable offences*).

A jurisdição civil, por sua vez, é exercida, em primeira instância, pelos seguintes órgãos: a) *County Courts* (tribunais de condado): julgam os casos de menor valor; e b) *High Court*: decidem os casos de maior expressão econômica. A *High Court* é dividida em três seções: b.1) *Queen's Bench Division*: responsável pelos casos envolvendo, por exemplo, contratos, responsabilidade civil, direito administrativo; b.2) *Chancery Division*: julga os casos de falência, propriedade intelectual, entre outros assuntos; e b.3) *Family Division*: competente para tratar de divórcios, guardas, inventários etc.[20]

A segunda instância é atribuída à *Court of Appeal*, responsável pelos julgamentos dos recursos civis (*Civil Division*) e criminais (*Criminal Division*).

No vértice da organização judiciária inglesa, encontra-se a Suprema Corte do Reino Unido (*UK Supreme Court*). Em 2009, a Suprema Corte, composta por 12 juízes (*Justices*), substituiu o *Appellate Committee of the House of Lords*, que funcionou por mais de 600 anos, tornando-se o Tribunal de última instância recursal para os processos civis no Reino Unido (Inglaterra, País de Gales, Irlanda do Norte e Escócia) e para os processos criminais da Inglaterra, País de Gales e Irlanda do Norte.[21]

---

[19] DAVID, René. *O direito inglês*. São Paulo: Martins Fontes, 1997. p. 17-19. Sobre a organização judiciária inglesa, vide: <https://www.judiciary.gov.uk/you-and-the-judiciary/going-to-court/>. Acesso em: 5 out. 2016.

[20] Disponível em: <https://www.judiciary.gov.uk/you-and-the-judiciary/going-to-court/high-court/>. Acesso em: 5 out. 2016.

[21] Na composição inicial da Suprema Corte, os 12 *Justices* eram os mesmos juízes integrantes do Appellate Committee of the House of Lords. Sobre a Suprema Corte no Reino Unido, vide: <https://www.supremecourt.uk>. Acesso em: 5 out. 2016.

2.2. O *COMMON LAW* NO DIREITO NORTE-AMERICANO

2.2.1. Origem, evolução e características

O direito dos Estados Unidos pertence à família do *common law*, uma vez que é concebido, prioritariamente, sob a forma de direito jurisprudencial, o que não significa dizer que possua as mesmas características do direito inglês.[22]

No início da colonização inglesa sobre as treze colônias, no começo do século XVI, não houve aceitação imediata do direito inglês, em razão, especialmente, dos seguintes fatores: a) insatisfação com alguns aspectos da Justiça inglesa por parte de muitos colonos que migraram para o Novo Mundo em busca de liberdade religiosa, política e econômica; b) ausência de advogados treinados, uma vez que poucos advogados ingleses migraram para as colônias, fator que retardou o desenvolvimento do direito norte-americano durante o século XVII; c) as diferentes condições de vida nas colônias e na Inglaterra, o que gerou dificuldade de adaptação de instituições inglesas nas colônias que apresentavam uma vida mais primitiva.[23]

Não bastasse isso, a própria diferença existente entre as treze colônias norte-americanas no que tange ao seu nível evolucionário resultou em notáveis discrepâncias quanto à organização política e ao desenvolvimento do direito, o que acarretou a existência de treze sistemas jurídicos distintos.

Reflexo disso é que, não obstante a adoção do *common law* na metrópole, em algumas colônias houve um curioso processo de codificação, o qual poderia ser justificado por várias razões, como: a) a necessidade de maior certeza para o direito e a inexistência de histórico de decisões judiciais; b) a limitação da discricionariedade dos magistrados; c) a influência da crença puritana da palavra escrita e na certeza dos cânones da igreja; d) a dificuldade de divulgação e circulação das decisões judiciais, uma vez que não havia relatórios judiciais impressos.[24]

No século XVII, esse afastamento entre a justiça colonial e o sistema legal inglês se tornou ainda mais amplo. Isso porque a justiça colonial não costumava seguir, fielmente, as técnicas e as formalidades do sistema legal inglês e, em algumas oportunidades, era baseada no senso geral de justiça derivado da Bíblia e das leis

---

[22] O *common law* foi adotado pelos estados norte-americanos, com exceção do estado da Louisiana que se filiou ao sistema romano-germânico em razão da colonização francesa.
[23] FARNSWORTH, E. Allan. *An introduction to the legal system of the United States*. 4. ed. New York: Oxford University Press, 2010. p. 9-10.
[24] FRIEDMAN, Lawrence M. *A history of American Law*. 3. ed. New York: Touchstone, 2005. p. 50-53.

da natureza, o que se assemelhava, de alguma forma, ao modelo da *equity* utilizado pelas cortes locais inglesas.²⁵

No início do século XVIII, entretanto, constatou-se um considerável aperfeiçoamento do direito colonial e o aumento de influência do direito inglês (*English case law*).²⁶ Com o crescimento do comércio e da população nas colônias norte-americanas, aumentou o número de advogados treinados (ingleses e colonos que estudaram em Londres) e os tribunais passaram a atuar de forma mais profissional. O ensino do direito inglês foi incrementado, especialmente a partir dos livros de Sir Edward Coke e William Blackstone.²⁷

Com a Revolução Americana e a Declaração de independência das treze colônias em 4 de julho de 1776, a recente influência do direito inglês sobre os novos estados sofreu um revés em razão da antipatia política, inclusive com a proibição, em alguns estados, de citação de decisões inglesas. Com isso, abriu-se a oportunidade para a ampliação do direito norte-americano. Apesar de alguma inclinação para a utilização do modelo do direito francês e romano, prevaleceu a inspiração do *common law* inglesa, especialmente por questões pragmáticas, como a facilidade da língua, o conhecimento prévio do *common law* e a disponibilidade dos livros ingleses nos Estados Unidos.²⁸

No século XIX, os juízes adaptavam o direito inglês às particularidades de suas jurisdições, utilizando-o na fixação das bases do direito contratual, responsabilidade civil, de propriedade e outros campos. Houve crescente intervenção legislativa em algumas áreas (direito penal, casamento e divórcio, testamentos, administração dos

---

[25] FARNSWORTH, E. Allan. *An introduction to the legal system of the United States*. 4. ed. New York: Oxford University Press, 2010. p. 10. De acordo com Friedman, os tribunais (*county courts*) eram o coração do governo colonial. Eles eram baratos, informais e acessíveis. Em alguns casos, o tribunal funcionava na residência do próprio juiz (a corte da Virgínia funcionava na residência do Justice Richard Robinson). FRIEDMAN, Lawrence M. *A history of American Law*. 3. ed. New York: Touchstone, 2005. p. 11.

[26] Segundo René David, esse momento foi o triunfo do *common law* em solo estadunidense. Nas palavras do autor, "não há muita necessidade de nos interrogarmos sobre as razões que explicam este triunfo do *common law*. A língua inglesa e o povoamento originariamente inglês dos Estados Unidos mantiveram este país na família do *common law*." DAVID, René. *Os grandes sistemas do direito contemporâneo*. São Paulo: Martins Fontes, 2002. p. 453.

[27] FARNSWORTH, E. Allan. *An introduction to the legal system of the United States*. 4. ed. New York: Oxford University Press, 2010. p. 11.

[28] FRIEDMAN, Lawrence M. *A history of American Law*. 3. ed. New York: Touchstone, 2005. p. 65-71; FARNSWORTH, E. Allan. *An introduction to the legal system of the United States*. 4. ed. New York: Oxford University Press, 2010. p. 12-13.

estados etc.).²⁹ Essa nota da originalidade do direito norte-americano não passou despercebida por René David, para quem:

> Os Estados Unidos continuaram a ser um país de *common law* no sentido de que lá se conservam, de uma forma geral, os conceitos, as formas de raciocínio e a teoria das fontes do direito inglês. Contudo, na família do *common law* o direito dos Estados Unidos ocupa um lugar particular; mais do que qualquer outro direito, ele está marcado por características que lhe imprimem uma considerável originalidade; e estas características muitas vezes, aproximam-no dos direitos da família romano-germânica, pelos quais se deixou seduzir num determinado momento de sua história.³⁰

Na segunda metade do século XIX, após a Guerra Civil americana ou Guerra da Secessão (1861-1865), que colocou em lados opostos os estados do sul e do norte, verificou-se o crescimento populacional e a expansão da indústria, dos transportes e da comunicação.

Em razão da incapacidade das cortes de acompanharem as demandas originadas pelas rápidas mudanças sociais e econômicas, a solução foi encontrada fora dos tribunais, com a criação da *American Federation of Labor* (1886), o primeiro grande sindicato nacional, e da *Interstate Commerce Commission* (1887), a primeira agência reguladora norte-americana, bem como a promulgação do *Sherman Act* (1890), a primeira legislação antitruste federal.³¹

No século XX, além da intensificação da intervenção legislativa, notadamente nas relações sociais, houve o aumento da confiança nas agências reguladoras, o que justificou, inclusive, a sua proliferação, especialmente após a crise de 1929, com o objetivo de regular atividades sociais e econômicas, o que, mais uma vez reconduziu o direito americano para um sistema de direito legislado.³²

Apesar das semelhanças, o direito norte-americano possui diversas peculiaridades em relação ao sistema inglês, com destaque para a forma federativa

---

[29] FARNSWORTH, E. Allan. *An introduction to the legal system of the United States*. 4. ed. New York: Oxford University Press, 2010. p. 13.

[30] DAVID, René. *Os grandes sistemas do Direito Contemporâneo*. São Paulo: Martins Fontes, 2002. p. 362-363.

[31] FARNSWORTH, E. Allan. *An introduction to the legal system of the United States*. 4. ed. New York: Oxford University Press, 2010. p. 14-15.

[32] Sobre o tema, vide: OLIVEIRA, Rafael Carvalho Rezende. *Novo perfil da regulação estatal*: administração pública de resultados e análise de impacto regulatório, São Paulo: Método, 2015.

de Estado, a adoção de uma Constituição escrita, o importante papel do Poder Judiciário, em especial da Suprema Corte, e a previsão do controle de constitucionalidade.

Ao contrário da Inglaterra, os Estados Unidos adotam a forma federativa de Estado, com a divisão de competências entre as autoridades federais e os Estados.[33] De acordo com a décima emenda à Constituição dos Estados Unidos, a competência dos Estados é a regra e a competência das autoridades federais é exceção e deve constar expressamente da Constituição. Trata-se de consequência do processo histórico de independência dos Estados Unidos, uma vez que as 13 colônias, até a Independência, eram soberanas.

Registre-se, contudo, que as leis estaduais não podem conflitar com as leis federais, hipótese em que estas últimas prevalecerão sobre as primeiras (*supremacy of federal law*). Em alguns casos, de forma expressa ou implícita, a legislação federal proíbe que os estados legislem sobre determinados assuntos (*doctrine of preemption*).

Assim como ocorre na Inglaterra, o direito norte-americano é, essencialmente, direito jurisprudencial. Todavia, ao contrário daquele país, os Estados Unidos são dotados de Constituição escrita e rígida, promulgada em 1787, que representa o ato de fundação do país e a Lei fundamental que prevalece sobre todas as demais normas. A Constituição norte-americana é constituída por um preâmbulo, sete artigos e vinte e sete emendas.

A rigidez do texto constitucional e a dificuldade de sua alteração formal por meio de emendas, bem como o caráter aberto de suas normas e a tradição do *common law*, justificam e demonstram a importância da jurisprudência da Suprema

---

[33] A descrição do federalismo americano foi apresentada nos artigos federalistas escritos por James Madison, Alexander Hamilton e John Jay, e publicados em jornais do Estado de Nova Iorque entre 1787 e 1788. De acordo com Bernard Schwartz, o federalismo americano possui as seguintes características: a) união de entidades políticas autônomas (estados) para fins comuns; b) divisão de competências legislativas entre o governo nacional (poderes enumerados na Constituição) e os estados (poderes residuais), na forma da Décima Emenda da Constituição; c) atuação direta dos entes federados, dentro de suas competências, sobre todas as pessoas e propriedades existentes dentro de seus limites territoriais; d) cada ente federado é aparelhado com mecanismo de imposição da lei, tanto executivo quanto judiciário; e) supremacia do Governo federal, dentro de suas competências, sobre o poder estadual (art. VI da Constituição); e f) imposição dos princípios do federalismo pelo Judiciário, notadamente pela Suprema Corte. SCHWARTZ, Bernard. *O federalismo norte-americano atual*. Rio de Janeiro: Forense Universitária, 1984. p. 10-25.

Corte na interpretação e adequação do texto constitucional às alterações sociais e econômicas.[34]

Assim, apesar de contar com uma Constituição escrita, considerada a lei superior do ordenamento jurídico (*higher law*), o sistema norte-americano sempre conferiu grande importância à construção judicial do direito.

Outra peculiaridade importante do direito norte-americano é a previsão do controle de constitucionalidade das leis (*judicial review*), reconhecida essa prerrogativa na célebre decisão *Marbury v. Madison*, julgado em 1803 pela Suprema Corte.[35]

2.2.2. A organização judiciária norte-americana

Como mencionado anteriormente, os Estados Unidos, assim como o Brasil, adotam a forma federativa de Estado, o que, logicamente, acarreta efeitos na compreensão da organização judiciária norte-americana e na própria prestação da tutela jurisdicional.

Com efeito, ao adotar essa formulação, o constituinte norte-americano produziu uma forma de organização judiciária dividida entre a Justiça Federal (*Federal Courts*) e Justiça Estadual (*State Courts*),[36] o que, aliás, foi transportado pelo legislador nacional para o nosso sistema jurídico por meio da Constituição Federal de 1891, que implantou o Federalismo no Brasil.

No que diz respeito à Justiça Federal, esta tem sua competência organizada a partir de dois critérios básicos: o hierárquico e o geográfico. No que diz respeito ao critério hierárquico, a partir do *Judiciary Act* de 1789, a Justiça Federal norte-americana passou a ser dividida em três instâncias: a Suprema Corte (*Supreme Court*), as cortes de apelação (*Courts of Appeals*), com primazia de competência recursal, e as cortes distritais (*District Courts*), que atuam como primeira instância.

---

[34] Nesse sentido: TRIBE, Laurence H. *American Constitutional Law*. New York: Foundation Press, 2000. v. 1, p. 247.

[35] *Marbury v. Madison*, 5 U.S. 137 (1803).

[36] A organização judiciária norte-americana é bastante heterogênea e complexa. Ao lado do modelo federal, existem cinquenta modelos estaduais, o modelo do distrito de Columbia, bem como os modelos adotados nos territórios de Porto Rico, Ilhas Virgens, Samoa Americana, ilhas Marianas e ilha de Guam. MEADOR, Daniel John; MITCHELL, Gregory. *American Courts*. 3. ed. St. Paul: West Academic Publishing, 2009. Em razão desta complexidade, Summers afirma que os Estados Unidos não possuem apenas duas jurisdições (federal e estadual), mas, na verdade, cinquenta e uma jurisdições: uma federal e cinquenta estaduais, diferentes entre si. SUMMERS, Robert S. Precedent in the United States (New York State). In: MacCORMICK, D. Neil; SUMMERS, Robert S. (ed). *Interpreting precedents*: a comparative study. Aldershot: Dartmouth Publishing, 1997. p. 355.

No topo da organização judiciária, encontra-se a Suprema Corte, com sede em Washington D.C. e composta por nove juízes (um *Chief Justice* e oito *Associate Justices*), que possuem a garantia da vitaliciedade e da irredutibilidade de vencimentos, nomeados pelo Presidente da República e confirmados pelo Senado.[37] A Suprema Corte possui competência para dar a palavra final sobre a interpretação da Constituição dos Estados Unidos e da legislação federal, e suas decisões vinculam todas as demais cortes, federais e estaduais (art. III da Constituição).

A Suprema Corte possui reduzida competência originária (casos envolvendo ações propostas entre estados da federação ou embaixadores, ministros e cônsul) ou recursal, prevalecendo o julgamento de casos escolhidos, de forma discricionária, por meio do *writ of certiorari*, pela própria Corte.[38]

De outra parte, as cortes de apelação (*Courts of Appeals*) possuem jurisdição regional – aproximando-se do modelo brasileiro de Tribunais Regionais Federais – e competência para o julgamento de recursos interpostos contra as decisões das cortes distritais (*hear appeals from district court cases*) e, em alguns casos, competência originária para julgamento de questões envolvendo as agências federais.

Ao lado da Suprema Corte e das cortes de apelação existem ainda as cortes distritais (*District Courts*), que desempenham o papel de primeira instância no âmbito da Justiça norte-americana. O Judiciário Federal possui competência limitada (*article* III, *section* 2, *clause* 1 da Constituição). Os juízes federais são

---

[37] Artigo II, seção 2 da Constituição. Vide: BAUM, Lawrence. *A Suprema Corte americana*. Rio de Janeiro: Forense Universitária, 1987.

[38] São raros os casos em que a Suprema Corte está obrigada a julgar os recursos interpostos contra as decisões proferidas pelas *federal court of appeals* ou *state court of last resort*, conforme estabelecido no *The Supreme Court Case Selections Act of 1988*, que limita a competência recursal obrigatória aos casos envolvendo direitos civis e de voto (*Civil Rights and Voting Rights Acts*), algumas questões concorrenciais e o *The Presidential Election Campaign Fund Act*. Prevalece a competência recursal facultativa ou discricionária, por meio da qual a Suprema Corte, ao analisar o *writ of certiorari*, interposto pela parte interessada, decide, de forma discricionária, qual caso, em razão da sua relevância, será julgado. A decisão da Suprema Corte na escolha dos recursos que serão julgados não precisa ser motivada e submete-se à "regra dos quatro" (*rule of four*), segundo a qual é preciso quatro votos dos *Justices* a favor para o recurso ser conhecido e julgado. FINE, Toni M. *Introdução do sistema jurídico anglo-americano*. São Paulo: Martins Fontes, 2011. p. 37-38.

nomeados pelo Presidente da República, após confirmação do Senado, e exercem suas funções de forma vitalícia.[39]

No tocante ao critério geográfico, o judiciário federal é dividido em 94 distritos e 12 circuitos. Cada circuito possui uma corte de apelação, também chamada de Corte de Circuito, e existe, ao menos, uma corte distrital em cada estado.[40] Além das 12 Cortes de Circuito, existe a Corte de Apelação do Circuito Federal, com jurisdição sobre todo território e competência de acordo com a matéria. Essa Corte, criada em 1982, é situada em Washington, e resultou da fusão da *U.S. Court of Claims* e a *U.S. Court of Customs and Patent Appeals*. A Corte de Apelação do Circuito Federal julga recursos relacionados com patentes ou determinados pedidos de indenização por danos contra o Governo federal, além de revisar decisões de diversos organismos governamentais, como a *Claim Court* e a *Court of International Trade*.[41]

A organização judiciária estadual, por sua vez, é bastante heterogênea, pois os estados possuem autonomia para dispor sobre o tema por meio de suas leis estaduais, respeitados os limites fixados pela Constituição dos Estados Unidos. Em cada estado, existe uma corte superior (*State court of last resort*), que recebe denominações variadas (*Supreme Court, court of appeals, Supreme Judicial Court* etc.)[42] que emitem a última palavra sobre a interpretação da legislação estadual.[43] Os juízes estaduais, normalmente, são nomeados (pelos governadores; em alguns estados, após aprovação do Legislativo) ou eleitos.

A jurisdição estadual é bastante ampla e envolve matérias, como direito penal, de família, sucessões, contratos, propriedade etc., sendo responsável pela maioria dos processos judiciais nos Estados Unidos. Lembre-se, aqui, que a maior parte

---

[39] Os juízes federais, inclusive os *Justices*, somente perdem o cargo por decisão pessoal, morte ou *impeachment*, após indiciamento pela Câmara dos Deputados (*House of Representatives*) e condenação por dois terços dos votos do Senado.

[40] Disponível em: <http://www.uscourts.gov/about-federal-courts/court-role-and-structure>. Existem treze cortes de apelação, uma em cada Circuito, e a Court of Appeal for the Federal Circuit que possui competência em todo território nacional sobre determinados assuntos (marcas e patentes etc.).

[41] REIS, Maria do Carmo Guerrieri Saboya. *Anotações sobre o Poder Judiciário americano*. Brasília, n. 129, jan./mar. 1996. Disponível em: <https://www2.senado.leg.br/>. Acesso em: 24 jun. 2017.

[42] Na maioria dos Estados, a denominação é *Supreme Court*. Outros estados adotam denominações diversas: em Nova Iorque, por exemplo, a corte estadual superior é denominada de New York Court of Appeals; em Massachusetts, por sua vez, existe a Massachusetts Supreme Judicial Court.

[43] Nem mesmo a U. S. Supreme Court possui essa autoridade sobre a legislação estadual.

das controvérsias é resolvida por métodos alternativos (ADRs) e não chega a ser judicializada.[44]

Outra diferença marcante entre a justiça brasileira e a norte-americana diz respeito ao fato de que, diferentemente do Brasil, onde apenas são submetidos ao júri os crimes dolosos contra a vida, nos Estados Unidos todos os crimes são submetidos ao julgamento perante o júri, exceto os crimes de responsabilidade. Além disso, na esfera cível é facultado às partes optarem por um julgamento perante o júri ou o juiz singular.[45]

2.3. O PAPEL DA JURISPRUDÊNCIA NOS SISTEMAS DO *COMMON LAW*: A DOUTRINA DO *STARE DECISIS* E AS FONTES DO DIREITO

Conforme assinalado anteriormente, a jurisprudência sempre foi considerada a principal fonte do direito inglês e do direito norte-americano (*case law*).

Contudo, nesses dois países e nos demais membros da família do *common law*, sempre se debateu o papel do Judiciário e a natureza jurídica do conteúdo da decisão judicial.

Nesse cenário, duas teorias debateram a respeito da natureza jurídica da atividade jurisdicional nos países-membros da família do *common law*, a saber: a *teoria declaratória da jurisdição* e a *teoria constitutiva da jurisdição*.[46]

A *teoria declaratória da jurisdição*, proposta por Sir Matthew Hale e Sir William Blackstone, defendia que o juiz se limitava a declarar o direito. De acordo com esses autores, sendo o *common law* uma série de costumes gerais observados e compartilhados pelos *Englishmen*, seria papel do juiz declarar e não criar o direito. Assim, ao aplicar um precedente, o juiz estaria limitado a declarar o direito nele fixado, prestigiando a manutenção de um direito já conhecido em lugar da

---

[44] REIS, Maria do Carmo Guerrieri Saboya. *Anotações sobre o Poder Judiciário americano*. Brasília, n. 129, jan./mar. 1996. Disponível em: <https://www2.senado.leg.br/>. Acesso em: 24 jun. 2017.

[45] TEIXEIRA, Sálvio de Figueiredo. Considerações e reflexões sobre o direito norte-americano. *Revista da Faculdade de Direito da Universidade Federal de Minas Gerais*, Belo Horizonte: Universidade de Minas Gerais, 1949, p. 105-106.

[46] Sobre o debate, vide, por exemplo: CROSS, Rupert; HARRIS, J. W. *Precedent in English Law*. 4. ed. Oxford: Clarendon Press, 1991. p. 27-34; ZANDER, Michael. *The law-making process*. 7. ed. Oxford: Hart Publishing, 2015. p. 287-290; MacCORMICK, Neil. Can stare decisis be abolished? *Judicial Review*, 1966, p. 197-213; BANKOSKI, Zenon; MacCORMICK, D. Neil; MARSHALL, G. Precedent in the United Kingdom. In: MacCORMICK, D. Neil; SUMMERS, Robert S. (ed). *Interpreting precedents*: a comparative study. Aldershot: Dartmouth Publishing, 1997. p. 330-335.

criação de um novo direito. Em outras palavras, segundo essa teoria, a norma preexiste à decisão judicial, de modo que, na prestação da atividade jurisdicional, dizia Blackstone, o juiz apenas declarava o direito, sem qualquer papel criativo. Em suas palavras:

> Mas aqui surge uma questão muito natural e muito material: como devem ser conhecidos esses costumes ou máximas e por quem sua validade deve ser determinada? A resposta é: pelos juízes nos diversos tribunais de justiça. Eles são os depositários do direito; os oráculos vivos, que precisam decidir em todos os casos de dúvida e que estão obrigados por juramento a decidir de acordo com a lei de seu território. Seu conhecimento de tal direito origina-se da experiência e do estudo, do "viginti annorum lucubrationes", mencionado por Fortescue; e de estarem há muito acostumados às decisões judiciais de seus antecessores. (...) bem como manter a balança da justiça equilibrada e estável, e não suscetível a oscilações a cada novo entendimento de um juiz; e também porque o direito, neste caso sendo solenemente declarado e determinado, o que antes era incerto e, talvez, indiferente, torna-se agora uma norma permanente, cuja alteração ou variação não está no sentimento de qualquer juiz subsequente, de acordo com seu próprio julgamento, mas, sim, de acordo com as leis conhecidas e costumes daquele território; não encarregado de pronunciar um novo direito, mas, sim, de manter e interpretar o antigo. Ainda assim, esta norma admite exceção, quando a determinação anterior é mais evidentemente contrária à razão; muito mais se for claramente contrária às leis divinas. Mas, até nestes casos, os juízes posteriores não pretendem fazer um novo direito, mas proteger a antiga contra distorções. Pois, caso se conclua que a decisão anterior é manifestamente absurda ou injusta, fica declarado não que aquela sentença era um direito ruim, mas, sim, que não era o direito.[47]

---

[47] No original: "But here a very natural, a very material, question arises: how are these customs or maxims to be known, and by whom is their validity ti be determined? The answer is, by the judges in the several courts of justice. They are the depositaries of the law; the living oracles, who must decide in all cases of doubt, and who are bound by an oath to decide according to the law of the land. Their knowledge of that law is derived from experience and study, from the 'viginti annorum lucubrationes', which Fortescue mentions; and from being longpersonally accustomed to the judicial decisions of their predecessors. (...) as weel to keep the scale of justice even and steady, and not liable to waver with every new judge's opinion; as also because the law in yhay case being solemnly declared and determined, what before was uncertain, and perhaps indifferent, is now become a permanent rule, which it is not in the breast of any subsequent judge to alter ou vary form, according to his own private judgment, but according to the known laws and customs of the land; not delegated

Aliás, segundo Blackstone assim como o Judiciário, o próprio Parlamento, ao elaborar suas leis (*statutes*), apenas declararia ou repararia alguns defeitos do *common law*:

> As leis também são *declaratórias* da *common law* ou *saneadoras* de alguns defeitos ali contidos. Declaratórias, quando o velho costume do Reino está quase caindo em desuso ou tornando-se questionável; hipótese em que o parlamento considerou apropriado, *in perpetuum rei testimonium*, para evitar quaisquer dúvidas e dificuldades, declarar o que é a *common law* e o que sempre foi (...) Leis saneadoras são aquelas feitas para suprir os defeitos e limitar as redundâncias, na *common law*, que venham a surgir por conta da imperfeição geral de todas as leis humanas, da mudança de época e circunstâncias, dos erros e determinações impensadas de juízes incultos (ou até mesmo cultos) ou por qualquer outro motivo. Feito isto, a ampliação da *common law* quando limitada e contida demais, ou sua restrição quando permissiva e exuberante demais ocasionou outra divisão subordinada de atos saneadores do parlamento em leis *ampliadoras* e *restritivas*.[48]

---

to pronounce a new law, but to maintain and expoundthe old one. Yet this rule admits of exception, where the former determination is most evidently contrary to reason; much moreif it be clearly contrary to the divine law. But even in such cases the subsequent judges do not pretend to make a new law, but to vindicate the old one form misrepresentation. For if it be found that the former decision is manifestly absurd or injust, it is declared, not that such a sentence was bad law, but that it was not the law". MORRISON, Wayne. *Blackstone's commentaries on the laws of England*. London: Cavendish Publishing Limited, 2001. v. 1, p. 51-52.

[48] No original: "Statutes also are either declaratory of the common law, or remedial os some defects therein. Declaratory, where the old custom of the Kingdom is almost fallen into disuse, or become disputable; in which case the parliament has thought propoer, in perpetuum rei testimonium, and for avoiding all doubts and difficulties, to declare what the common law is and ever has been (...) Remedial statutes are those which are made to supply such defects, and acridge such superfluities, in common law, as arise either from the general imperfection of all human laws, from change of time and circumstances, from the mistakes and unadvised determinations of unlearned (or even learned) judges, or from any cause whatsoever. And this being done, either by enlarging the common law where it was too narrow and circumscribed or by restraining it where it was too laxand luxuriant, has occasioned another subordinate division of remedial acts of parliament into enlarging and restraining statutes." MORRISON, Wayne. *Blackstone's commentaries on the laws of England*. London: Cavendish Publishing Limited, 2001. v. 1, p. 63-64.

Por outro lado, autores como Jeremy Bentham,[49] John Austin[50] e H. L. Hart[51] defenderam a tese de que, ao resolverem os casos concretos, os juízes criariam o direito (*law-making authority*). O direito seria, portanto, um produto da vontade dos magistrados que se manifestaria por meio do precedente. Segundo esses autores, a própria possibilidade de não aplicação ou superação do precedente com efeitos não retroativos ou prospectivos (*prospective overruling*) contribui, de certa forma, para demonstrar que o juiz cria o direito e não apenas o declara.

---

[49] Jeremy Bentham reconheceu e criticou o papel criativo dos juízes na elaboração do *common law*: "Vocês sabem como ela é feita? Eles fazem da mesma forma que um homem faz leis para seu cachorro. Quando seu cachorro faz alguma coisa que você quer que ele pare de fazer, você espera até ele fazê-la e aí bate nele. É assim que você faz leis para seu cachorro e é assim que os juízes fazem leis para você e para mim". No original: "Do you know how they make it? Just as a man makes law for his dog. When your dog does anything you want to break him of, you wait till he does it and thenbeat him. This is the way you make laws for your dog, and this is the way the judges make law for you and me". BENTHAM, Jeremy. *The Works of Jeremy Bentham*, Edinburgh, vol. V, 1843, p. 235.

[50] Austin afirmou que seria uma "ficção infantil" ("childish fiction") a tese de que o direito não seria criado pelos juízes, mas que seria algo criado misteriosamente por ninguém, desde a eternidade, e simplesmente declarado pelos juízes com o passar do tempo. Austin, ao criticar Blackstone, afirmou: "O que o impedia de ver isso era a ficção infantil usada por nossos juízes, de que o judiciário ou o *common law* não é feita por eles, mas, sim, algo milagroso feito por ninguém existente, suponho, desde a eternidade, e simplesmente *declarado* de vez em quando pelos juízes". No original: "What hindered him from seeing this, was the childish fisction employed by our judges, that judiciary or common law is not made by them, but is a miraculous something made by nobody, existing, I suposed, from eternity, and merely declared from time to time by the judges". AUSTIN, John. *Lectures on Jurisprudence or the philosophy of positive law*. New York: James Cockcroft & Company, 1875. v. II, p. 102.

[51] Segundo Hart: "A textura aberta do direito significa que existem, de fato, áreas do comportamento nas quais muita coisa deve ser decidida por autoridades administrativas ou judiciais que busquem obter, em função das circunstâncias, um equilíbrio entre interesses conflitantes, cujo peso varia de caso para caso. (...) Esse fato evidente da vida social permanece verdadeiro mesmo que possam surgir dúvidas quanto à aplicabilidade de qualquer norma (escrita ou transmitida por precedente) a um caso concreto. Nisso, à margem das normas e nos espaços deixados em aberto pela teoria dos precedentes, os tribunais desempenham uma função normativa que os órgãos administrativos também desempenham nuclearmente, ao elaborar padrões variáveis. Em um sistema no qual o princípio do *stare decisis* seja firmemente reconhecido, essa função dos tribunais se assemelha muito ao exercício, por parte de um órgão administrativo, de poderes normativos delegados". HART, H. L. A. *O conceito de direito*. São Paulo: Martins Fontes, 2009. p. 175-176.

É que, ao revogar um precedente, o juiz estaria inquestionavelmente criando o direito.[52]

Além disso, essa corrente de pensamento apontava como incoerente o fato de o precedente não obrigar a própria corte que o criou. Isso porque, se a corte tão somente declara o direito, o caráter vinculante do precedente deveria surtir efeitos não apenas sobre os juízes e tribunais inferiores, mas também sobre ela própria.

Essa teoria constitutiva ganhou força, em razão, especialmente, do advento do neoconstitucionalismo e do movimento pós-positivista. É que, como é sabido, um dos argumentos centrais da filosofia pós-positivista se refere ao fato de que o real sentido das normas jurídicas apenas pode ser revelado à luz das circunstâncias do caso concreto. Isso porque, em abstrato, as normas jurídicas admitem sentidos diversos cujo conteúdo não é imune à consideração de ordem social e cultural. Desse modo, cabem aos juízes construírem o sentido do ordenamento jurídico ao resolverem os casos concretos.

Nesse sentido, Neil MacCormick sustenta que atualmente, a teoria declaratória seria um mito ou um conto de fadas:

> Hoje em dia os juízes e outros reconhecem que há um elemento mitológico, até mesmo de "conto de fadas", sobre essa teoria, ao menos no que diz respeito ao *common law*. No *common law* e nos sistemas mistos, os juízes, no mínimo, têm a função de "elaborar o direito" e, portanto, de certo modo, "fazê-lo" (embora em um sentido diferente e dentro de parâmetros diferentes daqueles aplicáveis ao processo legislativo em um Parlamento). Isso traz uma preocupação, vital do ponto de vista do Estado de Direito, de que o direito feito pelo juiz seja retrospectivo em sua aplicação e aberto a todas

---

[52] Ao sintetizar ambas as correntes de pensamento, Luiz Guilherme Marinoni aduz que: "Para a teoria declaratória, o juiz estava limitado a declarar o direito fixado nos precedentes. A sua autoridade não lhe dava poder para criar um novo direito, porém apenas para manter e declarar um direito já conhecido. Bentham e Austin condenaram de maneira impiedosa a teoria declaratória. Bentham comparou-a a um método adotado para o treinamento de cachorros, ao passo que Austin acusou-a de ficção de criança. De acordo com Austin, os juízes teriam a ficção infantil de que *o common law* não é produzida por eles, mas constitui algo miraculoso feito por ninguém, existente desde sempre e para a eternidade, e que vem meramente declarado de tempo em tempo. O *common law*, para a teoria positivista, existia por ser estabelecida por juízes que possuíam law-making authority. O direito seria produto da vontade dos juízes e, assim, não seria meramente descoberto, mas, sim, criado." MARINONI, Luiz Guilherme. Aproximação crítica entre as jurisdições de *civil law* e de *common law* e a necessidade de respeito aos precedentes no brasil. *Revista da Faculdade de Direito – UFPR*, Curitiba, n. 49, 2009, p. 13.

as objeções relativas à insegurança jurídica e injustiça que afligem qualquer forma de exame retrospectivo. Uma resposta seria sugerir a introdução de uma prática de "*prospective overruling*" (irretroatividade das mudanças de orientação jurisprudencial), quando os tribunais decidirem em sentido contrário a um precedente estabelecido ou linha de precedentes.[53]

Em verdade, de lado a discussão sobre a declaração ou a criação do direito pelo juiz, fato é que a concepção do respeito aos precedentes sedimentou-se no direito inglês e nos países do *common law*.

Independentemente da teoria adotada (declaratória ou constitutiva), o juiz inglês pode efetuar distinções para demonstrar a inaplicabilidade do precedente ao caso presente, que apresenta certas peculiaridades justificadoras de solução diferente, e, até mesmo, superar, total ou parcialmente, o precedente por questões de justiça.[54]

Ocorre que, esse entendimento prevalecente no sentido de que a decisão judicial nos sistemas do *common law* teria natureza eminentemente constitutiva gerou uma concepção muito difundida de que haveria uma necessária relação entre o modelo do *stare decisis* e do *common law*, o que conduziu a três mitos, a saber: a) o *common law* não existiria sem o *stare decisis*; b) o juiz do *common law*, por criar o direito, realizaria uma função absolutamente diversa da desempenhada pelo seu colega do *civil law*; e por fim, o c) *stare decisis* seria incompatível com o *civil law*.

Em primeiro lugar, no que diz respeito à afirmativa de que o *common law* não existiria sem o *stare decisis*, são necessários alguns breves esclarecimentos.

---

[53] No original: "It is nowadays recognized by judges and othersthat there is na elemento of the myth, even the 'faury tale', about this theory, so far at least as concerns the common law. In common law and mixed systems, judges at the very least have the function of 'developing the law', and thus in a sense 'making' it (thought in a different sense, and within different parameters, from those applicable to the legislative process in a Parliament). This gives rise to a concern, vital from the point of view of the Rule of Law, that judge--made law is retrospective in its application, and open to all the objections concerning uncertainty and unfairness that afflict any form of retrospection. One response is to suggest the introduction of a practice of 'prospective overruling', when courts decides to depart from an established precedent or line of precedents". MACCORMICK, Neil. *Rethoric and the rule of Law: a theory of legal reasoning*. New York: Oxford University Press, 2005. p. 160-161.

[54] De forma semelhante, vide: MARINONI, Luiz Guilherme. Aproximação crítica entre as jurisdições de *civil law* e de *common law* e a necessidade de respeito aos precedentes no Brasil. *Revista da Faculdade de Direito – UFPR*, Curitiba, n. 49, 2009, p. 14.

Conforme destacado nos itens anteriores, a jurisprudência é considerada a principal fonte do direito nos países de tradição do *common law*, motivo pelo qual é possível falar em direito jurisprudencial ou *case law* (*judge-made law*).

Daí por que nesses países se formou o que se convencionou chamar de "teoria dos precedentes vinculantes" (*binding precedents* ou *stare decisis* ou *stare decisis et non quieta movere*), cuja origem foi estabelecida no julgamento dos casos *Beamish v. Beamish* (1861) e *London Tramways Company v. London County Council* (1898). Segundo essa teoria, os juízes dos ordenamentos jurídicos pertencentes à família do *common law* devem observar os precedentes judiciais proferidos por suas próprias cortes e pelas cortes superiores (*House of Lords*, substituída, em 2009, pela *Supreme Court*).[55]

O objetivo dessa teoria é compelir os juízes a respeitarem os precedentes judiciais que julgaram casos semelhantes (*treat like cases alike*), garantindo, com isso, racionalidade, integridade e isonomia ao sistema jurisdicional.

A doutrina do *stare decisis*, no entanto, não se confunde com o *common law*. Conforme destacado anteriormente, o *common law* foi obra dos Tribunais Reais de Westminster que estabeleceram um direito comum a toda Inglaterra, surgindo, em momento posterior, a concepção de que os precedentes vinculariam as futuras decisões da própria corte e das cortes inferiores.

Em segundo lugar, deve ser relativizada ou afastada a afirmação de que o juiz do *common law*, por criar o direito, realizaria uma função absolutamente diversa daquela desempenhada pelo seu colega do *civil law*. Em verdade, a criação judicial do direito não constitui um pressuposto exclusivo do *stare decisis*. Nesse sentido, Hart afirma:

> Qualquer que seja a estratégia escolhida para a transmissão de padrões de comportamento, seja o precedente ou a legislação, esses padrões, por muito facilmente que funcionem na grande massa de casos comuns, se mostrarão imprecisos em algum ponto, quando sua aplicação for posta em dúvida; terão o que se tem chamado de textura aberta.[56]

---

[55] Sobre a origem da *stare decisis*, vide: CROSS, Rupert; HARRIS, J. W. *Precedent in English Law*. 4. ed. Oxford: Clarendon Press, 1991. p. 102; ZANDER, Michael. *The law-making process*. 7. ed. Oxford: Hart Publishing, 2015. p. 209-210.

[56] HART, H. L. A. *O conceito de direito*. São Paulo: Martins Fontes, 2009. p. 166. Em seguida, Hart, ao contrário de Dworkin, sustenta a existência e existência da denominada "discricionariedade judicial", notadamente no julgamento dos casos não regulamentados juridicamente quando os juízes criariam direito novo. *Op. cit.*, p. 166.

De fato, não há qualquer diferença ontológica no que diz respeito à atividade do juiz do *common law* em comparação ao seu colega do *civil law*. Com efeito, como anteriormente mencionado, à luz da dogmática moderna atividade constitutiva, é comum tanto ao *common law* quanto ao *civil law*. Nesse sentido, Luiz Guilherme Marioni leciona:

> Nos dias que correm, a diferença entre o juiz do *common law* e o juiz do *civil law* não está na elasticidade das suas elaborações ou interpretações, mas, sim, na importância que eles assumem em cada um dos sistemas, e, por consequência, no respeito que lhes é devotado. E não é equivocado dizer que um dos principais responsáveis pelo traço forte da figura do juiz do *common law* é justamente o sistema de precedentes.[57]

Ou seja, o debate sobre o papel declaratório ou construtivista do juiz na interpretação/aplicação do ordenamento jurídico não possui relação direta com a distinção entre as tradições do *civil law* e do *common law*.

Mencione-se, por exemplo, que a teoria declaratória da decisão judicial teve grande importância na França, após a Revolução de 1789. A partir de uma visão pessimista em relação ao papel dos magistrados, que tiveram atuação conservadora e favorável aos poderes do Estado Absolutista, e de uma interpretação rígida do princípio da separação de poderes veiculada por Montesquieu, afirmou-se que os juízes deveriam declarar a vontade da lei, aplicando-a ao caso concreto, sem qualquer papel criativo.[58]

Ao lado da aplicação da teoria declaratória da decisão judicial em países de tradição do *civil law*, como é o caso da França, é possível perceber também a defesa dessa teoria em países filiados ao *common law*. Nos Estados Unidos, por exemplo, o originalismo é uma corrente teórica que afirma ser o papel do magistrado o de buscar e concretizar a intenção original dos fundadores da nação (*founding*

---

[57] MARINONI, Luiz Guilherme. Aproximação Crítica entre as jurisdições de *civil law* e de *common law* e a necessidade de respeito aos precedentes no Brasil. *Revista da Faculdade de Direito – UFPR*, Curitiba, n. 49, 2009, p. 22.

[58] Na concepção de Montesquieu, o Judiciário era desprestigiado, sendo célebre a afirmação de que "os juízes da nação são apenas (...) a boca que pronuncia as palavras da lei". MONTESQUIEU, Baron de (Charles de Secondat). *O espírito das leis*. 3. ed. São Paulo: Martins Fontes, 2005. p. 175.

fathers) ao elaborarem o texto constitucional.[59] A teoria construtivista da decisão judicial, por sua vez, tem sido defendida pelos não originalistas norte-americanos, especialmente por adeptos da Constituição Viva (*Living Constitution*), da leitura moral da Constituição e do pragmatismo.

Em síntese, tanto a teoria declaratória quanto a teoria constitutiva se adaptam a um sistema de respeito obrigatório aos precedentes, seja em países integrantes do *common law*, seja em países da tradição do *civil law*, como é o caso do ordenamento jurídico brasileiro.[60]

2.4. O *CIVIL LAW*: ORIGEM, EVOLUÇÃO E SUAS FONTES

A família romano-germânica engloba os países que elaboraram seus ordenamentos jurídicos sob forte inspiração do direito romano (ex.: países da Europa Continental, da América Latina, parte da África e da Ásia etc.).[61]

O sistema de direito romano-germânico originou-se no século XIII, Idade Média, com o renascimento das cidades e do comércio que demandavam ordem e segurança, que seriam garantidos pelo direito.[62] A difusão da nova forma de pensamento pode ser atribuída, em grande medida, aos estudos nas universidades europeias (a pioneira foi a Universidade de Bolonha, na Itália), que teriam como base o direito romano e o direito canônico.[63]

O papel da legislação, que, na idade média, era secundário, pois não se reconhecia o poder de autoridade do soberano para criar direitos e deveres, ganha maior destaque a partir do século XVII, sob influência da escola do direito natural,

---

[59] O originalismo foi adotado, por exemplo, pelo juiz federal Robert Bork e pelos *Justices* da Suprema Corte dos Estados Unidos Antonin Scalia e Clarence Thomas.

[60] A mesma conclusão é defendida por: MARINONI, Luiz Guilherme. Aproximação crítica entre as jurisdições de *civil law* e de *common law* e a necessidade de respeito aos precedentes no Brasil. Revista da Faculdade de Direito – UFPR, Curitiba, n. 49, 2009, p. 17.

[61] A tradição do *civil law* também é adotada em algumas partes dos países de tradição do *common law*, tal como ocorre na província de Québec, no Canadá, e no estado da Louisiana, nos Estados Unidos.

[62] A concepção de que a sociedade deveria ser regida pelo direito é reforçada após a decisão do IV Concílio de Latrão, de 1215, que proibiu os clérigos de participarem em processos nos quais os julgamentos seriam submetidos aos ordálios ou aos juízos de Deus, abrindo caminho para processos racionais, fundados no direito canônico e não no apelo ao sobrenatural. DAVID, René. *Os grandes sistemas do direito contemporâneo*. São Paulo: Martins Fontes, 2002. p. 49.

[63] DAVID, René. *Os grandes sistemas do direito contemporâneo*. São Paulo: Martins Fontes, 2002. p. 41.

com o reconhecimento do direito público (o direito romano distinguia o direito público e o privado para deixar de lado o primeiro) e a codificação, transformando em direito positivo o direito ensinado nas universidades.[64]

Ressalte-se que a importância conferida à legislação pela Revolução Francesa pode ser explicada pela desconfiança com o Judiciário que, historicamente, atuava em favor da manutenção do poder real e de forma contrária aos cidadãos.

A partir de uma concepção extremada do princípio da separação de poderes, a França institui Cortes administrativas (*Conseil d'État*) para julgar lides envolvendo a Administração Pública e a prestação de serviços públicos, estabelece o sistema preventivo de controle de constitucionalidade[65] e, a partir das ideias de Montesquieu, confere ao juiz papel reduzido na aplicação da lei (*le juge est la bouche de la loi*).[66]

Merece destaque, nesse cenário, a codificação na França (Código de Napoleão de 1804), influenciada pelos ideais da Revolução Francesa de 1789 e a expansão napoleônica.[67] A própria revolução demonstra que a tradição do *civil law* foi marcada pela ruptura e pela mudança, ao contrário da tradição do *common law* caracterizada pela continuidade histórica e o respeito às tradições, o que justifica, em grande medida, a importância dos precedentes nos países anglo-saxões.

A codificação garantiria a estabilidade, a coerência, a plenitude e a unificação do ordenamento jurídico, substituindo a pluralidade de fontes pela concepção da lei como fonte única do direito, elaborada pelo Estado, por meio do Poder Legislativo, composto por representantes do povo. No Estado moderno, a lei constitui a fonte

---

[64] DAVID, René. *Os grandes sistemas do direito contemporâneo*. São Paulo: Martins Fontes, 2002. p. 65-67.

[65] O controle de constitucionalidade não é exercido pelo Judiciário, mas por órgão político (Conselho Constitucional).

[66] Conforme destacado no item 2.3, a teoria declaratória da decisão judicial exerceu grande influência no direito francês, após a Revolução de 1789 e, em grande medida, por influência da doutrina da separação de poderes de Montesquieu que reduzia o papel do magistrado à declaração e não criação do direito. MONTESQUIEU, Baron de (Charles de Secondat). *O espírito das leis*. 3. ed. São Paulo: Martins Fontes, 2005. p. 175.

[67] Mencione-se, ainda, a codificação na Baviera em 1756, na Prússia em 1794, na Áustria em 1811, na Alemanha em 1900 (*BGB*), entre outros exemplos. Na Alemanha, tornou-se célebre o debate na primeira metade do século XIX entre Friedrich Carl von Savigny (1779-1861), que rejeitava a codificação a partir da visão de que o direito seria fruto da história e do espírito do povo (Escola histórica do direito), e Anton Friedrich Justus Thibaut (1772-1840), que defendia a codificação como fator fundamental para a unificação da Alemanha.

primária do direito, cabendo aos juízes apenas aplicá-la na solução dos litígios, sem criar, contudo, direitos e obrigações.

Ademais, a codificação diminuiria a discricionariedade judicial. Isto porque os Códigos seriam completos e autossuficientes, garantindo certeza e segurança jurídica, com a apresentação de todas as soluções para os eventuais problemas a serem resolvidos pelo juiz, o que ratifica a visão de que o Judiciário apenas declararia o direito preexistente ao caso concreto para solucionar a lide, sem criar direito novo.

Por essa razão, costuma-se afirmar que a tradição do *civil law* é marcada por uma visão racionalista, normativista e formalista do mundo e, por outro lado, a tradição do *common law* é caracterizada, essencialmente, pelo realismo e empirismo (*law in action*).[68]

É importante frisar, contudo, que o processo de codificação não foi uniforme nos países de tradição do *civil law*. Assim, por exemplo, enquanto, na França, o código representou uma ruptura com o direito anterior, na Alemanha, a codificação consagrou os princípios jurídicos construídos historicamente.[69]

Enquanto os países de tradição do *common law* buscaram nos precedentes vinculantes a solução para garantir igualdade, estabilidade, segurança jurídica, integridade e outros valores ao sistema jurídico, os países de tradição do *civil law* encontraram nos códigos e nas leis o caminho para garantir aqueles mesmos objetivos.[70]

Isso não significa dizer que os precedentes se confundem com as normas jurídicas. Ao contrário destas, que são elaboradas para fixação de direitos e deveres para situações futuras, os precedentes relacionam-se à solução de casos determinados.

Contudo, a mesma generalização das normas jurídicas aparece nos precedentes. Conforme será destacado adiante, é possível extrair dos precedentes vinculantes a norma jurídica (*ratio decidendi* ou *holding*) que deverá ser observada nos casos similares futuros. A diferença é que a generalização das normas jurídicas é prévia e decorre do texto legal; nos precedentes, a generalização não é realizada no corpo do próprio precedente, mas a partir da interpretação levada a efeito quando do julgamento do caso semelhante no futuro.

---

[68] FALCÓN Y TELLA, Maria José. *Case Law in Roman, Anglosaxon and Continental Law*. Boston: Martinus Nijhoff Publishers, 2011. p. 49.

[69] MERRYMAN, John Henry; PÉREZ-PERDOMO, Rogelio. *The civil law tradition: an introduction to the legal systems of Europe and Latin America*. 3. ed. Califórnia: Stanford Press, 2007. p. 32.

[70] DÍEZ SASTRE, Silvia. *El precedente administrativo*: fundamentos y eficácia vinculante. Madrid: Marcial Pons, 2008. p. 121-123.

Dessa forma, na tradição do *civil law*, a lei sempre foi considerada como fonte primária do direito, cabendo às decisões judiciais um papel secundário, razão pela qual não faria sentido a adoção e o estudo da teoria dos precedentes judiciais.

Contudo, a importância do papel da jurisprudência nos países de *civil law*, especialmente impulsionada pela aproximação com a tradição do *common law*, demonstra a necessidade de releitura das fontes do direito e do papel dos precedentes judiciais.

2.5. A APROXIMAÇÃO ENTRE O *CIVIL LAW* E O *COMMON LAW*

Não obstante as diferenças históricas entre as tradições do *civil law* e do *common law*, verifica-se, especialmente a partir da segunda metade do século XX, a crescente aproximação e interpenetração entre esses dois modelos.[71] Com efeito, na atualidade, a aproximação dos sistemas de *common law* e *civil law* é uma realidade e, por isso, ambos se encontram em "crise" ou transformação, como será demonstrado nas linhas que se seguem.

Após a II Guerra Mundial, em virtude da indevida utilização do texto constitucional como instrumento legitimador de práticas autoritárias, o constitucionalismo sofreu modificações importantes e a Constituição nos países europeus passou a ter caráter normativo, passível de invocação perante os tribunais.[72] As Constituições europeias do pós-guerra (ex.: Itália – 1947; Alemanha – 1949; Portugal – 1976; e Espanha – 1978) consagraram a emergência do denominado "Estado Constitucional".[73]

---

[71] Nesse sentido, Mario Losano afirma: "*Common Law* anglo-americano e o direito europeu continental, que agora regem a maioria da população mundial, tendem a se aproximar: o *Common Law* está passando por uma extensão dos *statutes* e das *consolidations* em detrimento do puro '*judge made law*', enquanto a jurisprudência vai assumindo importância crescente em muitos países de *civil Law*. Por exemplo, naqueles países que têm um tribunal constitucional, o direito constitucional tende cada vez mais a se tornar um direito jurisprudencial". LOSANO, Mario G. *Os grandes sistemas jurídicos*: introdução aos sistemas jurídicos europeus e extra-europeus. São Paulo: Martins Fontes, 2007. p. 345.

[72] Nas palavras de Eduardo García de Enterría: "La Constitución no es, pues, en ningún lugar de Europa antes de la última Guerra Mundial, una norma invocable ante los tribunales". GARCÍA DE ENTERRÍA, Eduardo. *La Constitución como norma y el Tribunal Constitucional*. 4. ed. Madrid: Civitas, 2006. p. 288.

[73] Sobre a evolução do Estado de Direito, *vide*: FERRAJOLI, Luigi. Pasado y futuro Del Estado de Derecho. In: CARBONELL, Miguel (Org.). *Neoconstitucionalismo(s)*. 2. ed. Madrid: Trotta, 2005.

Eduardo García de Enterría aponta três fatores que determinaram o câmbio radical no constitucionalismo europeu no período pós-II Guerra, a saber: a) a ascensão do princípio democrático, após o período totalitário, como único princípio de organização política; b) a consagração da jurisdição constitucional concentrada, inspirada na doutrina kelseniana; e c) a criação de um sistema especial dos direitos fundamentais frente às maiorias eventuais e transitórias, assegurado pela justiça constitucional.[74]

O novo constitucionalismo ("neoconstitucionalismo", "constitucionalismo contemporâneo" ou "constitucionalismo avançado"), assim como a nova forma de compreensão do Direito (pós-positivismo), com a superação da ideia de que o direito se confunde com a lei (legiscentrismo), é caracterizado pela crescente aproximação entre o direito e a moral,[75] especialmente a partir do reconhecimento da normatividade primária dos princípios constitucionais e da crescente valorização dos direitos fundamentais.

A crise da concepção positivista do direito e da democracia representativa abriu caminho para o maior protagonismo do Poder Judiciário na interpretação e na aplicação do direito, com a valorização da jurisdição constitucional no controle dos atos oriundos do Executivo e do Legislativo.

A lei e os códigos não garantiriam a estabilidade e a certeza do ordenamento jurídico, tal como propugnava a Escola da Exegese no século XIX. A partir da segunda metade do século XX e início do século XXI, intensifica-se o processo de descodificação, com a proliferação de leis especiais e setoriais (microssistemas jurídicos), a utilização de cláusulas gerais na legislação e a constitucionalização do direito civil, o que reforça o papel do juiz na interpretação e na aplicação das normas jurídicas.[76]

---

[74] GARCÍA DE ENTERRÍA, Eduardo. *La Constitución como norma y el Tribunal Constitucional*. 4. ed. Madrid: Civitas, 2006. p. 293-294.

[75] A expressão "neoconstitucionalismo" não é unívoca. Paolo Comanducci menciona a existência de duas acepções para o vocábulo: "Dentro de la teoría neoconstitucionalista, por otro lado, se asiste a la formación de dos tendencias contrapuestas de pensamiento: mientras algunos de sus exponentes entienden que aquélla no es más que la continuación, con el mismo método pero con un objeto (parcialmente) modificado, del iuspositivismo, otros sostienen por el contrario que las transformaciones del objeto de investigación comportan la necesidad de un cambio radical de metodología, y que por tanto el neoconstitucionalismo presenta diferencias cualitativas respecto al iuspositivismo teórico". COMANDUCCI, Paolo. Formas de (neo)constitucionalismo: un análisis metateórico. In: CARBONELL, Miguel (Org.). *Neoconstitucionalismo(s)*. 2. ed. Madrid: Trotta, 2005. p. 83.

[76] Quanto à proliferação de leis setoriais, podem ser mencionadas, exemplificativamente, a Lei de Locações, o Código de Defesa do Consumidor, o Estatuto da Criança e do Adolescente etc.

A importância dos direitos fundamentais e do papel do Poder Judiciário justificou a aproximação entre as tradições do *civil law* e do *common law*.

Conforme destacado anteriormente, na Inglaterra, por exemplo, foram editados atos normativos que possibilitaram a declaração de incompatibilidade de leis inglesas com os direitos humanos reconhecidos pela Comunidade Europeia (*Human Rights Act* de 1998) e a instituição da nova Suprema Corte, tornando o Judiciário independente do Parlamento (*Constitutional Reform Act* de 2005).

Nos Estados Unidos, que sempre contaram com uma Constituição (1787) e com o *judicial review* (*Marbury v. Madison* de 1803), verifica-se o aumento do número de leis (*statutes*) nos últimos anos.

A União Europeia elaborou a Convenção Europeia de Direitos Humanos, em 1950, e instituiu a Corte Europeia de Direitos Humanos, em 1959, para garantir a integridade daquela Convenção. Em razão do caráter aberto dos direitos fundamentais, aumenta a relevância do papel da jurisprudência da Corte Europeia, cujas decisões têm sido consideradas precedentes que devem ser observados pelos juízes das Cortes dos Estados-membros.

Há, portanto, uma crescente aproximação entre os sistemas do *civil law* e do *common law*. A proliferação das leis e a relativização da força vinculante dos precedentes nos países do *common law*, de um lado, e a crescente importância das decisões judiciais e o processo de descodificação nos países do *civil law*, de outro lado, demonstram que as tradições jurídicas têm convergido, o que tem sido impulsionado pelo processo de globalização.

Nesse contexto, em países do *civil law*, é possível perceber a crescente relevância das decisões judiciais no cenário das fontes do direito, o que justificou, em alguns desses países, a incorporação, ainda que adaptada ou modificada, da teoria dos precedentes judiciais, tal como ocorreu no Brasil.

Em consequência, a aproximação entre as tradições do *common law* e do *civil law* pode ser demonstrada, especialmente, pelo papel desempenhado pelos precedentes, com graus distintos, no processo de aplicação e desenvolvimento do direito nos países das duas tradições jurídicas.[77]

É difícil conceber na atualidade algum sistema jurídico que não tenha incorporado, ao menos parcialmente e com adaptações, a concepção dos precedentes,

---

[77] MacCORMICK, D. Neil; SUMMERS, Robert S. Reflections and conclusions. In: MacCORMICK, D. Neil; SUMMERS, Robert S. (ed). *Interpreting precedents*: a comparative study. Aldershot: Dartmouth Publishing, 1997. p. 531-535.

pois espelham a ideia geral de que os casos semelhantes devem ser julgados de forma semelhante.[78]

Isso não significa dizer que os precedentes são compreendidos de forma homogênea em todos os países. Naturalmente, em cada ordenamento jurídico, por razões históricas e institucionais, os precedentes apresentarão peculiaridades relacionadas ao seu conceito, à força vinculante, ao modo de produção e a outros aspectos.

No Brasil, a teoria dos precedentes no campo processual tem recebido atenção especial por parte da doutrina e, de forma crescente, do ordenamento jurídico.

É importante destacar, desde logo, que o ordenamento jurídico brasileiro, apesar de sua vinculação ao sistema do *civil law*, sofreu importantes influências do *common law*.

A influência da tradição romano-germânica pode ser exemplificada por razões históricas. Até a declaração de sua independência em 1822, o Brasil era uma colônia de Portugal, submetendo-se, nesse período, à legislação portuguesa, notadamente as Ordenações Afonsinas de 1456, substituídas pelas Ordenações Manuelinas de 1514 e, em seguida, pelas Ordenações Filipinas de 1603.[79]

Durante o Império, a primeira Constituição brasileira, de 1824, outorgada pelo imperador D. Pedro I, apresentava, entre outras características, um catálogo de direitos fundamentais de primeira geração (direitos civis e políticos), bem como a instituição do poder moderador, sob influência do pensador Benjamin Constant. Aliás, inspirada pelo movimento de codificação, a própria Constituição, em seu art. 179, inciso XVIII, exigiu a elaboração de Códigos Civil e Criminal.

A influência do *common law*, no entanto, pode ser demonstrada pela promulgação da Constituição de 1891, que teve por relator Rui Barbosa e foi inspirada na Constituição norte-americana de 1787, com a consagração do sistema presidencialista, da forma federativa de Estado, do sistema de governo presidencialista e do

---

[78] Nesse sentido, Michael Zander afirma: "É difícil conceber um sistema jurídico em que os precedentes não têm nenhuma participação. Uma das características fundamentais do direito é o objetivo de tratar igualmente casos semelhantes. Assim, é natural que, havendo outras coisas iguais, um tribunal deva seguir a decisão de outro quando os fatos parecerem ser similares". No original: "It is difficulty to conceive of a legal system in which precedent plays no part at all. One of the fundamental characteristics of law is the objective that like cases should be trated alike. It is therefore natural that, other things being equal, one court should follow the decision ofanother where the facts appear to be similar." ZANDER, Michael. *The law-making process*. 7. ed. Oxford: Hart Publishing, 2015. p. 208.

[79] As Ordenações Filipinas foram revogadas apenas com a promulgação do Código Civil de 1916, inspirado no Código Civil francês (1804) e no Código Civil Alemão (1900).

controle difuso de constitucionalidade. A influência norte-americana foi percebida inclusive na denominação "República dos Estados Unidos do Brasil".

A influência do *common law* não se restringiu ao direito constitucional, abarcando, também, outros ramos do direito. No campo do processo civil, mencione-se, por exemplo, a instituição de mecanismos típicos dos países anglo-saxões, tais como: os juizados especiais para processar e julgar pequenas causas; o microssistema de ações coletivas (*class actions*); os métodos alternativos de resolução de litígios (*Alternative dispute resolution* – ADR) etc.

Atualmente, em razão do neoconstitucionalismo e do pós-positivismo, que supera a visão tradicional positivista de que o direito se resume à lei, aproximando direito e moral, especialmente pelo reconhecimento da força normativa primária dos princípios constitucionais, o papel do Judiciário é valorizado, abrindo caminho para seu protagonismo e, com isso, o papel da jurisprudência também é valorizado.

A crescente valorização da jurisprudência no Brasil abre caminho para reformas legislativas e culturais que permitem a adoção de uma teoria dos precedentes adaptada à realidade brasileira.

Conforme será demonstrado adiante, a teoria dos precedentes judiciais ganha força no Brasil com a promulgação do novo CPC.

No entanto, não é apenas no campo do processo civil que a aproximação entre as duas tradições justifica a aplicação da teoria dos precedentes. Essa aplicação, com as devidas adaptações, é possível, também, ao processo administrativo brasileiro, conforme será abordado em tópico próprio.

O Direito Administrativo brasileiro, aliás, vinculado, na sua origem, à tradição francesa do *civil law*, tem sofrido forte influência dos países do *common law*, inclusive com a redefinição de institutos clássicos e a importação de modelos jurídicos. Mencionem-se, como exemplos desse fenômeno, a releitura da noção francesa de serviços públicos para aproximação da noção norte-americana de serviços de utilidade pública (*public utilities*), com a ampliação da liberdade e da concorrência na prestação de atividades de relevância pública; a instituição de agências reguladoras a partir da década de 90, inspiradas nas agências reguladoras norte-americanas; a utilização de Parcerias Público-Privadas sob influência do modelo utilizado no Reino Unido etc.

Não se pode desconsiderar que no processo de importação de modelos ou institutos estrangeiros, o intérprete deve ter especial atenção para a necessária adaptação à realidade normativa, econômica, política e social do país.

No próximo capítulo, apresentaremos a teoria dos precedentes judiciais e suas principais características.

Capítulo 3

A TEORIA DOS PRECEDENTES JUDICIAIS

3.1. CONCEITO

O vocábulo "precedente" apresenta múltiplos significados. Em sentido amplo, o precedente reflete decisão anterior sobre determinado assunto, que serve de modelo orientador para casos futuros. Em sentido restrito, o precedente é a decisão anterior que apresenta solução jurídica vinculante em relação ao próprio tribunal e aos demais órgãos judiciais inferiores quando julgarem casos semelhantes.[1]

Nos países de tradição do *common law*, a decisão judicial somente será considerada "precedente" pelo juiz responsável pelo julgamento do caso posterior, e não pelo próprio prolator da decisão. Conforme será demonstrado adiante, o ordenamento brasileiro, de forma distinta, elenca, *a priori*, as decisões que serão proferidas com caráter vinculante.

A teoria dos precedentes vinculantes (*stare decisis*) não se confunde com a coisa julgada (*res judicata*). Apesar de garantirem estabilidade ao ordenamento jurídico, os dois institutos são distintos: enquanto os precedentes vinculam os casos futuros e todas as demais pessoas, a coisa julgada representa a inalterabilidade, formal e material, da decisão judicial pelas partes de determinado processo.[2]

Conforme destacado anteriormente, a teoria dos precedentes encontra-se originariamente vinculada à tradição do *common law*, mas o estudo dos precedentes

---

[1] De acordo com Alexandre Câmara: "Precedente é um pronunciamento judicial, proferido em um processo anterior, que é empregado como base da formação de outra decisão judicial, prolatada em processo posterior". CÂMARA, Alexandre Freitas. *O novo processo civil brasileiro*. 2. ed. São Paulo: Atlas, 2016. p. 427.

[2] ZANDER, Michael. *The law-making process*. 7. ed. Oxford: Hart Publishing, 2015. p. 208.

tem sido intensificado também em países de tradição do *civil law*, em razão do processo de aproximação entre as duas tradições.

Naturalmente, os precedentes possuem características próprias em cada ordenamento jurídico, adaptando-se, dessa forma, à realidade dos respectivos sistemas jurídicos. Não há, portanto, homogeneidade em relação aos precedentes e à sua força vinculativa, inclusive nos países tradicionalmente integrantes da mesma tradição jurídica.[3]

Em cada sistema jurídico, os fatores institucionais influenciarão na concepção dos precedentes. A organização judiciária influencia na natureza e na utilização dos precedentes. A definição, a forma de criação, a origem e a utilização dos precedentes nos diversos países variam de acordo com a respectiva organização judiciária.

Existem, ao menos, três modelos de argumentação a partir dos precedentes:[4]

a) analogia (*model of particular analogy*): cada caso é tratado como exemplo de decisão correta (ou razoável) que funciona como um guia útil para casos similares;

b) regras (*rule-stating model*): a regra retirada do precedente (*ratio decidendi*) deve ser observada pelas demais cortes nos julgamentos posteriores, salvo nas hipóteses de distinção (*distinguish*) ou superação (*overruling*) do precedente; e

c) princípios (*principle-exemplifying model*): os princípios jurídicos utilizados pelo precedente serão relevantes para os casos posteriores.

Registre-se, contudo, que os três modelos admitem variações e podem ser encontrados no interior do mesmo sistema jurídico.

Fatores como a hierarquia das cortes (cortes superiores e inferiores), a estrutura federativa do Estado (cortes federais e estaduais nos Estados Federados), a competência para o controle de constitucionalidade (controle concentrado exercido por Cortes constitucionais e/ou controle difuso por cada corte ordinária), entre outros, influenciam na concepção e na aplicação dos precedentes.[5]

---

[3] A análise comparativa entre os precedentes na Alemanha, na Finlândia, na França, na Itália, na Noruega, na Polônia, na Espanha, na Suécia, no Reino Unido, nos Estados Unidos e na Comunidade Europeia pode ser encontrada na obra: BANKOSKI, Zenon; MacCORMICK, D. Neil; MARSHALL, G. Precedent in the United Kingdom. In: MacCORMICK, D. Neil; SUMMERS, Robert S. (ed). *Interpreting precedents*: a comparative study. Aldershot: Dartmouth Publishing, 1997.

[4] BANKOSKI, Zenon; MacCORMICK, D. Neil; MORAWSKI, Lech; RUIZ MIGUEL, Alfonso. Rationales for precedent. In: MacCORMICK, D. Neil; SUMMERS, Robert S. (ed). *Interpreting precedents*: a comparative study. Aldershot: Dartmouth Publishing, 1997. p. 497.

[5] TARUFFO, Michele. Institutional factors influencing precedents. In: MacCORMICK, D. Neil; SUMMERS, Robert S. (ed). *Interpreting precedents*: a comparative study. Aldershot: Dartmouth Publishing, 1997. p. 437-460.

Não obstante isso, é possível encontrar a tendência de crescimento da importância dos precedentes, inclusive nos países de tradição do *civil law*. Revela-se cada vez mais usual, inclusive nesses países, a utilização dos precedentes judiciais na interpretação e na aplicação dos códigos e da legislação em geral.

Nesse sentido, Michele Taruffo sustenta:

> De qualquer forma, o crescimento geral no uso de precedentes em todos os sistemas e o papel essencial alcançado pelos precedentes na prática jurídica em todos os países são importantes fatores de mudança. Isso não quer dizer que os tribunais têm poderes ilimitados de criar um novo direito, mas, sim, que se deve reconhecer que, mesmo nos sistemas de direito civil, a interpretação de códigos e leis agora baseia-se amplamente em precedentes que já interpretam estes códigos e leis. Os precedentes tornaram-se meios inevitáveis para a "concretização" de princípios e normas jurídicas. Muitas situações relevantes são "legalizadas" ou "judicializadas" pelos tribunais de acordo com precedentes e muitas questões jurídicas são decididas com base em precedentes. A ideia de um verdadeiro conflito entre precedentes propriamente ditos e o direito propriamente dito perdeu qualquer sentido real, mesmo nos sistemas de direito civil. Ao contrário, os precedentes são um fator constante e onipresente na interpretação jurídica do direito.[6]

A vinculação aos precedentes relaciona-se a um olhar para o passado e outro para o futuro. Além da necessidade de respeitar as decisões já proferidas em casos similares (*backward-looking activity*), não se pode desconsiderar que as decisões judiciais de hoje constituirão precedentes que deverão ser observados em casos futuros (*forward-looking activity*).[7]

---

[6] No original: "At any rate, the general growth in the use of precedents in every system and the essential role that precedents achieve in the judicial practice of all countries are important factors of change. This is not to say that courts have an unlimited power to create new law. Rather, it should be acknowledged that, even in civil law systems, the interpretation of codes and statutes is now based largely upon precedents already interpreting these codes and statutes. Precedents have become unavoidable means for the 'concretization' of legal rules and principles. Many relevant situations are 'legalized' or 'jurified' by courts according to precedents, and many legal issues are decided on the basis of precedents. The idea of a true conflict between precedents as such and law as such has lost any actual meaning even in civil law systems. On the contrary, precedents are a constant and omnipresent factor in the judicial interpretation of law". TARUFFO, Michele. Institutional factors influencing precedents. In: MacCORMICK, D. Neil; SUMMERS, Robert S. (ed). *Interpreting precedents*: a comparative study. Aldershot: Dartmouth Publishing, 1997. p. 459.

[7] DUXBURY, Neil. *The nature and authority of precedent*. New York: Cambridge University Press, 2008. p. 4. De acordo com Schauer: "Um sistema de precedentes, portanto, envolve a

A tarefa de caracterizar uma decisão judicial como precedente, que deverá ser observado em casos similares futuros, não é realizada pelo tribunal no momento em que prolata a referida decisão. Em verdade, a decisão anterior será considerada precedente judicial pelo tribunal no momento do julgamento do caso similar subsequente quando será definida se a razão de direito da decisão judicial anterior deverá ser aplicada ao caso atual.[8] Vale dizer: a decisão judicial não nasce como precedente vinculante; a sua qualificação como tal depende da interpretação conferida pelo tribunal ao julgar caso semelhante posterior.

3.2. FUNDAMENTOS: VANTAGENS E DESVANTAGENS

A utilização dos precedentes, tal como ocorre com outros institutos jurídicos, não é unanimidade entre os operadores do direito que apresentam argumentos favoráveis e contrários aos precedentes judiciais.[9]

De um lado, os argumentos favoráveis aos precedentes judiciais relacionam-se à efetividade dos princípios da igualdade, da segurança jurídica, da proteção da confiança legítima e da eficiência.

Em primeiro lugar, a teoria dos precedentes implementa o princípio da igualdade ou isonomia ao garantir a igualdade na interpretação e na aplicação do direito, em casos semelhantes, pelos diversos órgãos do Poder Judiciário.

Em segundo lugar, os precedentes judiciais efetivam os princípios da segurança jurídica e da confiança legítima, garantindo integridade ao sistema judicial.[10]

---

responsabilidade especial que acompanha o poder de comprometer o futuro antes de nossa chegada lá". No original: *"A system of precedent therefore involves the special responsibility accompanying the power to commit the future before we get there"*. SCHAUER, Frederic. Precedent. *Stanford Law Review*, v. 39, 1987, p. 573.

[8] FINE, Toni M. *Introdução do sistema jurídico anglo-americano*. São Paulo: Martins Fontes, 2011. p. 67-68.

[9] Sobre os argumentos favoráveis e contrários aos precedentes, vide, por exemplo: MARINONI, Luiz Guilherme. *Precedentes obrigatórios*. 3. ed. São Paulo: RT, 2013. p. 118-210.

[10] Summers e Eng alertam: "Como resultado, os juízes dentro do sistema decidiriam, em graus variados, o mesmo caso de forma diferente, e o direito decisório poderia, em algumas áreas, até mesmo se tornar um deserto de instâncias únicas". No original: "As a result, judges within the system would, in varying degrees, decide the same case differently, and the decisional law might in some areas even become a wilderness of single instances". SUMMERS, Robert S.; ENG, Svein. Departures from precedents. In: MacCORMICK, D. Neil; SUMMERS, Robert S. (ed.) *Interpreting precedents*: a comparative study. Aldershot: Dartmouth Publishing, 1997. p. 519.

Isto porque os precedentes acarretam maior previsibilidade, uniformidade, estabilidade e coerência às decisões judiciais. O princípio constitucional da segurança jurídica, peça fundamental do Estado Democrático de Direito, deve ser observado pelo Estado, independentemente do Poder (Executivo, Legislativo e Judiciário). Cabe a cada Poder atuar coerentemente, respeitando a confiança legítima e a boa-fé dos indivíduos.

A integridade do direito pressupõe o respeito aos precedentes. Nesse ponto, não se pode desconsiderar a denominada "força gravitacional dos precedentes", destacada por Dworkin, que reside no fato de que "a decisão anterior exerce uma força gravitacional sobre as decisões posteriores, mesmo quando se situam fora de sua órbita particular". Enquanto fragmento da história política, o precedente oferece razões para decidir casos de forma similar no futuro. Segundo o autor, a referida força gravitacional não residiria na força de promulgação do precedente, mas na necessidade de equidade que exige o tratamento idêntico de casos semelhantes.[11]

Todavia, especialmente no caso brasileiro, a dificuldade de definir a *ratio essendi* da decisão, as motivações insuficientes apresentadas pelos magistrados em suas decisões e as superações de precedentes em curto espaço de tempo colocam em risco esses objetivos.

É fato que o *civil law* não foi capaz de garantir segurança jurídica apenas com o apego à lei como fonte primária e principal do direito. Os códigos, que simbolizavam a completude e a clareza do direito, entram em declínio (descodificação), com a profícua elaboração de leis setoriais (especiais), ocasionando hiperinflação de atos normativos que colocam em risco os objetivos citados anteriormente.

O papel do juiz, por sua vez, tem sido ampliado, em razão do neoconstitucionalismo, com a normatividade primária dos princípios jurídicos, que possuem textura aberta, bem como pela ampla utilização de cláusulas abertas na legislação e crescente judicialização de questões sensíveis ao Estado Democrático de Direito, notadamente no campo das políticas públicas. O magistrado, nesse cenário, em vez de ser a "boca da lei", atua como intérprete que esclarece ou cria o direito para o caso concreto a partir das normas inseridas no ordenamento jurídico.

Verifica-se, portanto, que a segurança jurídica deve ser garantida não apenas nas leis, mas, também, na prestação jurisdicional.

Em terceiro lugar, os precedentes garantem efetividade ao princípio da eficiência, uma vez que os precedentes obrigatórios asseguram eficiência na prestação

---

[11] DWORKIN, Ronald. *Taking rights seriously*. Cambridge: Harvard University Press, 1978. p. 111-113.

jurisdicional, já que desestimula a litigância, agiliza a prestação da jurisdição (duração razoável do processo) e fomenta os acordos extrajudiciais, com a diminuição de despesas com recursos humanos e de tempo, que seriam necessários ao exercício da função jurisdicional.[12]

Quanto às eventuais desvantagens dos precedentes, os críticos apontam, em primeiro lugar, o obstáculo ao desenvolvimento do direito. A partir da premissa de que os precedentes não podem ser modificados, os críticos afirmam que isso impediria a evolução judicial do direito, com a adaptação, a superação ou a modificação dos precedentes à nova realidade social.[13]

A crítica, no entanto, deve ser refutada, pois os precedentes vinculantes, mesmo nos países do *common law*, especialmente nos EUA, não são, necessariamente, eternos e imutáveis, admitindo-se o seu afastamento por meio de distinções entre o caso atual e o precedente adotado em caso anterior, bem como a sua superação (*overruling*), em casos excepcionais, pelo mesmo tribunal ou por tribunal superior.[14]

Outra crítica aos precedentes seria a violação da independência do juiz e ao seu livre convencimento, uma vez que, mesmo em desacordo com a tese fixada no precedente, deveria aplicá-lo ao caso concreto.

Aqui, também, o argumento não deve prosperar, uma vez que a independência do magistrado não significa seu isolamento do sistema judicial e liberdade para desconsiderar as decisões prolatadas em casos similares pelas cortes superiores. Ao integrar o Poder Judiciário, o magistrado deve prestar a jurisdição com coerência e racionalidade, garantindo segurança jurídica e igualdade de tratamento aos jurisdicionados.

3.3. CLASSIFICAÇÕES

Os precedentes podem ser agrupados e/ou classificados de diversas formas.

---

[12] Nesse sentido: FINE, Toni M. *Introdução do sistema jurídico anglo-americano*. São Paulo: Martins Fontes, 2011. p. 77-78.

[13] Oliver W. Holmes afirma ser revoltante que as cortes sejam vinculadas aos precedentes que foram elaborados ao tempo de Henrique IV. HOLMES, Oliver Wendell. The Path of the Law, 10 *Harvard Law Review* 457, 469 (1897).

[14] Conforme sustentam Streck e Abboud: "O precedente dinamiza o sistema jurídico, não o engessa. Isto porque a interpretação do precedente tem que levar em conta a totalidade do ordenamento jurídico e toda a valoração e a fundamentação que o embasaram, assim, sempre que ele for a base de uma nova decisão, seu conteúdo é passível de um ajuste jurisprudencial". STRECK, Lenio Luiz; ABBOUD, Georges. *O que é isto – o precedente judicial e as súmulas vinculantes?* 3. ed. Porto Alegre: Livraria do Advogado, 2015. p. 50.

Em primeiro lugar, quanto à origem, é possível indicar dois tipos de precedentes:

a) precedentes judiciais: provenientes de decisões judiciais; e

b) não judiciais ou administrativos: formulados nas decisões de processos administrativos.

Quanto à obrigatoriedade ou à força, os precedentes podem ser:

a) vinculantes (obrigatórios): devem ser observados pelo próprio órgão que os elaborou (vinculação horizontal) e pelos órgãos inferiores (vinculação vertical) (ex.: os precedentes judiciais oriundos das ações diretas de (in)constitucionalidade vinculam não apenas o Judiciário, mas também a Administração Pública, na forma do art. 102, § 2º, da CRFB); e

b) persuasivos: não vinculam os demais órgãos, que podem decidir de forma diversa, mas exercem influência na tomada da decisão (ex.: decisões proferidas pelos tribunais estaduais).

Diversos fatores institucionais, normativos, políticos, sociais, econômicos e temporais podem influenciar na intensidade de vinculação dos precedentes. Os fatores que determinam os "graus de capacidade de vinculação" podem ser exemplificativamente enumerados: a) a hierarquia da corte; b) a decisão proveniente de uma turma ou do plenário do tribunal; c) a reputação da corte e do juiz relator; d) as mudanças políticas, econômicas e sociais após o precedente; e) a solidez dos argumentos; f) o momento de formação do precedente ou a "idade" do precedente; g) o consenso ou dissenso na prolação da decisão; h) o ramo do direito envolvido; i) se o precedente representa uma tendência; j) a forma pela qual o precedente é recebido pela doutrina; k) os efeitos das mudanças legais em áreas afins.[15]

A distinção entre precedentes vinculantes e persuasivos tem relação direta com a vinculação ou não do precedente em casos semelhantes, o que pressupõe, necessariamente, uma comparação entre casos diversos. Não se trata, portanto, de discutir sobre a força vinculante sobre as partes integrantes de determinado processo, uma vez que tal força existe em qualquer decisão judicial em razão da coisa julgada.

A doutrina do *stare decisis* ("*stand by the thing decided*") determina a necessidade de que as cortes respeitem os precedentes anteriores, mas a referida doutrina

---

[15] PECZENIK, Aleksander. The binding force of precedent. In: MacCORMICK, D. Neil; SUMMERS, Robert S. (ed). *Interpreting precedents*: a comparative study. Aldershot: Dartmouth Publishing, 1997. p. 477-478. Vide também: ZANDER, Michael. *The law-making process*. 7. ed. Oxford: Hart Publishing, 2015. p. 265.

sofre adaptações em cada sistema jurídico, adequando-se às suas peculiaridades normativas e institucionais.

No Brasil, alguns precedentes possuem graus diferentes de vinculação, o que leva parcela da doutrina a dividi-los em "precedentes com eficácia normativa", "precedentes com eficácia impositiva intermediária" e "precedentes com eficácia meramente persuasiva".[16]

Os precedentes com eficácia normativa devem ser observados em casos análogos, sob pena de cassação do entendimento divergente, por meio da reclamação, tal como ocorre nos casos previstos no art. 927, I, II e III, do CPC/2015, a saber: decisões proferidas no controle concentrado da constitucionalidade às súmulas vinculantes, aos julgados em casos repetidos e em incidentes de assunção de competência.

De outro lado, os precedentes com eficácia impositiva intermediária, cuja inobservância desafia recursos, mas não a utilização de reclamação, tal como ocorre nas situações indicadas no art. 927, IV e V, do CPC/2015: os enunciados das súmulas do STF, em matéria constitucional, os enunciados das súmulas do STJ, em matéria infraconstitucional federal e a orientação do plenário ou do órgão especial ao qual tais juízes e/ou tribunais estiverem vinculados.

A diferença entre os graus de vinculação entre os precedentes mencionados anteriormente pode ser percebida pelos mecanismos jurídicos colocados à disposição dos interessados para revisão de decisões conflitantes. Ao contrário do que ocorre com os precedentes com eficácia normativa, os precedentes com eficácia intermediária não autorizam o manejo da reclamação.

Por fim, os precedentes com eficácia meramente persuasiva sempre foram considerados a regra no direito brasileiro em matéria não constitucional e, no tocante às questões constitucionais, as decisões proferidas, por exemplo, por magistrados de primeiro grau.

Alguns precedentes, além de vinculantes, ganham imensa notoriedade, com a frequente citação pelas Cortes e autoridades em geral, razão pela qual são chamados, por parcela da doutrina, de "superprecedentes" (ex.: a decisão sobre o *judicial review* em *Marbury v. Madison*).[17]

---

[16] MELLO, Patrícia Perrone Campos. *Precedentes*: o desenvolvimento judicial do direito no constitucionalismo contemporâneo. Rio de Janeiro: Renovar, 2008. p. 62-109; MELLO, Patrícia Perrone Campos. O Supremo e os precedentes constitucionais: como fica a sua eficácia após o Novo Código de Processo Civil. *Universitas JUS*, v. 26, n. 2, 2015, p. 41-53.

[17] Sobre o tema, vide: GERHARDT, Michael J. *The Power of Precedent*. Oxford: University Press, 2008; SINCLAIR, Michael. Precedent, Super-Precedent. *George Mason Law Review*, Arlington, v. 14:2, 2007, p. 363-411.

Em relação à direção da eficácia, os precedentes, conforme demonstrado anteriormente, podem ser:

a) verticais: os tribunais e órgãos inferiores devem observar os precedentes dos órgãos e tribunais superiores (nesse caso, os precedentes são necessariamente vinculantes); e

b) horizontais: o próprio tribunal deve respeitar seus próprios precedentes. Os precedentes, sob o prisma da eficácia horizontal, são considerados, normalmente, persuasivos. Parece melhor afirmar ser o tribunal vinculado ao seu próprio precedente (autoprecedente), mas, evidentemente, essa vinculação é relativa, pois a Corte pode superar, de forma excepcional e motivada, seus próprios precedentes.

No tocante à eficácia espacial dos precedentes vinculantes, eles podem ser separados em:

a) precedentes com eficácia externa: devem ser observados também por órgãos e entidades integrantes de outros Poderes (ex.: os precedentes judiciais oriundos das ações diretas de (in)constitucionalidade vinculam não apenas o Judiciário, mas também a Administração Pública, na forma do art. 102, § 2º, da CRFB); e

b) precedentes com eficácia interna: vinculam apenas os órgãos e as entidades inseridos no Poder que elaborou o precedente (ex.: os precedentes judiciais vinculam, em princípio, os juízes do respectivo tribunal e os juízes dos tribunais inferiores).[18]

3.4. DECISÕES, PRECEDENTES, SÚMULAS E JURISPRUDÊNCIA

Embora haja semelhanças entres os termos "decisões", "precedentes", "súmulas" e "jurisprudência", não se deve confundi-los.

As decisões judiciais são comandos que resolvem conflitos de interesses. É possível afirmar que todo precedente judicial decorre de uma decisão judicial pretérita, mas não é qualquer decisão que constitui precedente. Somente será considerada como precedente a decisão judicial que tiver o potencial de servir como paradigma para os casos futuros.

Os precedentes são as decisões judiciais que enunciam regras ou princípios jurídicos que devem ser respeitados em casos futuros. Não configura precedente judicial vinculante a decisão judicial que simplesmente aplica precedente ou o

---

[18] Sobre as influências dos precedentes judiciais nos processos administrativos e dos precedentes administrativos nos processos judiciais, vide itens 5.13 e 5.14.

texto literal da lei, por meio de subsunção, para solução do caso concreto, sem qualquer acréscimo relevante interpretativo ao texto legal.[19]

Aliás, quando a decisão judicial se limita a aplicar o texto legal na solução do caso concreto, sem qualquer consideração relevante interpretativa, a força vinculante decorre da própria lei, e não da decisão judicial.

Ocorre que, na atualidade, a interpretação literal tem sido superada por outros métodos interpretativos, tais como a interpretação teleológica e sistemática, o que demonstra a potencialidade de praticamente todas as decisões judiciais, em alguma medida, se tornarem precedentes. Todavia, isso não afasta a afirmação anterior, devendo ser considerada precedente a primeira decisão que apresenta a regra ou o princípio que será utilizado e respeitado em casos futuros.

A súmula, por sua vez, pode ser entendida como o resumo da tese consolidada pelo tribunal sobre determinado assunto que foi objeto de decisões pretéritas prolatadas em casos semelhantes no mesmo sentido. Em síntese: a súmula pode ser considerada como a consolidação objetiva da jurisprudência.[20]

De acordo com o art. 926, § 1º, do CPC, cabe aos regimentos internos dos tribunais a fixação da forma e dos pressupostos para edição de súmulas correspondentes à sua jurisprudência dominante.

Tradicionalmente, a súmula possui efeito persuasivo, servindo de orientação para futuras decisões.

Todavia, as súmulas podem ser vinculantes em relação aos órgãos do Poder Judiciário e à Administração Pública. De acordo com o art. 103-A da CRFB,

---

[19] CROSS, Rupert; HARRIS, J. W. *Precedent in English Law*, 4. ed. Oxford: Clarendon Press, 1991. p. 72. De acordo com Marinoni: "Seria possível pensar que toda decisão judicial é um precedente. Contudo, ambos não se confundem, só havendo sentido falar de precedente quando se tem uma decisão dotada de determinadas características, basicamente a potencialidade de se firmar como paradigma para orientação dos jurisdicionados e dos magistrados. (...) Portanto, uma decisão pode não ter os caracteres necessários à configuração de precedente, por não tratar de questão de direito ou se limitar a afirmar a letra da lei, como pode estar apenas reafirmando o precedente. Outrossim, um precedente requer a análise dos principais argumentos pertinentes à questão de direito, além de poder necessitar de inúmeras decisões para ser definitivamente delineado. (...) Em suma, é possível dizer que o precedente é a primeira decisão que elabora a tese jurídica ou é a decisão que definitivamente a delineia, deixando-a cristalina". MARINONI, Luiz Guilherme. *Precedentes obrigatórios*. 3. ed. São Paulo: RT, 2013. p. 213-214. No mesmo sentido: ZANETI JR., Hermes. *O valor vinculante dos precedentes*: teoria dos precedentes normativos formalmente vinculantes. 2. ed. Salvador: JusPodivm, 2016. p. 309-310.

[20] NEVES, Daniel Amorim Assumpção. *Manual de direito processual civil – volume único*. 8. ed. Salvador: JusPodivm, 2016. p. 1.298.

inserido pela EC 45/2004, regulamentado pela Lei 11.417/2006, o STF poderá, de ofício ou por provocação, mediante decisão de dois terços dos seus membros, depois de reiteradas decisões sobre matéria constitucional, aprovar súmula que, a partir de sua publicação na imprensa oficial, terá efeito vinculante em relação aos demais órgãos do Poder Judiciário e à Administração Pública direta e indireta, federal, estadual e municipal.[21]

Registre-se, ainda, que as súmulas do STF em matéria constitucional e as do STJ em matéria infraconstitucional foram inseridas no rol de precedentes vinculantes pelo art. 927, IV, do CPC/2015.

Por fim, os precedentes não se confundem com a jurisprudência. O termo "jurisprudência" é polissêmico e, portanto, comporta significados diversos. Ora se confunde com ciência do direito (dogmática jurídica); ora é utilizada para designar o conjunto de decisões judiciais, divergentes ou uniformes.[22]

Tem prevalecido, na teoria e na prática brasileira, a ideia de que jurisprudência, em sentido restrito, reflete o conjunto de decisões judiciais que decidem, de forma reiterada e uniforme, casos semelhantes no mesmo sentido.

Dessa forma, o precedente não se confunde com a jurisprudência, pois, sob o critério quantitativo, o precedente é retirado de uma única decisão e a jurisprudência depende de uma série de decisões, precedentes judiciais ou não, no mesmo sentido.

Costuma-se apontar, também, uma diferença qualitativa: enquanto o precedente fornece uma regra universalizável que pode ser aplicada como um critério para a decisão em casos futuros, em razão da identidade ou da analogia entre *os fatos* do primeiro caso e dos casos posteriores, a utilização da jurisprudência, em regra, não envolve análise comparativa, ao menos detalhada, dos fatos, limitando-se à formulação de proposições objetivas que têm como objeto regras jurídicas, semelhantes às leis.[23]

---

[21] As súmulas vinculantes possuem semelhanças com os antigos e revogados assentos portugueses, uma vez que ambos estabelecem comandos normativos para casos futuros. CASTANHEIRA NEVES, António. *O instituto dos assentos e a função jurídica dos operários dos Supremos Tribunais*. Coimbra: Coimbra Editora, 1983. p. 315; STRECK, Lenio Luiz; ABBOUD, Georges. *O que é isto – o precedente judicial e as súmulas vinculantes?* 3. ed. Porto Alegre: Livraria do Advogado, 2015. p. 79.

[22] Sobre o tema, no Brasil, vide: STRECK, Lenio Luiz. *Súmulas no direito brasileiro*: eficácia, poder e função. 2. ed. Porto Alegre: Livraria do Advogado, 1998. p. 83.

[23] TARUFFO, Michele. Precedente e giurisprudenza. *Rivista Trimestrale di Diritto e Procedura Civile*, Milano: Giuffrè, a. 61, 3, 2007, p. 797 e ss.

3.5. ESTRUTURA DOS PRECEDENTES: *RATIO DECIDENDI* (OU *HOLDING*) E *OBITER DICTUM*

O precedente judicial é composto pelos fatos que são objeto da controvérsia e pela tese jurídica utilizada para a solução da questão.

No sistema do *civil law*, os fundamentos das decisões judiciais, que vinculam a parte dispositiva da decisão judicial, não são acobertados pela coisa julgada material, que se restringe ao dispositivo do julgado, o que revela a possibilidade de sua não observância em outros casos similares. Vale dizer: tradicionalmente, os países do *civil law* sempre se preocuparam com a parte dispositiva da decisão, que aplica o direito ao caso concreto e opera a coisa julgada, tornando-a imutável.

Ao contrário, nos países do *common law*, os fundamentos das decisões judiciais possuem maior relevância, pois as decisões que constituírem precedentes não vinculam apenas as partes, mas também deverão ser observadas por outros juízes. A busca pelo real significado do precedente judicial, por esta razão, envolve, necessariamente, a análise da sua fundamentação.

Nesse contexto, é imperioso buscar-se a parte do precedente judicial que possui efeito vinculante para os demais órgãos jurisdicionais e a parte que não é essencial para a formação do precedente e que, portanto, não vincula as futuras decisões.

Com efeito, a análise da estrutura do precedente judicial envolve a distinção entre *ratio decidendi* ("razões de decidir") e *obiter dictum* ("dito para morrer"), tarefa complexa que sempre gerou polêmicas doutrinárias.

Em primeiro lugar, a expressão *ratio decidendi*, oriunda do direito inglês, ou *holding*, nomenclatura utilizada no direito norte-americano, representa a parte da decisão que vincula os julgamentos posteriores sobre casos similares.[24]

Todavia, a definição da parte vinculante do precedente judicial é uma das tarefas mais complexas da teoria dos precedentes, tendo em vista a própria dificuldade na distinção entre a *ratio decidendi* e a *obiter dictum* em cada decisão judicial, o que explica a existência de diversos critérios doutrinários.

Na doutrina norte-americana, foram desenvolvidos dois testes tradicionais para identificação da *ratio decidendi*:

---

[24] "On the traditional account, the holding – wich is very close to but not identical with the ratio decidendi – is the legal rule that determines the outcome of the case". SCHAUER, Frederick. *Thinking like a lawyer*: a new introduction to legal reasoning. Cambridge: Harvard University Press, 2009. p. 54.

a) teste de Wambaugh: de acordo com Eugene Wambaugh, a *ratio decidendi* seria uma regra jurídica sem a qual o magistrado teria decidido de forma diferente;[25] e

b) teste de Goodhart: segundo Arthur Goodhart, a *ratio decidendi* (denominada pelo autor como *principle of a case*) é determinada a partir dos fatos materiais que são considerados fundamentais pelo magistrado para decisão do caso.[26]

Os referidos testes atenuam mas não afastam a complexidade da definição da *ratio decidendi*.

Michael Zander sustenta que a *ratio decidendi* é a proposição jurídica que decide o caso, a partir e no contexto dos fatos materiais, sendo certo que uma decisão pode conter mais de uma proposição jurídica e, nesse caso, todas serão vinculantes.[27]

Rupert Cross e J. W. Harris, por sua vez, sustentam que a *ratio decidendi* é "qualquer regra de direito expressa ou implicitamente tratada pelo juiz como passo

---

[25] Segundo Wambaugh: "Além disso, através de experiências, mesmo um iniciante pode determinar se é possível que uma certa situação de direito seja envolvida em um determinado caso. Para fazer o teste, ele vai, primeiro, planejar cuidadosamente a suposta situação de direito. Depois, vai inserir na situação uma palavra que reverta seu significado. Deixe-o, então, indagar se a decisão poderia ter sido a mesma caso o tribunal tivesse entendido como boa e levado em consideração essa nova situação. Se a resposta for afirmativa, ainda que a situação original pudesse ser excelente, o caso não é um precedente para aquela situação, mas, se a resposta for negativa, o caso é um precedente para a situação original e, possivelmente, também para outras situações". No original: "Yet by experiment even the beginner can determine whether it is possible for a given proposition of law to be involved in a given case. In order to make the test, let him first frame carefully the supposed proposition of law. Let him then insert in the proposition a word reversing its meaning. Let him then inquire whether, if the court had conceived this new proposition to be good, and had had it in mind, the decision could have been the same. If the answer be affirmative, then, however excellent the original proposition may be, the case is not a precedent for that proposition, but if the answer be negative the case is a precedent for the original proposition and possibly for other propositions also." WAMBAUGH, Eugene. *The Study of Cases*: a course of instruction in reading, stating reported cases, composing head-notes and briefs, criticizing and comparing authorities, and compiling digests. 2. ed. Boston: Little, Brown and Company, 1894. p. 17.

[26] GOODHART, Arthur L. Determining the Ratio Decidendi of a Case. *Yale Law Journal*, v. XL, n. 2, dec. 1930, p. 161-183. Em suas palavras: "O princípio do caso é encontrado levando-se em conta (a) os fatos tratados pelo juiz como materiais e (b) sua decisão fundamentada em tais fatos". No original: "The principle of the case is found by taking account (a) of the facts treated by the judge as material, and (b) his decision as based on them" (p. 182).

[27] ZANDER, Michael. *The law-making process*. 7. ed. Oxford: Hart Publishing, 2015. p. 255.

necessário para alcançar sua conclusão, tendo em vista a linha de raciocínio por ele adotada, ou uma parte necessária de sua instrução para o júri".[28]

Em vez de compreendê-la como regra necessária à conclusão do caso, Neil MacCormick sustenta que a *ratio decidendi* é a parte da decisão que o juiz afirma como correta interpretação da lei ou a solução do juiz para o caso.[29]

Dessa forma, a *ratio decidendi* não se confunde com a parte dispositiva da decisão. Enquanto a parte dispositiva aplica a solução jurídica ao caso concreto, a *ratio decidendi* é a regra de direito ou o princípio jurídico extraído da fundamentação, a partir dos fatos envolvidos na questão, e necessária para a decisão.

Isso não significa dizer que a *ratio decidendi* e a fundamentação da decisão judicial se confundem. Em verdade, nos países do *common law*, não é o juiz prolator da decisão judicial que qualifica a sua decisão como precedente. A qualificação de determinada decisão judicial como precedente e a definição da norma extraída do precedente são tarefas exercidas pelos julgadores dos casos análogos futuros.[30]

A determinação da *ratio decidendi* segue o método indutivo, uma vez que a partir do precedente individual será extraída a norma jurídica (regra geral de direito ou o princípio jurídico) que deverá ser observada em casos futuros.

Enquanto a decisão judicial apresenta a solução jurídica para o caso concreto, vinculando as partes envolvidas, a *ratio decidendi*, extraída do caso julgado, possui força normativa e vincula os juízes que decidirão casos futuros semelhantes.[31]

---

[28] No original: "The ratio decidendi of a case in any rule of law expressly or impliedly treated by the judge as a necessary step in reaching his conclusion, having regard to the line of reasoning adopted by him, or a necessary parto f his discretion to the jury". CROSS, Rupert; HARRIS, J. W. *Precedent in English Law*. 4. ed. Oxford: Clarendon Press, 1991. p. 72.

[29] MACCORMICK, Neil. *Rethoric and the rule of Law:* a theory of legal reasoning. New York: Oxford University Press, 2005. p. 145.

[30] De acordo com Lucas Buril de Macêdo: "Realmente, há transcendência da *ratio* em relação à fundamentação. A norma do precedente é moldada e esclarecida nos casos posteriores, que delimitam melhor sua abrangência e seu consequente através de distinções, enquanto a fundamentação do precedente permanece intacta. A força da norma do precedente não está só na decisão, ela é construída como um comando geral que vai além da fundamentação da decisão". MACÊDO, Lucas Buril de. Contributo para a definição de *ratio decidendi* na teoria brasileira dos precedentes judiciais. *Revista de Processo*, v. 39, n. 234, ago. 2014, p. 306.

[31] Segundo John W. Salmond: "A decisão concreta é vinculante entre as partes do processo, mas é a *ratio decidendi* abstrata que, por si só, tem força de direito com relação ao mundo em geral". No original: "*The concrete decision is binding between the parties to it, but it is the abstract ratio decidendi which alone has the force of law as regards the world at large*". SALMOND, John W. The theory of judicial precedents. *The Law Quarterly Review*, v. 16, n. LXIV, oct. 1900, p. 387.

A definição da *ratio decidendi* (*holding*) do precedente judicial é tarefa a ser empreendida pelos juízes que julgarão casos futuros. Ao analisarem a decisão pretérita, considerada precedente judicial, os magistrados extrairão o elemento vinculante que deverá ser observado nos casos subsequentes.[32]

Nesse ponto, os precedentes judiciais, como observa Thomas da Rosa Bustamante, assemelham-se, em certa medida, aos enunciados legislativos, pois são textos dotados de autoridade que carecem de interpretação.[33]

A *obiter dictum* (no plural, *obter dicta*), a partir de uma noção negativa ou excludente, pode ser considerada como a parte da decisão que não corresponde à *ratio decidendi*, referindo-se, portanto, aos argumentos e às opiniões que não se referem ao caso ou que foram essenciais para a decisão do caso.[34]

Não obstante a ausência de caráter vinculante, a *obiter dictum* possui caráter persuasivo, que pode variar de intensidade, para futuras decisões.

3.6. APLICAÇÃO E SUPERAÇÃO DOS PRECEDENTES: *ANALOGY, DISTINGUISHING, OVERRULING* E OUTROS MECANISMOS

A vinculação aos precedentes deve ser compreendida a partir da premissa de que os fatos, subjacentes às sucessivas decisões, podem ser semelhantes, mas não são idênticos, bem como que as circunstâncias e as próprias normas podem ser alteradas com o transcurso do tempo, o que justificaria a adaptação, o afastamento ou a superação do precedente.

Por essa razão, ao decidir o caso concreto, a corte deve se valer das técnicas de analogia (*analogy*) e de distinção (*distinguishing*) na comparação entre o precedente (caso anterior) e o caso atual.[35]

---

[32] Conforme será demonstrado adiante, no Brasil o art. 927 do CPC enumera, desde logo, os precedentes judiciais.

[33] BUSTAMANTE, Thomas da Rosa. *Teoria do precedente judicial*: a justificação e a aplicação de regras jurisprudenciais. São Paulo: Noeses, 2012. p. 259.

[34] Sustenta Schauer: "Tradicionalmente, tudo o que não for declaração dos fatos e declarações iniciais é um *obiter dictum* – literalmente, em latim, algo dito de passagem ou oportunamente. É algo extra e que não é estritamente necessário para alcançar, justificar ou explicar o resultado do caso". No original: "Traditionally, everything other than the statements of the facts and the statement of the holding is an obiter dictum – literally, in Latin, something said in passing, or something said by the way. It is something extra, and something that is not strictly necessary to reach, justify, or explain the outcome of the case". SCHAUER, Frederick. *Thinking like a lawyer: a new introduction to legal reasoning*. Cambridge: Harvard University Press, 2009. p. 55-56.

[35] De acordo com Toni Fine, uma das principais habilidades dos advogados norte-americanos é a de fazer distinções do precedente para afastá-lo do caso a ser julgado e de argumentar

A partir da ideia de que dois casos nunca serão absolutamente idênticos, a comparação entre o precedente e o caso atual deve ser pautada por semelhanças ou distinções entre os fatos juridicamente relevantes para tomada das decisões, deixando de lado os demais fatos que não possuem relevância para formulação da solução jurídica.

Na aplicação dos precedentes, os juízes exercem analogias (*analogy*) entre casos, verificando semelhanças e distinções na comparação entre o precedente e o caso atual a ser julgado.[36] O raciocínio jurídico na aplicação dos precedentes é essencialmente analógico (*case-by-case reasoning*) e a partir de exemplos (*reasoning by examples*).[37]

Na hipótese em que os casos, anterior e atual, são semelhantes, a corte deve observar o precedente, aplicando-o ao caso concreto. Ao revés, diante da constatação de que os casos, precedente e atual, apresentam distinções fáticas relevantes (*distinguishing*), que sugerem soluções jurídicas diferentes, o precedente deixará de ser aplicado.[38]

Não obstante o caráter vinculante dos precedentes judiciais, é evidente que isso não pode significar a sua inalterabilidade absoluta, sob pena de impedir que

---

por analogia quando desejar que o precedente seja aplicado ao caso atual. FINE, Toni M. *Introdução do sistema jurídico anglo-americano*. São Paulo: Martins Fontes, 2011. p. 69.

[36] Nesse sentido, Cross e Harris sustentam: "A regra do *stare decisis* faz com que os juízes raciocinem por analogia, uma vez que o princípio indicador de que casos semelhantes precisam ser decididos de forma semelhante envolve a extensão analógica da decisão para um caso anterior. Também deve haver permissão para o princípio inverso de decidir casos distintos de forma diferente". No original: "The rule of stare decisis causes the judges to reason by analogy because the principle that like cases must be decided alike involves the analogical extension of the decision in an earlier case. Allowance must also be made for the converse principle that dissimilar cases should be decided differently". CROSS, Rupert; HARRIS, J. W. *Precedent in English Law*. 4. ed. Oxford: Clarendon Press, 1991. p. 26.

[37] LEVI, Edward H. *An introduction to legal reasoning*. Chicago: University of Chicago Press, 2013. p. 1-8. De acordo com Levi, importante referência do Realismo Jurídico norte-americano: "The basic pattern of legal reasoning is reasoning by example. It is reasoning from case to case (...) The finding of similarity or difference is the key step in the legal process" (p. 1-2).

[38] Em razão da possibilidade do *distinguishing*, assim como do *overruling*, Joseph Raz sustenta que as regras do *common law* possuem menor força vinculante ("less binding") que as regras provenientes das leis (*statutes*), tendo em vista o poder das cortes de impor restrições aos precedentes, evitando a sua aplicação ao caso atual. RAZ, Joseph. *The authority of law*. 2. ed. New York: Oxford University Press, 2009. p. 189 e 195.

o direito e a prestação jurisdicional se adaptem às transformações sociais, econômicas e políticas.

Existe um razoável consenso de que a força vinculante dos precedentes não possui caráter absoluto e não pode ser compreendida de forma fundamentalista, admitindo-se a ponderação entre os valores envolvidos na vinculação ao precedente e na sua eventual superação.[39]

De acordo com Toni Fine, o *stare decisis* permanece sendo um princípio e não uma regra imutável. É mais comum o afastamento da aplicação do precedente a partir da realização de distinções entre os fatos envolvidos no precedente e no caso atual (*distinguishing*) que a revogação do precedente (*overruling*).[40]

Verifica-se, portanto, que nos países do *common law* existem técnicas para não aplicação ou superação dos precedentes judiciais.

Conforme destacado, a não aplicação do precedente ocorre por meio da técnica de distinção (*distinguishing*), ou seja, o juiz demonstra que o caso atual apresenta peculiaridades e distinções em relação ao precedente que justificam a adoção de solução jurídica diversa.

Em determinados casos, no entanto, o precedente pode ser considerado ultrapassado, equivocado ou inadequado para solucionar problemas semelhantes em razão de transformações sociais, econômicas e políticas. Nessas hipóteses, é possível a superação do precedente pela própria corte e pela corte superior, com a sua adaptação ou revogação (*overruling*).[41]

Enquanto a distinção (*distinguishing*) pode ser feita por qualquer juiz ou tribunal, a superação (*overruling*) do precedente apenas pode ser realizada pela corte que o criou ou por corte superior.

---

[39] Bankoski, Maccormick, Morawski e Ruiz Miguel afirmam: "*in the end, a non-absolute approach to precedent semms the appropriate one, striking a balance between the values secured by precedent and the counter-values that oppose undue deference to it.*" BANKOSKI, Zenon; MacCORMICK, D. Neil; MORAWSKI, Lech; RUIZ MIGUEL, Alfonso. Rationales for precedent. In: MacCORMICK, D. Neil; SUMMERS, Robert S. (ed). *Interpreting precedents*: a comparative study. Aldershot: Dartmouth Publishing, 1997. p. 494.

[40] FINE, Toni M. *Introdução do sistema jurídico anglo-americano*. São Paulo: Martins Fontes, 2011. p. 84.

[41] Sobre o tema, vide, por exemplo, o estudo empírico de Brenner e Spaeth que analisou os casos de *overruling* na Suprema Corte americana durante a presidência de Vinson, Warren, Burger e Rehnquist. BRENNER, Saul; SPAETH, Harold, J. *Stare indecisis*: the alteration of precedent on the Supreme Court, *1946-1992*. New York: Cambridge University Press, 1995.

Com a superação do precedente, o novo precedente deve ser observado pelos demais tribunais, e o precedente superado deixa de ser vinculante, ostentando apenas valor histórico.[42]

Mencione-se, por exemplo, o julgamento do caso *Brown v. Board of Education* (1954)[43] pela Suprema Corte norte-americana que superou (*overruling*) o precedente *Plessy v. Ferguson* (1896)[44] que, por sua vez, havia estabelecido a doutrina do *separate but equal* (separados, mas iguais).

À época do julgamento do caso *Plessy v. Ferguson*, diversas leis estaduais americanas (conhecidas como "Jim Crow *laws*", em referência ao personagem negro de uma antiga canção americana) segregavam negros e brancos que não poderiam utilizar as mesmas instalações públicas, serviços, escolas, transporte etc., especialmente no sul dos Estados Unidos.

No referido caso, um homem afro-americano chamado Homer Plessy foi preso após se recusar a ceder o seu assento do trem em Nova Orleans para um homem branco, como lhe obrigava uma lei estadual da Louisiana. Plessy propôs ação judicial contra a prisão, sob o argumento de que teria havido violação à "cláusula da proteção igualitária", consagrada na Décima Quarta Emenda da Constituição americana. Em 1896, a Suprema Corte dos Estados Unidos, por 8 votos a 1, decidiu contra Plessy, admitindo a constitucionalidade das leis que segregavam negros e brancos.[45]

Posteriormente, em 1954, no caso *Brown v. Board of Education*, a Suprema Corte superou o precedente *Plessy v. Ferguson*, colocando fim à segregação racial institucionalizada (na prática, a luta pela igualdade permaneceu por anos).

---

[42] CROSS, Rupert; HARRIS, J. W. *Precedent in English Law*. 4. ed. Oxford: Clarendon Press, 1991. p. 128.
[43] *Brown v. Board of Education of Topeka* 347 U.S. 483 (1954).
[44] *Plessy v. Ferguson* 163 U.S. 537 (1896).
[45] Nessa triste decisão da Suprema Corte, o *Justice* Henry Billings Brown, ao votar em nome da maioria do tribunal, afirmou a inferioridade social da raça negra e que a Constituição não poderia colocar as raças no mesmo plano. Em seu voto isolado, o *Justice* John Marshall Harlan, ao interpretar a Décima Quarta Emenda, declarou que a Constituição é daltônica ("color-blind") e não conhece nem tolera classes entre cidadãos. Apesar de isolado, esse voto se tornou emblemático para aqueles que lutaram pelo fim da segregação racial. Infelizmente, no século XIX, a Suprema Corte continuou a declarar a constitucionalidade de leis estaduais discriminatórias. Disponível em: <http://www.uscourts.gov/educational-resources/educational-activities/history-brown-v-board-education-re-enactment>. Acesso em: 25 abr. 2016.

No caso Brown, que tinha como pano de fundo a discriminação nas escolas públicas, a Suprema Corte, sob a presidência do *Chief Justice* Earl Warren, que substituiu o *Chief Justice* Fred Vinson, falecido durante o julgamento, decretou, por unanimidade, o fim da doutrina do *separate but equal* nas escolas públicas, em razão da violação ao princípio da igualdade consagrado na Décima Quarta Emenda da Constituição.

O ideal é que a eventual necessidade de superação do precedente seja expressa e devidamente fundamentada (*express overruling*), mas é possível, apesar de não ser recomendada, que a superação ocorra de forma implícita (*implied overruling*) quando a nova decisão, sem mencionar o precedente anterior e sem fazer distinções, adota solução diversa no julgamento de caso semelhante.[46]

Outro ponto relevante sobre o tema da superação dos precedentes é saber se seria possível uma Corte inferior, de forma antecipada, contrariar precedente da Corte superior.

Trata-se da superação antecipada dos precedentes (*anticipatory overruling*), concebida no direito norte-americano como a possibilidade de as Cortes de Apelação decidirem de forma contrária ao precedente da Suprema Corte, sob o argumento de que o precedente, provavelmente, será revogado pela própria Corte.

Em verdade, não se pode olvidar que a premissa é que as cortes inferiores devem seguir os precedentes das Corte superiores (vinculação vertical), o que seria inerente à doutrina do *stare decisis* ou dos precedentes vinculantes. Tal circunstância parece ser um entrave, em princípio, à ideia da *anticipatory overruling*, o que justifica a polêmica do instituto.[47]

---

[46] De acordo com Summers e Svein, os afastamentos dos precedentes podem ser divididos em duas categorias: a) implícitos (não expressos): a corte ignora conscientemente o precedente, realiza distinções entre o precedente e o caso atual etc.; e b) expressos: a corte expressamente supera, modifica ou excepcionaliza o precedente. SUMMERS, Robert S.; ENG, Svein. Departures from precedents. In: MacCORMICK, D. Neil; SUMMERS, Robert S. (ed). *Interpreting precedents*: a comparative study. Aldershot: Dartmouth Publishing, 1997. p. 522-525.

[47] De acordo com Bradford, apesar de existir entendimento minoritário de que as cortes inferiores devem observar, de forma "cega e absoluta", os precedentes da Suprema Corte até que haja a sua revogação expressa, prevalece o entendimento de que as cortes inferiores podem reconhecer que o precedente da Suprema Corte está efetivamente superado, ainda que não tenha ocorrido a sua superação expressa (*anticipatory overruling*). Em suas palavras: "The majority view rejected this wooden application of stare decisis, arguing that lower courts should recognize when a Supreme Court precedent is effectively dead, whether or not the Supreme Court has acknowledged the murder". BRADFORD, C. Steven. Following Dead Precedent: The Supreme Court's Ill-Advised Rejection of Anticipatory Overruling. *Fordham Law Review*, v. 59, 1990, p. 40-41.

Contudo, nos Estados Unidos, desde 1981, as Cortes de Apelação, em casos excepcionais, a partir de um prognóstico de que a Suprema Corte provavelmente revogará determinado precedente, antecipam-se e deixam de aplicar o referido precedente.[48]

Cabe destacar que a Suprema Corte norte-americana, inicialmente, não possuía entendimento definitivo sobre a legitimidade da *anticipatory overruling*. Nos casos analisados que envolviam superação antecipada dos precedentes pelas cortes inferiores, a Suprema Corte não enfrentou, expressamente, o mérito da viabilidade jurídica do instituto. O silêncio da Suprema Corte podia ser justificado, talvez, pela intenção de não inviabilizar e, ao mesmo tempo, não incentivar a utilização do mecanismo em casos que as cortes inferiores julgarem apropriados. Caso a Suprema Corte admitisse expressamente a *anticipatory overruling*, as cortes inferiores poderiam se sentir encorajadas a superar os precedentes de forma intensa e indiscriminada.[49]

No entanto, em 1989, ao julgar *Rodriguez de Quijas v. Shearson/American Express, Inc.*, a Suprema Corte rejeitou a *anticipatory overruling*. A maioria da Corte decidiu que as cortes inferiores deveriam seguir o precedente da Suprema Corte, ainda que existissem razões para concluir que ele será superado no futuro, deixando para a Suprema Corte a prerrogativa de superar suas próprias decisões.[50]

Ocorre que, mesmo com o sobredito posicionamento da Suprema Corte, a *anticipatory overruling* tem sido implementada, excepcionalmente, pelas cortes inferiores e é objeto de debate na doutrina norte-americana.[51]

---

[48] *United States v. City of Philadelphia*, 644 F.2d 187, 191-92 (3d Cir. 1981). KNIFFEN, Margaret N. Overruling Supreme Court precedents: anticipatory action by United States courts of appeals. *Fordham Law Review*, v. 51, 1982, p. 53.

[49] KNIFFEN, Margaret N. Overruling Supreme Court precedents: anticipatory action by United States courts of appeals. *Fordham Law Review*, v. 51, 1982, p. 59-61.

[50] 109 S. Ct. 1917 (1989). Nesse sentido: BRADFORD, C. Steven. Following Dead Precedent: The Supreme Court's Ill-Advised Rejection of Anticipatory Overruling. *Fordham Law Review*, v. 59, 1990, p. 41-42. De acordo com Bradford, a rejeição da *anticipatory overruling* no caso Rodriguez foi surpreendente, uma vez que a Suprema Corte, em diversas oportunidades, teve a chance de analisar a legitimidade do mecanismo utilizado pelas cortes inferiores e não o fez, mantendo-se silente sobre a questão (*Op. cit.*, p. 48).

[51] Mencione-se, por exemplo: KNIFFEN, Margaret N. Overruling Supreme Court precedents: anticipatory action by United States courts of appeals. *Fordham Law Review*, v. 51, 1982; BRADFORD, C. Steven. Following Dead Precedent: The Supreme Court's Ill-Advised Rejection of Anticipatory Overruling. *Fordham Law Review*, v. 59, 1990; KELMAN, Maurice. The Force of Precedent in the Lower Courts, 14 *Wayne L. Rev.* 3, 4, 1967.

Diversos fatores podem contribuir para a efetivação da *anticipatory overruling*, tais como: a) erosão ou desgaste do precedente a partir de outras decisões da Suprema Corte;[52] b) tendência de revogação do precedente pela Suprema Corte demonstrada em suas próprias decisões, sem que o precedente seja minado pela Corte em decisões posteriores;[53] e c) consciência de que a Suprema Corte está à espera de um caso apropriado para superar o precedente.[54]

Os referidos fatores podem ser combinados com outras razões para a superação antecipada do precedente, especialmente: a) mudanças na composição da Suprema Corte ou na visão individual dos *Justices*;[55] b) inconsistência do precedente com decisões anteriores da Suprema Corte, o que sugere a possibilidade de

---

[52] Em *Rowe v. Peyton*, o Quarto Circuito, ao conceder *habeas corpus* para determinados prisioneiros, deixou de aplicar o precedente da Suprema Corte, sob o argumento de que a própria Suprema Corte adotou, em decisões posteriores, uma visão mais liberal e menos técnica do *habeas corpus*, demonstrando a erosão do seu precedente anterior. *Rowe v. Peyton*, 383 F.2d 709, 714 (4th Cir. 1967), aff'd, 391 U.S. 54 (1968). KNIFFEN, Margaret N. Overruling Supreme Court precedents: anticipatory action by United States courts of appeals. *Fordham Law Review*, v. 51, 1982, p. 61-62.

[53] Em *Perkins v. Endicott Johnson Corp.*, a Corte de Apelação do Segundo Circuito deixou de observar dois precedentes da Suprema Corte em caso envolvendo suposta violação à Quarta Emenda por parte da Secretaria do Trabalho que havia intimado determinado fabricante a apresentar registros de seus empregados. Após demonstrar a tendência da Suprema Corte, retirada de decisões posteriores, em lidar de forma mais liberal com as agências administrativas, a Corte de Apelação considerou que a atuação administrativa não seria inapropriada. *Perkins v. Endicott Johnson Corp.*, 128 F.2d 208 (2d Cir. 1942), aff'd, 317 U.S. 501 (1943). KNIFFEN, Margaret N. Overruling Supreme Court precedents: anticipatory action by United States courts of appeals. *Fordham Law Review*, v. 51, 1982, p. 63-64.

[54] Em *Andrews v. Louisville & Nashville Railroad*, o Quinto Circuito deixou de observar o precedente da Suprema Corte, uma vez que a própria Suprema Corte teria indicado, em *Republic Steel Corp. v. Maddox*, 379 U.S. 650, 655 (1965), que estaria esperando a oportunidade para superar o precedente. *Andrews v. Louisville & Nashville Railroad*, 441 F.2d 1222 (5th Cir. 1971), aff'd, 406 U.S. 320 (1972). KNIFFEN, Margaret N. Overruling Supreme Court precedents: anticipatory action by United States courts of appeals. *Fordham Law Review*, v. 51, 1982, p. 65.

[55] Em *Barnette v. West Va. State Bd. of Educ.*, a Corte distrital deixou de aplicar precedente da Suprema Corte, levando em consideração a alteração posterior do entendimento de alguns dos seus componentes. Dos sete *Justices* que participaram do precedente, quatro expressaram publicamente o descontentamento com a orientação firmada. *Barnette v. West Va. State Bd. of Educ.*, 47 F. Supp. 251 (S.D.W. Va. 1942), aff'd, 319 U.S. 624 (1943). KNIFFEN, Margaret N. Overruling Supreme Court precedents: anticipatory action by United States courts of appeals. *Fordham Law Review*, v. 51, 1982, p. 67, nota 76.

sua superação assim que a Corte tenha essa oportunidade; e c) avaliação de que o precedente não alcançou o resultado prático esperado pela Suprema Corte.[56]

Tecnicamente, a corte inferior não revoga, propriamente, o precedente da corte superior, uma vez que isso afrontaria a autonomia e a hierarquia da Suprema Corte. Em vez de "revogação antecipada", seria mais adequado afirmar que a corte inferior deixa de aplicar o "precedente em vias de revogação pela Suprema Corte".[57]

Nesse ponto, portanto, é possível perceber a distinção entre a *anticipatory overruling* e a *implied overruling*. Enquanto na primeira hipótese, o precedente não foi revogado pela Suprema Corte, apesar de não ter sido aplicado pela corte inferior, na segunda hipótese, o precedente foi revogado, implicitamente, por outro precedente posterior da Suprema Corte que decidiu de forma diversa caso semelhante.[58]

O tema da superação antecipada dos precedentes é cercado de polêmicas.

Em favor da *anticipatory overruling*, as cortes inferiores argumentam ser um dever deixar de seguir um precedente que muito provavelmente será superado pela própria Suprema Corte. Nesse ponto, as cortes atuariam de acordo com o entendimento sinalizado, mas ainda não formalizado, pela Suprema Corte, garantindo a justiça no caso concreto. Não se trata simplesmente de discordar do precedente, mas de aplicar a nova orientação que já foi indicada pela Suprema Corte.

Seria injusto pôr em prática o precedente que a corte entende que muito provavelmente será superado pela Suprema Corte. A necessidade de efetivação da justiça no caso concreto se sobreporia à ausência de certeza absoluta sobre a superação do precedente pela Suprema Corte.[59]

---

[56] Sobre os fatores principais e combinados para a *anticipatory overruling*, vide: KNIFFEN, Margaret N. Overruling Supreme Court precedents: anticipatory action by United States courts of appeals. *Fordham Law Review*, v. 51, 1982, p. 61-69.

[57] Nesse sentido: MARINONI, Luiz Guilherme. *Precedentes obrigatórios*. 3. ed. São Paulo: RT, 2013. p. 401.

[58] KNIFFEN, Margaret N. Overruling Supreme Court precedents: anticipatory action by United States courts of appeals. *Fordham Law Review*, v. 51, 1982, p. 57.

[59] KNIFFEN, Margaret N. Overruling Supreme Court precedents: anticipatory action by United States courts of appeals. *Fordham Law Review*, v. 51, 1982, p. 74-80. A autora menciona, ainda, outros argumentos para justificar a *anticipatory overruling*: permite o desenvolvimento do direito, ainda que esse fator entre em choque com a busca da uniformidade e estabilidade do ordenamento jurídico; garante a eficiência do sistema judicial, diminuindo o número de recursos na Suprema Corte, mas com o risco de sobrecarregar as cortes inferiores; aumenta o respeito ao sistema judicial em contraponto à suposta perda de autoridade da Suprema Corte etc. (p. 80-85).

Outro argumento favorável é a maior velocidade no desenvolvimento do direito com a definição da nova orientação judicial sem a necessidade de aguardar a decisão final da Suprema Corte. As alterações expressas realizadas pela Suprema Corte em relação aos seus próprios precedentes costumam ser lentas, uma vez que dependem do julgamento de outro caso análogo pela Corte que costuma escolher e julgar poucos casos anualmente. Em razão da maior facilidade de interposição de recursos perante os tribunais inferiores, a *anticipatory overruling* permitiria maior agilidade na adoção da nova orientação já sinalizada, mas ainda não decidida, pela Suprema Corte.[60]

De outro lado, algumas críticas são direcionadas à *anticipatory overruling*, com destaque para as seguintes: a) insegurança jurídica, uma vez que relativiza a força vinculante do precedente, sem a certeza absoluta de que a Suprema Corte realmente revogará o precedente; b) coloca em risco a uniformidade, a previsibilidade e a estabilidade do ordenamento jurídico, pois abre espaço para as cortes inferiores decidirem sem uniformidade, algumas seguindo o precedente e outras deixando de aplicá-lo; c) diminuição do respeito à decisão da Suprema Corte que poderia ser afastada pelas cortes inferiores sem a própria Suprema Corte ter decidido pela superação do precedente.[61]

Ademais, a superação dos precedentes pode produzir efeitos retroativos (*retrospective overruling*) ou prospectivos (*prospective overruling*). Enquanto no primeiro caso, a superação do precedente produz efeitos retroativos (*ex tunc*) para alcançar os casos similares pretéritos, no segundo caso a superação do precedente produz efeitos para os casos futuros (*ex nunc*), não alcançando os casos já decididos com base no precedente superado.

Tradicionalmente, a revogação do precedente possui, em regra, efeitos retroativos nos países do *common law*, uma vez que a tese fixada no precedente revogado seria equivocada e não poderia ser aplicada desde a sua origem.

Trata-se de tese vinculada, em certa medida, à teoria declaratória do papel do juiz que apenas declararia o direito, sem, contudo, criá-lo.[62]

---

[60] BRADFORD, C. Steven. Following Dead Precedent: The Supreme Court's Ill-Advised Rejection of Anticipatory Overruling. *Fordham Law Review*, v. 59, 1990, p. 71.

[61] Sobre os esses e outros argumentos favoráveis e contrários à *anticipatory overruling*, vide: KNIFFEN, Margaret N. Overruling Supreme Court precedents: anticipatory action by United States courts of appeals. *Fordham Law Review*, v. 51, 1982, p. 73-87; BRADFORD, C. Steven. Following Dead Precedent: The Supreme Court's Ill-Advised Rejection of Anticipatory Overruling. *Fordham Law Review*, v. 59, 1990, p. 71-88.

[62] LEVY, Beryl Harold. Realist Jurisprudence and Prospective Overruling. In: *University of Pennsylvania Law Review*, v. 109, 1960, p. 2; DASHJIAN, Michael B. The prospective appli-

A partir de uma interpretação fundamentalista do princípio da separação dos poderes, sustenta-se que apenas o legislador criaria o direito e, nesse caso, as novas regras seriam aplicadas apenas para o futuro (princípio da irretroatividade das leis), cabendo ao juiz o papel de encontrar e declarar, de forma retroativa, o direito preexistente, aplicando-o aos casos concretos. Ao declarar que a regra fixada no precedente revogado seria equivocada, o juiz estaria afirmando, implicitamente, que a mencionada regra não seria sequer o direito.[63]

Por esta razão, as situações semelhantes que ainda não foram judicializadas ou que estão em curso no Judiciário devem ser julgadas de acordo com o novo precedente, e não com fundamento no precedente revogado.[64]

A retroatividade dos efeitos dos precedentes é limitada aos casos ainda não judicializados ou pendentes de decisão final, não alcançando, portanto, os casos já decididos de forma definitiva. A possibilidade de contínua reabertura de casos encerrados a partir de novas decisões e interpretações judiciais ensejaria caos no sistema judicial.[65]

Contudo, a retroatividade dos efeitos da *overruling* tem sido relativizada na atualidade. De um lado, a intensificação das críticas à teoria declaratória da decisão judicial, com a adoção da ideia de que, em certa medida, o juiz cria o direito e abre espaço para a consagração de efeitos prospectivos às decisões que superam antigos precedentes judiciais.[66]

---

cation of judicial legislation. *Pacific Law Journal*, v. 24, 1993, p. 369. Sobre o debate do papel do juiz e as teorias declaratória e constitutiva da decisão judicial, vide item 2.3.

[63] Lembre-se, mais uma vez, da célebre afirmação de Blackstone no sentido de que o juiz apenas declara o direito preexistente, sem qualquer papel criativo, mesmo na hipótese em que o precedente é superado. Nesse penúltimo caso, o precedente revogado não será considerado direito. Em suas palavras: "Pois, caso se conclua que a decisão anterior é manifestamente absurda ou injusta, fica declarado não que aquela sentença era um direito ruim, mas, sim, que não era o direito". No original: *"For if it be found that the former decision is manifestly absurd or injust, it is declared, not that such a sentence was bad law, but that it was not the law"*. MORRISON, Wayne. *Blackstone's commentaries on the laws of England*. London: Cavendish Publishing Limited, 2001. v. 1, p. 52.

[64] LEVY, Beryl Harold. Realist Jurisprudence and Prospective Overruling. *University of Pennsylvania Law Review*, v. 109, 1960, p. 2.

[65] KAY, Richard S. Retroactivity and prospectivity of judgments in American Law. *Comparing the prospective effect of judicial rulings across jurisdictions*. New York: Springer, 2015. p. 223-224.

[66] DASHJIAN, Michael B. The prospective application of judicial legislation. *Pacific Law Journal*, v. 24, 1993, p. 370-371. De acordo com Dashjian, a partir do caso *Chevron Oil Co. v. Huson*, 404 U.S. 97 (1971), o tribunal deve considerar três critérios para determinar se deve aplicar

De outro lado, a retroatividade dos efeitos da superação dos precedentes pode ser criticada a partir de uma visão pragmática e não formalista da atividade judicial, bem como em razão da segurança jurídica e da proteção da expectativa legítima dos particulares.[67] Com o intuito de evitar consequências sociais e econômicas negativas, com a frustração das expectativas dos cidadãos que confiavam na correção do precedente revogado e, a partir dele, instituíram relações jurídicas, as cortes possuem a prerrogativa de modular os efeitos do novo precedente, restringindo a sua aplicação para o futuro (*prospective overruling*).

É relevante considerar que o tribunal exerce duas funções ao julgar: decide o caso concreto (*adjudication*) e estabelece uma regra que servirá de orientação no julgamento dos casos futuros (*lawmaking*). Essas duas técnicas podem ser operadas de formas distintas, o que permite, inclusive, que seja o caso concreto decidido de uma maneira, com a definição de nova regra que será aplicada aos casos futuros.

A *prospective overruling* também é denominada de "sunbursting", em razão do célebre caso *Great Northern Railway Company v. Sunburst Oil & Refiting Company*.[68] No caso, a Supreme Court of Montana superou seu precedente de 1921, mas limitou a aplicação do novo entendimento aos casos futuros, resolvendo o caso concreto com base no antigo precedente (*pure prospective overruling*). O caso chegou à Suprema Corte dos Estados Unidos que decidiu que as cortes estaduais podem decidir sobre os efeitos retroativos ou prospectivos da superação dos precedentes.

Os efeitos temporais decorrentes do *overruling*, segundo Patrícia Perrone Campos Mello, podem ser divididos da seguinte forma:

a) eficácia retroativa plena (*full retroactive application*): o novo precedente será aplicado a todos os casos, passados e futuros;

b) eficácia retroativa parcial (*partial retroactive application*): aplicação do novo precedente às novas demandas, salvo aquelas que já tenham sido decididas

---

uma nova norma jurídica retroativamente: a) a corte realmente estabeleceu uma nova regra de direito? b) a aplicação prospectiva da nova regra interfere no programa legislativo ou no regime legal? c) a aplicação retroativa da nova regra cria injustiça ou interfere em direitos adquiridos? DASHJIAN, Michael B. *Op. cit.*, p. 391.

[67] STEINER, Eva. Judicial rulings with prospective effect-from comparison to systematization. *Comparing the prospective effect of judicial rulings across jurisdictions*. New York: Springer, 2015. p. 12-16; CURRIER, Thomas S. Time and change in judge-made Law: prospective overruling. *Virginia Law Review*, v. 51, n. 2, mar. 1965, p. 234-241.

[68] 287 U.S. 358 (1932). Sobre o tema, vide: SCHAEFER, Walter V. The control of Sunbursts: Techniques of Prospective Overruling. *New York University Law Review*, v. 42, 1967, p. 633-634; FAIRCHILD, Tomas E. Limitation of new judge-made law to prospective efect only: "prospective overruling" or sunbursting. *Marquete Law Review*, v. 51, 1968, p. 255.

em caráter definitivo ou que não possam ser reexaminadas em razão de previsões normativas específicas;

c) **eficácia prospectiva pura** (*full prospective application*): a norma oriunda no novo precedente será aplicada às demandas futuras, não alcançando, inclusive, as partes do caso em que o precedente foi gerado;

d) **eficácia prospectiva parcial** (*partial prospective application*): a norma decorrente no novo precedente será aplicada às partes do caso em que o precedente foi gerado, bem como aos casos posteriores.

De fato, os efeitos prospectivos do *overruling* podem variar no tempo, motivo pelo qual a *prospective overruling* tem sido classificada de diversas formas. Ao lado das nomenclaturas mencionadas anteriormente, é possível dividir os efeitos prospectivos em três categorias:[69]

a) *pure prospective overruling* (ou *pure prospectivity*): a nova regra se aplica apenas para os casos futuros, não alcançando os casos pretéritos e o caso sob julgamento;

b) *modified ou selective prospective overruling*: a nova regra se aplica ao caso sob julgamento e aos casos futuros;

c) *prospective overruling*: a nova regra se aplica a partir de data futura fixada na decisão.

Conforme destacam Summers e Svein, diversos fatores podem contribuir para a frequência dos afastamentos dos precedentes, tais como:

a) acessibilidade: os precedentes devem ser disponibilizados e indexados de forma coerente;

b) volume: o excesso de precedentes aumenta o risco de conflitos entre eles e, com isso, a necessidade de distinções ou superações;

c) frequência de recursos: quanto maior o número de recursos, maior será a possibilidade de modificação dos precedentes;

---

[69] Sobre a *prospective overruling* e suas nomenclaturas, vide: SCHAEFER, Walter V. The control of Sunbursts: Techniques of Prospective Overruling. *New York University Law Review*, v. 42, 1967, p. 633-634; EISENBERG, Melvin Aron. *The Nature of the Common Law*. Cambridge: Harvard University Press, 1991. p. 127-128; SHANNON, Bradley Scott. The Retroactive and Prospective Application of Judicial Decisions. Harvard Journal of Law & Public Policy, Cambridge, v. 26, 2003, p. 814; KAY, Richard S. Retroactivity and prospectivity of judgments in American Law. *Comparing the prospective effect of judicial rulings across jurisdictions*. New York: Springer, 2015. p. 216-217.

d) composição dos tribunais: o excesso de divisões internas aumenta os riscos de interpretações diferentes e modificação de precedentes;

e) atividade legislativa: quando a atividade legislativa for ativa e consistente na renovação do precedente, menor será a chance de superação por decisão judicial;

f) boa vontade das cortes superiores em garantir o julgamento de casos que envolvam discussão sobre a superação de precedentes;

g) adoção ou não da prática de publicar as decisões minoritárias: as decisões vencidas podem exercer influência na modificação do precedente no futuro;

h) existência ou não de visão acadêmica crítica sobre os precedentes "ruins" (*"bad precedents"*): a crítica doutrinária pode influenciar na superação de precedentes, uma vez que os autores identificam, de forma sistemática e racional, os precedentes e os eventuais conflitos, emitindo suas opiniões técnicas que serviriam de material para fomentar o debate no Judiciário;

i) forma de nomeação dos juízes: juízes nomeados a partir de suas carreiras jurídicas ou políticas seriam mais inclinados às renovações que os juízes de carreira.[70]

Nos Estados Unidos, por exemplo, a Suprema Corte é mais propensa em revogar seus próprios precedentes em matéria constitucional que infraconstitucional.[71] Nas hipóteses envolvendo decisões judiciais sobre interpretação da legislação federal que não são posteriormente superadas por alterações legislativas, verifica-se um "sinal legislativo" de que o Congresso concordou com a interpretação da Suprema Corte, o que diminuiria as chances de *overruling*.

Por outro lado, no tocante às decisões sobre normas constitucionais, a superação dos precedentes pela própria Suprema Corte costuma ser, na prática, o único remédio para a correção dos eventuais erros ou injustiça dos precedentes, uma vez que o poder de emenda do Congresso à Constituição dos EUA é penoso e foi utilizado pouquíssimas vezes na história.

Dessa forma, em cada sistema jurídico, os fatores institucionais e não institucionais acima mencionados, exemplificativamente, contribuirão para maior ou

---

[70] SUMMERS, Robert S.; ENG, Svein. Departures from precedents. In: MacCORMICK, D. Neil; SUMMERS, Robert S. (ed). *Interpreting precedents*: a comparative study. Aldershot: Dartmouth Publishing, 1997. p. 526-527.

[71] Nesse sentido: FINE, Toni M. *Introdução do sistema jurídico anglo-americano*. São Paulo: Martins Fontes, 2011. p. 85.

menor frequência dos afastamentos dos precedentes, o que refletirá na segurança jurídica e na coerência do respectivo sistema.

Por outro lado, diversos países do *common law* e do *civil law* têm adotado técnicas que limitariam os distanciamentos dos precedentes, na forma listada, exemplificativamente, a seguir:

a) acesso amplo e completo aos repositórios oficiais com as decisões das cortes superiores vinculantes;

b) facilidade na interposição de recurso contra decisões que se distanciam de precedentes;

c) previsão de que apenas as cortes superiores podem superar seus precedentes, vedando que isso ocorra no âmbito das cortes inferiores e intermediárias;

d) exigência de procedimento especial para que as cortes superiores superem seus precedentes (ex.: quórum qualificado para superação do precedente, justificativa, entre outros) etc.[72]

Ao lado da distinção (*distinguishing*) e da superação (*overruling*), é possível encontrar outras técnicas semelhantes de inaplicabilidade dos precedentes, notadamente:[73]

a) sinalização (*sinaling*): o tribunal aplica o precedente ao caso atual, mas sinaliza que o precedente não é mais confiável e que, provavelmente, será revogado no futuro;

b) transformação (*transformation*): a técnica da transformação envolve a reconfiguração do precedente, sem expressamente revogá-lo; e

c) *overriding*: a corte limita ou restringe o precedente no julgamento do caso atual.

A possibilidade de afastamento ou de superação dos precedentes não conflita com a doutrina da *stare decisis*; ao contrário, serve como mecanismo de correção e adaptação do sistema, garantindo decisões justas para os casos atuais. Como lembra Neil Duxbury, o juiz "não precisa ser um escravo do passado e um déspota

---

[72] Sobre as técnicas mencionadas, vide: SUMMERS, Robert S.; ENG, Svein. Departures from precedents. In: MacCORMICK, D. Neil; SUMMERS, Robert S. (ed). *Interpreting precedents*: a comparative study. Aldershot: Dartmouth Publishing, 1997. p. 529.

[73] EISENBERG, Melvin Aron. *The nature of the common law*. Cambridge: Harvard University Press, 1998. cap. 7; MARINONI, Luiz Guilherme. *Precedentes obrigatórios*. 3. ed. São Paulo: RT, 2013. p. 334-348.

do futuro".[74] A ausência de caráter absoluto da *stare decisis* é essencial para sobrevivência da própria teoria.

---

[74] De acordo com Duxbury: "O juiz que atua de forma justa e razoável e que exerce suas funções com profissionalismo e competência não precisa ser escravo do passado e um déspota do futuro, vinculado às decisões de seus falecidos antecessores e limitando pelas próximas gerações os julgamentos daqueles que o sucederão". No original: "The judge who acts fairly and reasonably, and who preforms his duties with professionalism and skill, need not be a slave to the past and a despot for the future, bound by the decisions of his dead predecessor and binding for generations to come the judgments of those who will succeed him." DUXBURY, Neil. *The authority of precedent:* tho problems. Legal Theory Workshop Series. Faculty of Law. Toronto. 2005. p. 130.

Capítulo 4

A TEORIA DOS PRECEDENTES NO BRASIL E O CÓDIGO DE PROCESSO CIVIL (CPC/2015)

4.1. A EVOLUÇÃO DA TEORIA DOS PRECEDENTES NO BRASIL

Até o Código de Processo Civil de 2015, o Brasil não adotava, ao menos integralmente, a teoria da *stare decisis* ou dos precedentes vinculantes. Com algumas exceções (ex.: súmulas vinculantes, decisões da Suprema Corte em sede de controle concentrado de constitucionalidade), as decisões judiciais contavam com força persuasiva e não garantiam, com efetividade, a estabilidade e a coerência desejadas na prestação jurisdicional.[1]

O advento do neoconstitucionalismo e do pós-positivismo (força normativa dos princípios constitucionais, com destaque para os princípios da segurança jurídica e da proteção da confiança legítima), a expansão do controle concentrado de constitucionalidade, a abstrativização do controle difuso de constitucionalidade, a instituição das súmulas vinculantes (EC 45/2004), o reconhecimento da autoridade das decisões proferidas no âmbito do controle difuso de constitucionalidade por meio de alterações sucessivas do CPC/1973 e a promulgação do novo Código de Processo Civil em 2015 são fatores que demonstram a importância da teoria dos precedentes judiciais, com força vinculante e geral, no Brasil.

---

[1] "O Brasil apresentava até o advento do Código de Processo Civil de 2015 um modelo fraco de precedentes judiciais. Muito embora em alguns casos houvesse vinculatividade (ex.: súmulas vinculantes) não havia uma regra geral de *stare decisis* e a recepção do modelo do *stare decisis* tinha sido até o presente momento apenas uma recepção parcial e mitigada. Tínhamos uma ideologia que, do ponto de vista cultural e normativo, compreendia os precedentes como instrumentos fracos de persuasão e não como normas vinculantes do nosso sistema." ZANETI JR., Hermes. *O valor vinculante dos precedentes:* teoria dos precedentes normativos formalmente vinculantes. 2. ed. Salvador: JusPodivm, 2016. p. 357.

Conforme destacado no item 2.5, o novo constitucionalismo ("neoconstitucionalismo", "constitucionalismo contemporâneo" ou "constitucionalismo avançado"), iniciado após a II Guerra Mundial, superou a concepção positivista do direito para reaproximá-lo da moral.

Nesse contexto, o pós-positivismo reconhece, por exemplo, a normatividade primária dos princípios constitucionais e valoriza a efetividade dos direitos fundamentais, com especial destaque para os princípios da segurança jurídica, da proteção da confiança legítima e da isonomia, essenciais para o Estado Democrático de Direito.

Em relação ao princípio da segurança jurídica, é lícito afirmar que possui conotação ampla abrangendo a ideia de confiança legítima. Isso porque o princípio da segurança jurídica pode ser compreendido a partir de dois aspectos:[2] a) objetivo: estabilização do ordenamento jurídico (certeza do direito), tendo em vista a necessidade de se respeitar o direito adquirido, o ato jurídico perfeito e a coisa julgada (art. 5º, XXXVI, da CRFB); b) subjetivo: proteção da confiança das pessoas em relação às expectativas geradas por promessas e atos estatais.

A necessidade constante de proteção da esfera jurídica do particular, nas relações com o Poder Público, justificou a consagração no direito comparado do princípio da proteção da confiança legítima, apesar de variações em relação aos seus fundamentos jurídicos e às nomenclaturas utilizadas (*affidamento legitimo, legitimate expectations*, "proteção da confiança", "confiança legítima" etc.).[3]

---

[2] Nesse sentido: CANOTILHO, J. J. Gomes. *Direito constitucional e teoria da Constituição*. 7. ed. Coimbra: Almedina, 2003. p. 257; SILVA, Almiro do Couto e. O princípio da segurança jurídica (proteção à confiança) no direito público brasileiro e o direito da Administração Pública de anular seus atos administrativos: o prazo decadencial do art. 54 da Lei do processo administrativo da União (Lei n.º 9.784/1999). *RDA*, n. 237, p. 273-274, jul.-set. 2004; CARVALHO FILHO, José dos Santos. *Manual de direito administrativo*. 22. ed. Rio de Janeiro: Lumen Juris, 2009. p. 34.

[3] O princípio da confiança legítima nasce e desenvolve-se na Alemanha após a II Guerra Mundial, notadamente a partir da jurisprudência dos tribunais. Atrelado ao princípio da segurança jurídica (*Rechtssicherheit*), o princípio da confiança legítima (*Vertrauensschutz*) foi consagrado inicialmente no célebre caso da "Viúva de Berlim", julgado pelo Superior Tribunal Administrativo de Berlim em 14 de novembro de 1956. GARCIA MACHO, Ricardo. Contenido y limites de La confianza legítima: estudio sistemático de la jurisprudencia del Tribunal de Justicia. *REDA*, n. 56, out.-dez. 1987 (versão eletrônica). É importante notar que Garcia Luengo aponta para a existência de precedentes, a respeito do princípio da confiança legítima, anteriores à II Guerra Mundial, mas não se pode negar que o desenvolvimento do princípio se fortalece com o Pós-Guerra. Nesse

A segurança jurídica e a proteção às expectativas legítimas possuem forte ligação com o princípio da isonomia (ou impessoalidade), tendo em vista a necessidade de coerência no exercício da atividade estatal, com a vedação da surpresa do cidadão.

Com efeito, os princípios da segurança jurídica, da proteção da confiança legítima e da isonomia (ou impessoalidade) são princípios gerais do direito que devem ser observados em qualquer relação jurídica. No campo das relações entre Estado e cidadão, não há dúvida de que os princípios em questão devem ser aplicados a todas as atividades estatais, legislativas, administrativas e judiciais.

Por essa razão, a prestação jurisdicional não pode envolver "loteria judicial", devendo o magistrado decidir a partir do sistema em que se encontra inserido e, portanto, respeitando os precedentes produzidos em casos semelhantes por cortes superiores e seus próprios precedentes.

A segurança jurídica, tradicionalmente vinculada à codificação e à visão positivista do direito nos países do *civil law*, depende, na atualidade, da previsibilidade e da coerência na prestação jurisdicional diante de um ordenamento jurídico fragmentado e repleto de normas abertas (princípios jurídicos e direitos fundamentais, por exemplo), cuja interpretação judicial pretende conferir o real significado e alcance das normas jurídicas.

Os ideais de segurança jurídica e igualdade não são garantidos apenas com a mera existência de leis e da autoridade da coisa julgada para as partes envolvidas em determinado processo judicial. É fundamental assegurar que casos semelhantes julgados pelo Judiciário tenham soluções jurídicas uniformes.

Verifica-se o processo de ascensão do Judiciário, especialmente após a II Guerra, com a valorização da jurisdição constitucional no controle dos atos oriundos do Executivo e do Legislativo.

No Brasil, o protagonismo do Judiciário ganhou força com o processo de redemocratização do país, notadamente com a promulgação da Constituição de 1988, com o reforço do controle de constitucionalidade, a proteção dos direitos fundamentais e o processo de constitucionalização do Direito. Em princípio, todos os temas inseridos na Constituição poderiam ser objeto de controle do Judiciário, razão pela qual os temas constitucionais, ainda que envolvam decisões políticas, são também questões jurídicas.

---

sentido: COVIELLO, Pedro José Jorge. *La protección de la confianza del administrado*. Buenos Aires: Abeledo-Perrot, 2004. p. 36.

O crescente processo de judicialização da politica (ou politização do Judiciário), segundo Luis Roberto Barroso, pode ser explicado por três fatores: a) a independência e a força do Judiciário são imprescindíveis à defesa dos direitos fundamentais; b) existe uma crescente desilusão com a política majoritária e a democracia representativa; e c) atuação estratégica dos agentes políticos que preferem, por vezes, a judicialização de questões polêmicas em vez de decidirem politicamente sobre elas.

No contexto de ascensão do Judiciário, o ativismo judicial representa, de acordo com o autor, "uma deliberada expansão do papel do Judiciário, mediante o uso da interpretação constitucional para suprir lacunas, sanar omissões legislativas ou determinar políticas públicas quando ausentes ou ineficientes".[4]

É possível afirmar que o ativismo judicial envolve uma forte intervenção do Poder Judiciário na interpretação das ações e das omissões dos demais Poderes, que se afasta do sentido literal da legislação, a partir de juízos morais e políticos dos próprios magistrados, especialmente na revisão de matérias complexas, de conteúdo preponderantemente técnico, e de políticas públicas.

Verifica-se, ainda, a expansão do controle concentrado de constitucionalidade. Em sua redação originária, a Constituição de 1988 consagrou três instrumentos de controle concentrado de constitucionalidade: ação direta de inconstitucionalidade por ação, ação direta de inconstitucionalidade por omissão e a ação direta interventiva e a arguição de descumprimento de preceito fundamental.

Com a promulgação da Constituição de 1988, ampliou-se o rol dos legitimados para propositura da ação direta de inconstitucionalidade (ADI), na forma do art. 103 do texto constitucional (até então o único legitimado era o Procurador-Geral da República).

A EC 03/1993 instituiu a ação declaratória de constitucionalidade (ADC) que pode ser proposta pelos mesmos legitimados para ADI e cujas decisões possuem efeitos vinculantes e *erga omnes*.

O art. 102, § 2º, da CRFB, alterado pela EC 45/2004, dispõe, expressamente, que as decisões definitivas de mérito, proferidas pelo STF, nas ações diretas de inconstitucionalidade e nas ações declaratórias de constitucionalidade, produzirão eficácia contra todos e efeito vinculante relativamente aos demais órgãos do Poder Judiciário e à administração pública direta e indireta, nas esferas federal, estadual e municipal.

---

[4] BARROSO, Luís Roberto. *O novo direito constitucional brasileiro*: contribuições para a construção teórica e prática da jurisdição constitucional no Brasil. Belo Horizonte: Fórum, 2012. p. 40.

O art. 103-A da CRFB, incluído pela EC 45/2004, estabeleceu a possibilidade de edição de súmula vinculante por parte do STF. Nesse caso, o STF, de ofício ou por provocação, mediante decisão de dois terços dos seus membros, após reiteradas decisões sobre matéria constitucional, poderá aprovar súmula dotada de efeito vinculante em relação aos demais órgãos do Poder Judiciário e à Administração Pública direta e indireta, nas esferas federal, estadual e municipal, bem como proceder à sua revisão ou cancelamento, na forma estabelecida em lei. Admitiu-se, ainda, a utilização da reclamação ao STF contra ato administrativo ou decisão judicial que contrariar súmula vinculante (art. 103-A, § 3º, da CRFB).

A Lei 9.868/1999, que dispõe sobre o processo e o julgamento da ação direta de inconstitucionalidade e da ação declaratória de constitucionalidade, e a Lei 9.882/1999, que trata da arguição de descumprimento de preceito fundamental (ADPF), prevista no art. 102, § 2º, da CRFB, confirmam os efeitos vinculantes das decisões proferidas nas respectivas ações.[5]

Portanto, a expansão do controle concentrado no Brasil pode ser percebida pela ampliação do rol dos legitimados para propositura da ADI, a instituição da ADC e a regulamentação da ADPF.[6]

No tocante ao controle difuso de constitucionalidade, o CPC de 1973 foi alterado para reforçar a autoridade de determinadas decisões proferidas em sede de controle difuso de constitucionalidade, cabendo destacar, exemplificativamente:

a) art. 481, parágrafo único, do CPC/1973, alterado pela Lei 9.756/1998: os órgãos fracionários dos tribunais não submeterão ao plenário, ou ao órgão especial, a arguição de inconstitucionalidade, quando já houver pronunciamento destes ou do plenário do STF sobre a questão;

b) art. 557, *caput* e § 1º-A, do CPC/1973, alterado pela Lei 9.756/1998: o relator poderá negar seguimento a recurso manifestamente inadmissível, improcedente, prejudicado ou em confronto com súmula ou com jurisprudência dominante do respectivo tribunal, do STF ou de Tribunal Superior. Por outro lado, se a decisão

---

[5] Art. 28, parágrafo único, da Lei 9.868/1999: "A declaração de constitucionalidade ou de inconstitucionalidade, inclusive a interpretação conforme a Constituição e a declaração parcial de inconstitucionalidade sem redução de texto, têm eficácia contra todos e efeito vinculante em relação aos órgãos do Poder Judiciário e à Administração Pública federal, estadual e municipal"; Art. 10, § 3º, da Lei 9.882/1999: "Art. 10. Julgada a ação, far-se-á comunicação às autoridades ou aos órgãos responsáveis pela prática dos atos questionados, fixando-se as condições e o modo de interpretação e aplicação do preceito fundamental. (...) § 3º A decisão terá eficácia contra todos e efeito vinculante relativamente aos demais órgãos do Poder Público".

[6] Nesse sentido: BARROSO, Luís Roberto. *O controle de constitucionalidade no direito brasileiro*. 4. ed. São Paulo: Saraiva, 2009. p. 67.

recorrida estiver em manifesto confronto com súmula ou com jurisprudência dominante do STF ou de Tribunal Superior, o relator poderá dar provimento ao recurso;

c) art. 475, § 3º, do CPC/1973, alterado pela Lei 10.352/2001: não se sujeitam ao duplo grau de jurisdição as sentenças fundadas em jurisprudência do plenário do STF ou em súmula deste Tribunal ou do tribunal superior competente;

d) arts. 475-L, II e § 1º, e 741, II e parágrafo único, do CPC/1973, alterados pela Lei 11.232/2005: a impugnação à execução e os embargos à execução podem se apoiar na inexigibilidade do título, o que inclui o título judicial fundado em lei ou ato normativo declarados inconstitucionais pelo STF, ou fundado em aplicação ou interpretação da lei ou do ato normativo tidas pelo STF como incompatíveis com a Constituição Federal, ocorrendo, nesses casos, a desconstituição da coisa julgada;

e) art. 543-A, § 3º, do CPC/1973, incluído pela Lei 11.418/2006: a repercussão geral, requisito de admissibilidade do recurso extraordinário, será caracterizada, por exemplo, quando o recurso impugnar decisão contrária à súmula ou à jurisprudência dominante do STF;

f) art. 543-B § 3º, do CPC/1973, incluído pela Lei 11.418/2006: na hipótese de multiplicidade de recursos com fundamento em idêntica controvérsia, o Tribunal de origem selecionará um ou mais recursos representativos da controvérsia e os encaminhará ao STF, sobrestando os demais até o pronunciamento definitivo da Corte. Após o julgamento do mérito do recurso extraordinário, os recursos sobrestados serão apreciados pelos Tribunais, pelas Turmas de Uniformização ou pelas Turmas Recursais, que poderão declará-los prejudicados ou retratarem-se.

Ademais, é possível perceber o incremento da discussão sobre a abstrativização do controle difuso, que significa, em síntese, a atribuição de efeitos *erga omnes* às decisões que declaram, de forma difusa ou incidental, a inconstitucionalidade de leis e de atos normativos.

O controle de constitucionalidade no Brasil é, em regra, o judicial misto (híbrido ou eclético),[7] ou seja, é realizado tanto pela forma incidental e difusa, quanto pela forma principal e concentrada.[8]

---

[7] Excepcionalmente, o controle pode ser político, tanto de forma preventiva (ex.: no Poder Legislativo, por meio da Comissão de Constituição de Justiça; no Poder Executivo, por meio do veto ao projeto de lei, na forma do art. 66, § 1º, da CRFB), quanto de forma repressiva (ex.: no Poder Legislativo, a sustação de atos normativos pelo Congresso quando houver exorbitância da delegação legislativa – art. 49, V, da CRFB – e a rejeição de MP por afronta à Constituição – art. 62, § 5º, da CRFB; no Poder Executivo, quando o Chefe do Executivo deixar de cumprir determinada lei por considerá-la inconstitucional).

[8] Resumidamente, existem três grandes sistemas de controle de constitucionalidade: **a) judicial difuso (americano)**: consagrado no caso *Marbury v. Madison*, julgado em 1803, permite o

No tocante ao controle difuso, sempre prevaleceu a tese de que a declaração de inconstitucionalidade é incidental e não teria autoridade de coisa julgada.

Contudo, atualmente, parcela da doutrina passou a sustentar a transcendência, com força vinculante, da decisão sobre a constitucionalidade das leis em sede de controle difuso. Isso porque a questão constitucional é decidida incidentalmente e não se insere, dessa forma, na parte dispositiva da sentença que recebe a autoridade da coisa julgada e acarreta efeitos para as partes (arts. 458 e 472 do CPC/1973; arts. 489 e 506 do CPC/2015).[9]

Apesar de não ser o entendimento prevalecente na doutrina e na jurisprudência da Suprema Corte, o STF já decidiu, em determinada oportunidade e por apertada maioria, pela eficácia *erga omnes* de decisão proferida em sede de controle difuso de constitucionalidade ("caráter expansivo da decisão").

Assim, por exemplo, a Suprema Corte julgou procedente reclamação constitucional, proposta pela Defensoria Pública do Estado do Acre, que apontava o descumprimento da sua decisão proferida no HC 82.959, quando a Corte declarou, em sede de controle difuso, a inconstitucionalidade do art. 2º, § 1º, da Lei 8.072/1990 (Lei dos Crimes Hediondos) e afastou a vedação da progressão de regime aos condenados pela prática de crimes hediondos.

No caso, o Juiz de Direito da Vara de Execuções Penais da Comarca de Rio Branco/AC indeferiu o pedido de progressão de regime aos réus. Em seu voto condutor, o Ministro Relator Gilmar Mendes sustentou a necessidade de releitura

---

controle de constitucionalidade por todo e qualquer juiz ou tribunal, de forma incidental e com efeitos retroativos (*ex tunc*); **b) judicial concentrado (austríaco)**: consagrado na Constituição austríaca de 1920 e em outros países da Europa após a II Guerra Mundial, o modelo, delineado por Hans Kelsen, estabelece o controle de constitucionalidade apenas pelo Tribunal Constitucional que será exercido de forma principal (e não incidental), em tese (independentemente de lide), com efeitos *erga omnes* e para o futuro (*ex nunc*); **c) político (francês)**: delineado a partir da Constituição francesa de 1958, dispõe que o controle não será exercido pelo Judiciário, mas por órgão político (Conselho Constitucional) em relação à lei em tese (independentemente de lide) e, em regra, de forma preventiva (antes da lei ou ato normativo entrar em vigor). Em relação ao modelo francês, é preciso destacar que, após as reformas de 2008, passou a ser admitido o controle repressivo de constitucionalidade das leis pelo Conselho Constitucional por provocação do Conselho de Estado ou Corte de Cassação (art. 61-1 da Constituição).

[9] Nesse sentido: ZAVASCKI, Teori Albino. *Eficácia das sentenças na jurisdição constitucional*. São Paulo: RT, 2001. p. 135-136; BITTENCOURT, Carlos Alberto Lúcio. *O controle jurisdicional da constitucionalidade das leis*. 2 ed. Rio de Janeiro: Forense, 1968. p. 134. Sobre a crítica à objetivação do controle difuso e à concessão de eficácia *erga omnes* à decisão incidental de inconstitucionalidade, vide: STRECK, Lenio Luiz; ABBOUD, Georges. *O que é isto – o precedente judicial e as súmulas vinculantes?* 3. ed. Porto Alegre: Livraria do Advogado, 2015. p. 57-60.

do papel do Senado no processo de controle de constitucionalidade, especialmente pelo incremento do controle concentrado e pelo fato de que a decisão de inconstitucionalidade seria atribuição exclusiva do STF, cabendo ao Senado apenas conferir publicidade à mencionada decisão. Em suas palavras:

> De qualquer sorte, a natureza idêntica do controle de constitucionalidade, quanto às suas finalidades e aos procedimentos comuns dominantes para os modelos difuso e concentrado, não mais parece legitimar a distinção quanto aos efeitos das decisões proferidas no controle direto e no controle incidental.
>
> Somente essa nova compreensão parece apta a explicar o fato de o Tribunal ter passado a reconhecer efeitos gerais à decisão proferida em sede de controle incidental, independentemente da intervenção do Senado. O mesmo há de se dizer das várias decisões legislativas que reconhecem efeito transcendente às decisões do STF tomadas em sede de controle difuso.

Em 2017, o STF, mais uma vez, reconheceu a abstrativização da decisão que declara, incidentalmente, a inconstitucionalidade de determinada norma. Ao julgar improcedentes as ADIs 3.406/RJ e 3.470/RJ, que impugnavam a Lei 3.579/2001 do Estado do Rio de Janeiro, a Suprema Corte declarou inconstitucional, de forma incidental e por maioria, o art. 2º da Lei federal 9.055/1995, com efeito vinculante e "erga omnes". Em consequência, prevaleceu o entendimento de que a utilização do amianto ofenderia postulados constitucionais e, por essa razão, não poderia ser objeto de normas autorizativas por qualquer Ente da federação.[10]

Esse debate envolve a pouca efetividade do art. 52, X, da CRFB, que prevê a competência do Senado Federal para suspender a execução, no todo ou em parte, de lei declarada inconstitucional por decisão definitiva do STF.

Com efeito, a referida norma constitucional dispõe sobre a concessão de efeitos *erga omnes* às decisões definitivas da Suprema Corte em sede de controle difuso (incidental) de constitucionalidade. A aplicação da referida norma constitucional sempre foi objeto de intensas polêmicas. Quanto ao caráter obrigatório ou facultativo da atuação legislativa, por exemplo, tem prevalecido o entendimento no sentido de que a atuação do Senado é discricionária, não havendo, portanto, obrigatoriedade na edição da resolução de suspensão dos efeitos da lei declarada inconstitucional pelo STF.

O art. 52, X, da CRFB, perde força com a adoção da tese da abstrativização do controle de constitucionalidade. Isso porque a resolução do Senado não é mais

---

[10] STF, ADI 3.406/RJ e ADI 3.470/RJ, Tribunal Pleno, Rel. Min. Rosa Weber, j. 29.11.2017, acórdão pendente de julgamento (Informativo de Jurisprudência do STF 886).

necessária (ou, ao menos, não é o único instrumento) para a atribuição de efeitos *erga omnes* às decisões proferidas em sede de controle difuso.

Essa tendência pode ser verificada, por exemplo, com as alterações promovidas pela EC 45/2004, notadamente com a introdução da repercussão geral nos recursos extraordinários (art. 102, § 3º, da CRFB) e da súmula vinculante (art. 103-A da CRFB).

Nos recursos extraordinários, a repercussão geral (art. 102, § 3º, da CRFB, e Lei 11.418/2006), considerada requisito de admissibilidade recursal, confere ao recurso certo caráter objetivo que não mais se limita aos interesses das partes.

As súmulas vinculantes (art. 103-A, da CRFB, e Lei 11.417/2006), igualmente, demonstram a tendência da eficácia expansiva das decisões proferidas em sede de controle difuso de constitucionalidade, uma vez que os referidos enunciados, extraídos a partir de reiteradas decisões sobre matéria constitucional, terão efeito vinculante em relação aos demais órgãos do Poder Judiciário e à Administração Pública Direta e Indireta.

O STF, em algumas decisões, declarou a desnecessidade de aplicação da reserva de plenário ou *full bench* (art. 97 da CRFB)[11] quando existir pronunciamento de (in)constitucionalidade da lei ou ato normativo na Corte.[12] Segundo Gilmar Mendes:

> Esse entendimento marca evolução no sistema de controle de constitucionalidade brasileiro, que passa a equiparar, praticamente, os efeitos das decisões proferidas nos processos de controle abstrato e concreto. A decisão do Supremo Tribunal Federal, tal como colocada, antecipa o efeito vinculante de seus julgados em matéria de controle de constitucionalidade incidental, permitindo que o órgão fracionário se desvincule do dever de observância da decisão do Pleno ou do órgão Especial do Tribunal a que se encontra vinculado. (...)
>
> Parece legítimo entender que a fórmula relativa à suspensão de execução da lei pelo Senado Federal há de ter simples efeito de publicidade. Dessa

---

[11] Enquanto o magistrado de primeira instância pode declarar a inconstitucionalidade de lei ou normativo ao decidir o caso concreto, os tribunais devem remeter a decisão sobre a inconstitucionalidade da lei ou ato normativo ao seu respectivo Plenário ou Órgão Especial. O art. 97 da CRFB dispõe: "Art. 97. Somente pelo voto da maioria absoluta de seus membros ou dos membros do respectivo órgão especial poderão os tribunais declarar a inconstitucionalidade de lei ou ato normativo do Poder Público". Existem exceções ao *full bench* consagradas no art. 481 do CPC/1973, alterado pela Lei 9.756/1998, e no novo CPC/2015, conforme será demonstrado a seguir.

[12] Mencione-se, por exemplo: STF, Recl 4.335/AC, Rel. Min. Gilmar Mendes, Tribunal Pleno, DJe-208 22.10.2014.

forma, se o Supremo Tribunal Federal, em sede de controle incidental, chegar à conclusão, de modo definitivo, de que a lei é inconstitucional, essa decisão terá efeitos gerais, fazendo-se a comunicação ao Senado Federal para que publique a decisão no Diário do Congresso. Tal como assente, não é (mais) a decisão do Senado que confere eficácia geral ao julgamento do Supremo. A própria decisão da Corte contém essa *força normativa*.

(...)

Ressalte-se que a adoção da súmula vinculante reforça a ideia de superação do art. 52, X, da CF, na medida em que permite aferir a inconstitucionalidade de determinada orientação pelo próprio Tribunal sem qualquer interferência do Senado Federal.[13]

Com o advento do Código de Processo Civil de 2015, a abstratização do controle de constitucionalidade ganha força, sendo irrelevante, a partir de agora, a atuação do Senado, na forma do art. 52, X, da CRFB, para concessão de efeitos *erga omnes* às decisões da Suprema Corte. A eficácia expansiva, na forma do Código, aplica-se, ainda, às decisões proferidas pelo STJ, em matéria infraconstitucional, bem como às decisões de outros tribunais nos casos especificados na legislação.

Nesse ponto, a adoção da teoria dos precedentes (art. 927 do CPC/2015) confirma a referida tendência, uma vez que os juízes e os tribunais deverão observar, além das decisões do STF em sede de controle concentrado: a) os enunciados de súmula vinculante; b) os acórdãos em incidente de assunção de competência ou de resolução de demandas repetitivas e em julgamento de recursos extraordinário e especial repetitivos; c) os enunciados das súmulas do STF em matéria constitucional e do STJ em matéria infraconstitucional; e d) a orientação do plenário ou do órgão especial aos quais estiverem vinculados.[14]

Ademais, o art. 332 do CPC/2015 reconhece a possibilidade de julgamento liminar pelos juízes das causas que dispensarem a fase instrutória e o pedido formulado na petição inicial contrariar: a) enunciado de súmula do STF ou do STJ; b) acórdão proferido pelo STF ou pelo STJ em julgamento de recursos repetitivos; c) entendimento firmado em incidente de resolução de demandas repetitivas ou de assunção de competência; e d) enunciado de súmula de tribunal de justiça sobre direito local.

Mencione-se, também, o art. 535, § 5º, do CPC/2015, que, ao tratar da execução judicial por quantia certa contra a Fazenda Pública, considera inexigível a obrigação

---

[13] MENDES, Gilmar Ferreira; COELHO, Inocêncio Mártires; BRANCO, Paulo Gustavo Gonet. *Curso de direito constitucional*. 4. ed. São Paulo: Saraiva, 2009. p. 1.133-1.140.

[14] Registre-se que o novo CPC, alterado pela Lei 13.256/2016, menciona a expressão "precedente" nos arts. 489, § 1º, V e VI; 926, § 2º; e 927, § 5º.

reconhecida em título executivo judicial fundado em lei ou ato normativo considerado inconstitucional pelo STF, ou fundado em aplicação ou interpretação da lei ou do ato normativo reconhecido pela Suprema Corte como incompatível com a Constituição Federal, em controle de constitucionalidade concentrado ou difuso.

Na fase recursal, o art. 932, IV e V, do CPC/2015 prevê que o relator, de forma monocrática, poderá prover ou desprover recurso quando estiver em acordo ou desacordo com: a) súmula do STF, do STJ ou do próprio tribunal; b) acórdão proferido pelo STF ou pelo STJ em julgamento de recursos repetitivos; c) entendimento firmado em incidente de resolução de demandas repetitivas ou de assunção de competência.

Cabe notar que a Lei 13.300/2016 estabelece que a decisão proferida no mandado de injunção possui eficácia subjetiva *inter partes*, mas admite a concessão de eficácia *erga omnes* à referida decisão, quando isso for inerente ou indispensável ao exercício do direito, da liberdade ou da prerrogativa objeto da ação (art. 9º, *caput* e § 1º).

4.2. OS PRECEDENTES JUDICIAIS NO CPC/2015

O novo Código de Processo Civil, instituído pela Lei 13.105/2015, consagrou a teoria dos precedentes judiciais, com algumas adaptações da teoria adotada nos países do *common law*.

Inicialmente, verifica-se a consagração da vinculação horizontal e vertical dos precedentes nos arts. 926 e 927 do CPC/2015, que dispõem:

> Art. 926. Os tribunais devem uniformizar sua jurisprudência e mantê-la estável, íntegra e coerente.
>
> § 1º Na forma estabelecida e segundo os pressupostos fixados no regimento interno, os tribunais editarão enunciados de súmula correspondentes à sua jurisprudência dominante.
>
> § 2º Ao editar enunciados de súmula, os tribunais devem ater-se às circunstâncias fáticas dos precedentes que motivaram sua criação.
>
> Art. 927. Os juízes e os tribunais observarão:
>
> I – as decisões do Supremo Tribunal Federal em controle concentrado de constitucionalidade;
>
> II – os enunciados de súmula vinculante;
>
> III – os acórdãos em incidente de assunção de competência ou de resolução de demandas repetitivas e em julgamento de recursos extraordinário e especial repetitivos;
>
> IV – os enunciados das súmulas do Supremo Tribunal Federal em matéria constitucional e do Superior Tribunal de Justiça em matéria infraconstitucional;

V – a orientação do plenário ou do órgão especial aos quais estiverem vinculados.

§ 1º Os juízes e os tribunais observarão o disposto no art. 10 e no art. 489, § 1º, quando decidirem com fundamento neste artigo.

§ 2º A alteração de tese jurídica adotada em enunciado de súmula ou em julgamento de casos repetitivos poderá ser precedida de audiências públicas e da participação de pessoas, órgãos ou entidades que possam contribuir para a rediscussão da tese.

§ 3º Na hipótese de alteração de jurisprudência dominante do Supremo Tribunal Federal e dos tribunais superiores ou daquela oriunda de julgamento de casos repetitivos, pode haver modulação dos efeitos da alteração no interesse social e no da segurança jurídica.

§ 4º A modificação de enunciado de súmula, de jurisprudência pacificada ou de tese adotada em julgamento de casos repetitivos observará a necessidade de fundamentação adequada e específica, considerando os princípios da segurança jurídica, da proteção da confiança e da isonomia.

§ 5º Os tribunais darão publicidade a seus precedentes, organizando-os por questão jurídica decidida e divulgando-os, preferencialmente, na rede mundial de computadores.

É possível perceber, desde logo, a preocupação do legislador com a uniformização da jurisprudência dos tribunais, que deve ser estável, íntegra e coerente.

Trata-se de grande desafio para os operadores do direito, especialmente os magistrados, que deverão alterar a tradicional cultura de utilização e citação de ementas ou trechos de decisões judiciais para fundamentar as decisões dos casos submetidos a julgamento.

Não é raro perceber a utilização dessa metodologia como argumento estratégico decisório, com o objetivo de "justificar" e "legitimar" a posição pessoal do magistrado.

Ocorre que as ementas ou os trechos indicados não refletem, com fidelidade, as questões decididas no julgado utilizado como paradigma. Em alguns casos, os julgados utilizados como referência para adoção de solução jurídica semelhante em casos futuros sequer espelham o entendimento consolidado na jurisprudência dominante do tribunal.

Deve ser refutado, ainda, o uso indevido das súmulas dos tribunais, dissociado das razões de fato e de direito que levaram à sua edição. A descontextualização acarretaria a utilização da súmula para uniformizar casos que, na essência, são distintos.

Não é por outra razão que o CPC/2015 prevê a edição de enunciados de súmula correspondentes à sua jurisprudência dominante (art. 926, § 1º) que devem ater-se às circunstâncias fáticas dos precedentes que motivaram sua criação (art. 926, § 2º).

Evidentemente que a mudança de cultura na utilização dos precedentes não é tarefa exclusiva dos magistrados, direcionando-se, também, aos advogados, públicos e privados, aos defensores públicos e ao Ministério Público, uma vez que todos os sujeitos do processo devem cooperar entre si para que se obtenha, em tempo razoável, decisão de mérito justa e efetiva (art. 6º do CPC/2015).

Ao aplicarem os precedentes indicados no art. 927 do CPC, conforme dispõe o § 1º do próprio dispositivo legal, os magistrados deverão oportunizar o contraditório (art. 10 do CPC)[15] e fundamentar, de forma adequada, a respectiva decisão (art. 489, § 1º).[16]

Aliás, no tocante à fundamentação, os magistrados brasileiros devem adotar a "autorreferência" jurisprudencial, levando em consideração, em suas decisões, os precedentes do próprio tribunal ou dos tribunais superiores, com o objetivo de seguir a orientação firmada nas hipóteses de casos similares ou de afastá-los quando demonstradas distinções entre o caso anterior e o atual. Não se pode olvidar, ainda, a possibilidade de invocação do precedente para sua eventual superação (*overruling*) pelo próprio tribunal ou pelo tribunal superior.[17]

O respeito aos precedentes, conforme demonstrado anteriormente, não significa o congelamento ou a petrificação da atividade jurisdicional.

---

[15] CPC: "Art. 10. O juiz não pode decidir, em grau algum de jurisdição, com base em fundamento, a respeito do qual não se tenha dado às partes oportunidade de se manifestar, ainda que se trate de matéria sobre a qual deva decidir de ofício."

[16] CPC: "Art. 489 (...) § 1º Não se considera fundamentada qualquer decisão judicial, seja ela interlocutória, sentença ou acórdão, que: I – se limitar à indicação, à reprodução ou à paráfrase de ato normativo, sem explicar sua relação com a causa ou a questão decidida; II – empregar conceitos jurídicos indeterminados, sem explicar o motivo concreto de sua incidência no caso; III – invocar motivos que se prestariam a justificar qualquer outra decisão; IV – não enfrentar todos os argumentos deduzidos no processo capazes de, em tese, infirmar a conclusão adotada pelo julgador; V – se limitar a invocar precedente ou enunciado de súmula, sem identificar seus fundamentos determinantes nem demonstrar que o caso sob julgamento se ajusta àqueles fundamentos; VI – deixar de seguir enunciado de súmula, jurisprudência ou precedente invocado pela parte, sem demonstrar a existência de distinção no caso em julgamento ou a superação do entendimento."

[17] De acordo com Cruz e Tucci, "Observe-se, por outro lado, que o estilo de julgamento, no âmbito do *common law*, é caracterizado pela 'autorreferência' jurisprudencial. Na verdade, pela própria técnica do precedente vinculante, impõe-se, na grande maioria das vezes, a exigência de que a corte invoque, para acolher ou rejeitar, julgado ou julgados anteriores. Em outras palavras: a fundamentação de uma decisão deve, necessariamente, conter expressa alusão à jurisprudência de tribunal superior ou da própria corte." TUCCI, José Rogério Cruz e. Parâmetros de eficácia e critérios de interpretação do precedente judicial. In: WAMBIER, Teresa Arruda Alvim (Coord.). *Direito jurisprudencial*. São Paulo: RT, 2012. p. 105.

A tese jurídica adotada em enunciados de súmula ou em julgamento de casos repetitivos pode ser alterada, admitindo-se, nesse caso, a realização de audiências públicas e a participação de pessoas, órgãos e entidades que possam contribuir para a rediscussão da tese (art. 927, § 2º, do CPC).

Em atenção aos princípios da segurança jurídica, da proteção da confiança legítima e da isonomia, admite-se a modulação de efeitos na hipótese de alteração de jurisprudência dominante dos tribunais superiores ou daquela oriunda de julgamento de casos repetitivos (art. 927, § 3º, do CPC). Ademais, a modificação de enunciado de súmula, de jurisprudência pacificada ou de tese adotada em julgamento de casos repetitivos observará a necessidade de fundamentação adequada e específica (art. 927, § 4º, do CPC).

Evidentemente, a vinculação aos precedentes depende da sua ampla divulgação e conhecimento pela comunidade jurídica. Não seria possível imaginar a imposição de respeito aos precedentes que não sejam amplamente publicizados. Por esta razão, é fundamental que os precedentes sejam divulgados pelos tribunais, preferencialmente, na rede mundial de computadores (art. 927, § 5º, do CPC).

4.3. PRECEDENTES JUDICIAIS VINCULANTES (ART. 927 DO CPC)

Com o objetivo de garantir a uniformização da jurisprudência dos tribunais, o art. 927, I a V, do CPC/2015, apresenta um rol de precedentes judiciais vinculantes, a saber:

a) decisões do Supremo Tribunal Federal em controle concentrado de constitucionalidade;

b) enunciados de súmula vinculante;

c) acórdãos em incidente de assunção de competência ou de resolução de demandas repetitivas e em julgamento de recursos extraordinário e especial repetitivos;

d) enunciados das súmulas do Supremo Tribunal Federal em matéria constitucional e do Superior Tribunal de Justiça em matéria infraconstitucional; e

e) decisão do plenário ou do órgão especial dos tribunais.[18]

---

[18] No mesmo sentido, sustentando o caráter vinculante dos precedentes judiciais listados no art. 927 do CPC, vide, entre outros: DIDIER JR, Fredie; BRAGA, Paula Sarno; OLIVEIRA, Rafael Alexandria de. *Curso de direito processual civil*. 10. ed. Salvador: JusPodivm, 2015. v. 2, p. 461-467; THEODORO JÚNIOR, Humberto; NUNES, Dierle; BAHIA, Alexandre Melo Franco; PEDRON, Flávio Quinaud. *Novo CPC – fundamentos e sistematização*. 3. ed. Rio de Janeiro: Forense, 2016. p. 417; NEVES, Daniel Amorim Assumpção. *Manual de direito*

4.3.1. Decisões do Supremo Tribunal Federal em controle concentrado de constitucionalidade (art. 927, I, do CPC)

As decisões de mérito proferidas na ação direta de inconstitucionalidade (ADI), ação direta de constitucionalidade (ADC) e ação de descumprimento de preceito fundamental (ADPF) produzem efeitos *erga omnes* e vinculantes para os demais órgãos do Poder Judiciário e para a Administração Pública direta e indireta de qualquer esfera federativa, na forma do art. 102, § 2º, da CRFB, do art. 29, parágrafo único, da Lei 9.868/1999 e do art. 10, § 3º, da Lei 9.882/1999.

Registre-se que parcela da doutrina apresenta distinção entre a eficácia vinculante das decisões proferidas pelo STF em controle concentrado (art. 102, § 2º, da CRFB) e a sua caracterização como precedentes vinculantes (art. 927, I, do CPC/2015). A eficácia vinculante se aplica aos Poderes Judiciário e Executivo e tem relação com o dispositivo da decisão. Já o precedente vinculante se aplica exclusivamente aos demais órgãos do Poder Judiciário e diz respeito à sua *ratio decidendi*.[19]

De fato, se as decisões do STF em controle concentrado de constitucionalidade já possuem, por expressa previsão constitucional, eficácia *erga omnes* e vinculante para os demais órgãos do Poder Judiciário e para a Administração Pública, a inclusão das referidas decisões no rol de precedentes vinculantes (art. 927 do CPC) parece ter a intenção de reconhecer a eficácia vinculante também dos seus fundamentos determinantes (*ratio decidendi*).[20]

Em consequência, a atribuição de eficácia vinculante aos motivos determinantes das decisões proferidas em sede de controle concentrado de constitucionalidade pelo STF reforça o cabimento da reclamação nos casos em que determinada

---

    processual civil. 8. ed. Salvador: JusPodivm, 2016. p. 1.304; CRAMER, Ronaldo. *Precedentes judiciais:* teoria e dinâmica. Rio de Janeiro: Forense, 2016. p. 188; Enunciado 170 do Fórum Permanente de Processualistas Civis (FPPC) sobre o art. 927 do CPC: "As decisões e os precedentes previstos nos incisos do *caput* do art. 927 são vinculantes aos órgãos jurisdicionais a eles submetidos". Em sentido contrário, defendendo a tese de que o art. 927 do CPC não consagra rol de precedentes vinculantes, vide, por exemplo: CÂMARA, Alexandre Freitas. *O novo processo civil brasileiro.* São Paulo: Atlas, 2015. p. 434.

[19] CRAMER, Ronaldo. *Precedentes judiciais:* teoria e dinâmica. Rio de Janeiro: Forense, 2016. p. 192-194.

[20] Nesse sentido: MARINONI, Luiz Guilherme. *Precedentes obrigatórios.* 5. ed. São Paulo: RT, 2016. p. 285; NEVES, Daniel Amorim Assumpção. *Manual de direito processual civil.* 8. ed. Salvador: JusPodivm, 2016. p. 1.306; Enunciado 168 do Fórum Permanente de Processualistas Civis (FPPC) sobre o art. 927, I do CPC: "Os fundamentos determinantes do julgamento de ação de controle concentrado de constitucionalidade realizado pelo STF caracterizam a *ratio decidendi* do precedente e possuem efeito vinculante para todos os órgãos jurisdicionais".

decisão contrariar não apenas a parte dispositiva da decisão da Suprema Corte, mas, também, os respectivos motivos determinantes.[21]

4.3.2. Enunciados de súmula vinculante (art. 927, II, do CPC)

A súmula vinculante editada pelo STF é dotada de efeito vinculante em relação aos demais órgãos do Poder Judiciário e à Administração Pública direta e indireta de todas as esferas da federação (art. 103-A da CRFB).

No mesmo sentido, o art. 927, II, do CPC indicou as súmulas vinculantes no rol dos precedentes vinculantes.

Contudo, é preciso ressaltar que a vinculação não decorre mecanicamente do enunciado da súmula vinculante, mas dos precedentes que levaram à sua edição e que revelam, de forma contextualizada, a norma jurídica que será observada em casos semelhantes.[22]

4.3.3. Acórdãos em incidente de assunção de competência ou de resolução de demandas repetitivas e em julgamento de recursos extraordinário e especial repetitivos (art. 927, III, do CPC)

Os acórdãos proferidos em incidente de assunção de competência e nos incidentes de julgamento de casos repetitivos (incidente de resolução de demandas repetitivas e recursos especial e extraordinário repetitivos) são considerados precedentes vinculantes, na forma do art. 927, III, do CPC.[23]

A primeira hipótese refere-se ao incidente de assunção de competência, admitido quando o julgamento de recurso, de remessa necessária ou de processo de competência originária envolver relevante questão de direito, com grande repercussão social, sem repetição em múltiplos processos, na forma do art. 947 do CPC/2015.

---

[21] MARINONI, Luiz Guilherme. *Precedentes obrigatórios*. 5. ed. São Paulo: RT, 2016. p. 305. O STF já admitiu a utilização da reclamação quando desrespeitados os motivos determinantes de decisões proferidas em sede de controle concentrado de constitucionalidade: STF, Rcl 1.987/DF, Rel. Min. Maurício Corrêa, Tribunal Pleno, *DJ* 21.05.2004, p 33; STF, Recl 2.363/PA, Rel. Min. Gilmar Mendes, Tribunal Pleno, *DJ* 01.04.2005, p. 7.

[22] Enunciado 166 do Fórum Permanente de Processualistas Civis (FPPC) sobre o art. 927 do CPC: "A aplicação dos enunciados das súmulas deve ser realizada a partir dos precedentes que os formaram e dos que os aplicaram posteriormente".

[23] O efeito vinculante dos acórdãos proferidos nos casos indicados no art. 927, III, do CPC também é previsto nos arts. 947, § 3º, 985 e 1.040 do CPC.

Na assunção de competência, o relator proporá, de ofício ou a requerimento das partes, MP ou Defensoria Pública, que o caso seja julgado pelo órgão colegiado indicado no regimento interno.

O incidente de assunção de competência pressupõe a presença do interesse público e de questão relevante de direito a respeito da qual seja conveniente a prevenção ou a composição de divergência entre câmaras ou turmas do tribunal (art. 947, §§ 2º e 4º, do CPC).

As três últimas hipóteses referem-se ao julgamento de casos repetitivos, que tem por objeto questão de direito material ou processual. De acordo com o art. 928, I e II, do CPC, considera-se julgamento de casos repetitivos a decisão proferida em: a) incidente de resolução de demandas repetitivas; e b) recursos especial e extraordinário repetitivos.

O incidente de resolução de demandas repetitivas (IRDR) depende do preenchimento cumulativo dos seguintes requisitos (art. 976, I e II, do CPC): a) efetiva repetição de processos que contenham controvérsia sobre a mesma questão unicamente de direito; e b) risco de ofensa à isonomia e à segurança jurídica.

O pedido de instauração do IRDR será dirigido ao presidente de tribunal pelo juiz ou relator, partes, Ministério Público ou Defensoria Pública, com os documentos necessários à demonstração do preenchimento dos pressupostos para a instauração do incidente (art. 977, *caput* e parágrafo único, do CPC).

A competência para o julgamento do referido incidente é do órgão indicado pelo regimento interno entre aqueles responsáveis pela uniformização de jurisprudência do tribunal que, além de julgar o incidente e de fixar a tese jurídica, julgará igualmente o recurso, a remessa necessária ou o processo de competência originária de onde se originou o incidente (art. 978, *caput* e parágrafo único, do CPC).

A instauração e o julgamento do IRDR serão sucedidos da mais ampla e específica divulgação e publicidade, por meio de registro eletrônico no CNJ e nos bancos eletrônicos de dados dos tribunais, exigindo-se que o registro eletrônico contenha, no mínimo, os fundamentos determinantes da decisão e os dispositivos normativos a ela relacionados (art. 979, *caput* e §§ 1º e 2º, do CPC).[24]

A admissão do IRDR acarreta a suspensão dos processos pendentes, individuais ou coletivos, que tramitam no Estado ou na região, conforme o caso (art.

---

[24] A referida exigência também é aplicável ao julgamento dos recursos repetitivos e da repercussão geral em recurso extraordinário, na forma do art. 979, § 3º, do CPC.

982, I, do CPC).[25] Os legitimados para instauração do incidente, com exceção do próprio juiz ou relator, poderão requerer, ao tribunal competente para conhecer o recurso extraordinário ou especial, a suspensão de todos os processos individuais ou coletivos em curso no território nacional que versem sobre a questão objeto do incidente já instaurado, com o objetivo de garantir segurança jurídica (art. 982, § 3º, do CPC).

No IRDR, o relator ouvirá as partes e demais pessoas interessadas na controvérsia, inclusive com a realização de audiência pública para depoimentos de pessoas com experiência e conhecimento na matéria (art. 983, *caput* e § 1º, do CPC).

A tese jurídica fixada na decisão que julga o incidente será aplicada: a) aos processos individuais ou coletivos que versem sobre idêntica questão de direito e que tramitem na área de jurisdição do respectivo tribunal, inclusive àqueles que tramitem nos juizados especiais do respectivo Estado ou região; e b) aos casos futuros que versem idêntica questão de direito e que venham a tramitar no território de competência do tribunal (art. 985, I e II, do CPC).

É possível a utilização da reclamação contra a decisão que descumprir a tese fixada no incidente (art. 985, § 1º, do CPC). Isto não quer dizer que a tese não possa ser alterada no futuro. Neste caso, a revisão da tese jurídica firmada no incidente pode ser implementada pelo mesmo tribunal, de ofício ou mediante requerimento do Ministério Público ou da Defensoria Pública (art. 986 do CPC).

Quando o IRDR versar sobre a prestação de serviço delegado, o resultado do julgamento será comunicado ao órgão, ente ou agência reguladora competente para fiscalização da efetiva aplicação, por parte dos entes sujeitos a regulação, da tese adotada (art. 985, § 2º, do CPC).

Cabe recurso extraordinário ou especial, com efeito suspensivo, contra decisão de mérito proferida no IRDR, presumindo-se, no caso do recurso extraordinário, a repercussão geral da questão constitucional (art. 987, *caput* e § 1º, do CPC). Neste caso, a tese jurídica adotada pelo STF ou STJ será aplicada no território nacional a todos os processos individuais ou coletivos que versem sobre idêntica questão de direito (art. 987, § 2º, do CPC).

Além dos incidentes de assunção de competência e de demandas repetitivas, consideram-se precedentes vinculantes as decisões proferidas em recursos especial e extraordinário repetitivos.

---

[25] A suspensão cessará em dois casos: a) se o incidente não for julgado no prazo de um ano, salvo decisão fundamentada do relator em sentido contrário (art. 980, *caput* e parágrafo único, do CPC); e b) após o julgamento do incidente, caso não haja interposição de recurso especial ou recurso extraordinário (art. 982, § 5º, do CPC).

O presidente ou vice-presidente de Tribunal de Justiça ou de Tribunal Regional Federal selecionará dois ou mais recursos representativos da controvérsia, que serão encaminhados ao STF ou ao STJ para fins de afetação, determinando a suspensão do trâmite de todos os processos pendentes, individuais ou coletivos, que tramitem no Estado ou na região, conforme o caso (art. 1.036, § 1º, do CPC). A referida escolha não vincula o relator do tribunal superior que poderá selecionar, inclusive de ofício, outros recursos representativos da controvérsia (art. 1.036, §§ 4º e 5º, do CPC).

No tribunal superior, o relator proferirá decisão de afetação, que conterá (art. 1.037, I a III, do CPC): a) a identificação com precisão da questão a ser submetida a julgamento; b) a determinação de suspensão do processamento de todos os processos pendentes, individuais ou coletivos, que versem sobre a questão e tramitem no território nacional; c) eventual requisição aos presidentes ou aos vice-presidentes dos tribunais de justiça ou dos tribunais regionais federais da remessa de um recurso representativo da controvérsia.

As partes devem ser intimadas da decisão de suspensão dos respectivos processos e poderão solicitar o prosseguimento do feito se demonstrarem a distinção entre a questão a ser decidida no seu processo e aquela a ser julgada no recurso especial ou extraordinário afetado (art. 1.037, §§ 8º e 9º, do CPC).

No julgamento dos recursos especial e extraordinário repetitivos, o relator poderá (art. 1.038, I a III, do CPC): a) ouvir a manifestação de pessoas, órgãos ou entidades com interesse na controvérsia, considerando a relevância da matéria; b) designar audiência pública para ouvir depoimentos de pessoas com experiência e conhecimento na matéria, com a finalidade de instruir o procedimento; c) requisitar informações aos tribunais inferiores a respeito da controvérsia e, após a diligência, intimar o MP para manifestar-se.

O acórdão proferido no julgamento de recursos repetitivos abrangerá a análise dos fundamentos relevantes da tese jurídica discutida (art. 1.038, § 3º, do CPC). Após a decisão dos recursos afetados, os órgãos colegiados declararão prejudicados os demais recursos, versando sobre idêntica controvérsia, ou os decidirão aplicando a tese firmada (art. 1.039 do CPC). Na hipótese em que for negada a existência de repercussão geral no recurso extraordinário afetado, serão considerados automaticamente inadmitidos os recursos extraordinários cujo processamento tenha sido sobrestado (art. 1.039, parágrafo único, do CPC).

4.3.4. Enunciados das súmulas do Supremo Tribunal Federal em matéria constitucional e do Superior Tribunal de Justiça em matéria infraconstitucional (art. 927, IV, do CPC)

Consideram-se precedentes vinculantes não apenas as súmulas vinculantes do STF, mas, também, os enunciados das súmulas do STF em matéria constitucional e do STJ em matéria infraconstitucional (art. 927, IV, do CPC).

A partir da inclusão das súmulas do STF no rol de precedentes vinculantes, perde força, em parte, a distinção entre as "súmulas vinculantes" (art. 927, II, do CPC) e as demais súmulas ("comuns") da Suprema Corte que, agora, também possuem eficácia vinculante (art. 927, IV, do CPC).

Não obstante as semelhanças entre as súmulas, as súmulas vinculantes e as súmulas comuns com eficácia vinculante, apresentariam, ainda, duas diferenças: enquanto as súmulas vinculantes desafiam a utilização de reclamação na hipótese de eventual descumprimento dos seus termos, e vinculam também a Administração Pública, as súmulas comuns teriam a sua autoridade preservada pela via recursal apenas e não vinculariam a Administração Pública, mas apenas o Poder Judiciário.[26]

Quanto à primeira diferença, enquanto as decisões que contrariam as súmulas vinculantes podem ser impugnadas por meio da reclamação constitucional (art. 988, III, do CPC), as decisões que desrespeitam as demais súmulas do STF não desafiam reclamação constitucional, mas apenas os recursos previstos no Código de Processo Civil. Dessa forma, as súmulas vinculantes possuem "eficácia vinculante forte" e as súmulas do STF (matéria constitucional) e do STJ (matéria infraconstitucional) possuem "eficácia vinculante fraca".

Em relação à segunda diferença, apenas as súmulas vinculantes acarretariam a vinculação da Administração Pública Direta e Indireta federal, estaduais, distrital e municipais, restringindo a vinculação das demais súmulas aos órgãos do Poder Judiciário.

Entendemos, contudo, que essa segunda diferença deve ser relativizada ou afastada. Conforme será sustentado adiante (vide item 5.11.), a Administração Pública deve observar, em princípio, os precedentes judiciais vinculantes, o que incluiria todas as súmulas vinculantes do STF, as súmulas do STF em matéria constitucional e as súmulas do STJ em matéria infraconstitucional.

As súmulas, conforme destacado anteriormente (item 4.3.2), são enunciados objetivos que consolidam a tese fixada na jurisprudência.

Conforme antes abordado, a vinculação não decorre automaticamente do texto da súmula, mas, tecnicamente, dos precedentes que levaram à sua edição.

Não por outra razão que os tribunais, ao editarem enunciados de súmula, deverão ater-se às circunstâncias fáticas dos precedentes que motivaram sua criação, cabendo aos respectivos regimentos internos a indicação da forma e dos

---

[26] Nesse sentido: NEVES, Daniel Amorim Assumpção. *Manual de Direito Processual Civil*. 8. ed. Salvador: JusPodivm, 2016. p. 1.306; MARINONI, Luiz Guilherme. *Precedentes obrigatórios*. 5. ed. São Paulo: RT, 2016. p. 312.

pressupostos necessários à edição de suas respectivas súmulas (art. 926, §§ 1º e 2º, do CPC).

De acordo com o art. 927, § 2º, do CPC, a alteração de tese jurídica adotada em enunciado de súmula "poderá" ser precedida de audiências públicas e da participação de pessoas, órgãos ou entidades que possam contribuir para a rediscussão da tese. Não obstante a literalidade da norma em questão indicar uma aparente faculdade na realização das audiências públicas e na participação de *amici curiae*, entendemos que se trata de um dever a ser observado pelos tribunais, com o objetivo de reforçar a sua legitimidade, aplicando-se o citado procedimento, por analogia, à eventual revogação (ou cancelamento) das súmulas.[27]

4.3.5. Decisão do plenário ou do órgão especial dos tribunais (art. 927, V, do CPC)

Por fim, os juízes e os tribunais observarão "a orientação do plenário ou do órgão especial aos quais estiverem vinculados" (art. 927, V, do CPC). Apesar de mencionar "orientação", a norma deve ser interpretada para constar "decisão", uma vez que os tribunais não possuem função consultiva no exercício da função jurisdicional.[28]

Nesse caso, o precedente será vinculante apenas aos órgãos jurisdicionais vinculados ao plenário ou ao órgão especial que proferiu a decisão, não alcançando, com eficácia vinculante, os demais juízes e tribunais. Assim, por exemplo, a decisão proferida pelo órgão especial do TJ do Rio de Janeiro é vinculante para os demais órgãos deste tribunal, mas não para os demais Tribunais de Justiça do país.

4.4. GRAUS DE VINCULAÇÃO DOS PRECEDENTES: FORTE, MÉDIA E FRACA

O descumprimento dos precedentes judiciais enseja, normalmente, a interposição de recurso. Em alguns casos, no entanto, a violação aos precedentes pode ser corrigida por meio de impugnação direta aos órgãos judiciários superiores por meio da denominada reclamação (art. 988 do CPC), o que revela, nesse último

---

[27] Nesse sentido: CÂMARA, Alexandre Freitas. *O novo processo civil brasileiro*. 2. ed. São Paulo: Atlas, 2016. p. 432-433; NEVES, Daniel Amorim Assumpção. *Manual de direito processual civil*. 8. ed. Salvador: JusPodivm, 2016. p. 1.299.

[28] Nesse sentido: NEVES, Daniel Amorim Assumpção. *Manual de direito processual civil*. 8. ed. Salvador: JusPodivm, 2016. p. 1.309.

caso, de acordo com parcela da doutrina, uma "vinculatividade normativa formal em senso forte".[29]

É verdade que parcela da doutrina sustenta que a própria caracterização dos precedentes judiciais vinculantes dependeria da possibilidade de reclamação para garantir o seu efetivo cumprimento.[30]

Contudo, ainda que seja possível afirmar que o cabimento da reclamação tem o objetivo de garantir maior eficiência no respeito ao precedente vinculante, não se pode olvidar que as violações aos demais precedentes vinculantes também podem ser corrigidas pela via recursal. Ainda que a reclamação confira maior proteção ao precedente vinculante, a sua previsão não é essencial à sua caracterização.

Dessa forma, independentemente do remédio utilizado para garantir a aplicação do precedente – reclamação ou recurso –, é possível afirmar que o precedente será considerado vinculante quando os juízes e os tribunais tiverem que respeitá-lo. Ou seja: não é o tipo de instrumento jurídico utilizado para garantir a integridade do precedente que o caracteriza como precedente vinculante, mas a imposição de sua aplicação em casos futuros semelhantes, com a previsão de instrumentos jurídicos (reclamação ou recurso) para correção de eventual descumprimento.

Alguns autores sustentam que a previsão de impugnação específica, por meio da reclamação constitucional, apenas para determinados precedentes demonstra que a eficácia vinculante dos precedentes listados no art. 927, do CPC, pode variar de grau ou peso.

Nesse sentido, os graus dos precedentes vinculantes poderiam ser divididos em três categorias:[31]

a) eficácia vinculante forte: quando a reclamação constitucional for admitida contra qualquer decisão, independentemente do grau de jurisdição, que contrarie o precedente vinculante, tal como ocorre nos enunciados de súmulas vinculantes, nas decisões do STF em controle de constitucionalidade, no incidente de resolução de demandas repetitivas (IRDR) e no incidente de assunção de competência (arts. 927, I, II, e III, e 988, III e IV, todos do CPC);

---

[29] ZANETI JR., Hermes. *O valor vinculante dos precedentes*: teoria dos precedentes normativos formalmente vinculantes. 2. ed. Salvador: JusPodivm, 2016. p. 354.

[30] Nesse sentido: WAMBIER, Teresa Arruda Alvim; CONCEIÇÃO, Maria Lúcia Lins; RIBEIRO, Leonardo Ferres da Silva; MELLO, Rogério Licastro Torres de. *Primeiros comentários ao novo Código de Processo Civil*: artigo por artigo. São Paulo: RT, 2015. p. 1.315.

[31] De forma semelhante: NEVES, Daniel Amorim Assumpção. *Manual de direito processual civil*. 8. ed. Salvador: JusPodivm, 2016. p. 1.312.

b) **eficácia vinculante média**: quando o cabimento da reclamação constitucional estiver condicionado ao exaurimento das instâncias ordinárias, por exemplo, nos precedentes oriundos de recursos, extraordinário e especial, repetitivos, bem como nos precedentes formados pelo STF no julgamento de recursos extraordinários com repercussão geral (arts. 927, III, e 988, § 5º, II, do CPC);

c) **eficácia vinculante fraca**: nas hipóteses em que as decisões que desrespeitarem precedentes vinculantes forem impugnadas pelos recursos previstos no CPC, inadmitindo-se a impugnação por meio de reclamação constitucional, assim como ocorre nos enunciados das súmulas do STJ em matéria constitucional e do STJ em matéria infraconstitucional (art. 927, IV, do CPC), bem como nas decisões do plenário ou do órgão especial aos quais estiverem vinculados (art. 927, V, do CPC).

Conforme destacado no item 4.3.4. *supra*, o alargamento das hipóteses do cabimento da reclamação (art. 988 do CPC) pode sugerir a interpretação de que a reclamação seria possível em todos os casos de precedentes vinculantes listados no art. 927 do CPC, especialmente pela viabilidade do instituto para "garantir a autoridade das decisões do tribunal" (art. 988, II, do CPC).

Por fim, as decisões judiciais que não constam do rol do art. 927 do CPC teriam efeito persuasivo, mas não vinculante, em relação ao julgamento de outros casos similares.

4.5. APLICAÇÃO DOS PRECEDENTES: *RATIO DECIDENDI* (OU *HOLDING*) E *OBITER DICTUM*

A adoção da teoria dos precedentes pelo novo Código de Processo Civil exige uma mudança importante na postura dos julgadores, que não podem se limitar a aplicar os enunciados das súmulas e as conclusões das decisões judiciais anteriores no momento da solução de casos semelhantes.

Exige-se a demonstração dos fundamentos determinantes (*ratio decidendi* ou *holding*) do precedente, bem como a semelhança entre os casos, anterior e atual (*analogy*), para a solução adequada dos casos concretos, o que afasta os demais argumentos que não foram determinantes para a formação do precedente (*obiter dictum*).

A simples invocação de precedente ou enunciado de súmula, sem a correspondente indicação da *ratio decidendi* e da semelhança entre os casos, não serve como fundamento da decisão judicial, na forma do art. 489, § 1º, V, do CPC:

Art. 489. São elementos essenciais da sentença:

(...)

> § 1º Não se considera fundamentada qualquer decisão judicial, seja ela interlocutória, sentença ou acórdão, que:
>
> (...)
>
> V – se limitar a invocar precedente ou enunciado de súmula, sem identificar seus fundamentos determinantes nem demonstrar que o caso sob julgamento se ajusta àqueles fundamentos.

Conforme destacado anteriormente, a própria elaboração da súmula deve levar em consideração as circunstâncias fáticas dos precedentes que motivaram sua criação, (art. 926, § 2º, do CPC). Vale dizer: as súmulas passam a ser enunciações da *ratio decidendi* dos precedentes e não apenas de suas conclusões.

4.6. DISTINGUISHING

O processo de aplicação dos precedentes envolve a tarefa de estabelecer analogias e distinções entre os casos anterior e atual.

Quando o caso atual for semelhante ao caso julgado pelo precedente (*analogy*), o precedente deverá ser utilizado pelo órgão julgador. As semelhanças entre os fatos relevantes e as questões jurídicas envolvidas nos casos anterior e atual justificam a apresentação da mesma solução jurídica.

Ao contrário, na hipótese em que o julgador apresentar, de forma justificada, diferenças fáticas e/ou jurídicas entre o precedente e o caso atual (*distinguishing*), o precedente deixará de ser aplicado pelo julgador. A importância da distinção fundamentada entre os casos, anterior e atual, para afastamento do precedente pode ser encontrada no art. 489, § 1º, VI, do CPC:

> Art. 489. São elementos essenciais da sentença:
>
> (...)
>
> § 1º Não se considera fundamentada qualquer decisão judicial, seja ela interlocutória, sentença ou acórdão, que:
>
> (...)
>
> VI – deixar de seguir enunciado de súmula, jurisprudência ou precedente invocado pela parte, sem demonstrar a existência de distinção no caso em julgamento ou a superação do entendimento.

Registre-se que a hipótese (*distinguishing*) revela apenas a não aplicação do precedente, mas não a sua revogação (ou a superação de sua eficácia), sendo certo que ele deverá ser aplicado aos casos futuros semelhantes.

A realização de distinções entre os casos, passado e presente, com o intuito de não aplicar determinada orientação consagrada pelo tribunal, deve ser clara e expressa pelo órgão julgador, sob pena de nulidade da decisão judicial em razão da ausência de fundamentação adequada.

No âmbito do STF, é possível mencionar a realização da técnica do *distinguishing* na decisão proferida no RE 579.951/RN[32] que deixou de aplicar a tese consagrada no julgamento da ADC 12/DF.[33]

No caso precedente (ADC 12/DF), o tribunal afirmou a desnecessidade de lei para vedação do nepotismo na Administração Pública, uma vez que tal proibição decorreria dos princípios constitucionais da moralidade, da impessoalidade e da eficiência (art. 37 da CRFB).

Sob o argumento de que a vedação do nepotismo, afirmada no referido caso, não alcançaria cargos de natureza política, a Corte, ao julgar o RE 579.951/RN, permitiu a nomeação de parente para cargo de Secretário Municipal de Saúde.

Conforme registramos em outra oportunidade, a inaplicabilidade da vedação do nepotismo aos cargos políticos não nos parece adequado, uma vez que o princípio da moralidade é aplicável, indistintamente, a toda a Administração Pública, alcançando, inclusive, os cargos de natureza política.[34]

4.7. SUPERAÇÃO DOS PRECEDENTES (*OVERRULING*)

O novo CPC adotou a possibilidade de superação dos precedentes (*overruling*) pelo próprio tribunal que os elaborou ou pelos tribunais superiores.

A exigência de integridade, coerência e estabilidade da atividade jurisdicional não acarreta, conforme já salientado, a petrificação do Poder Judiciário, razão pela

---

[32] STF, RE 579.951/RN, Rel. Min. Ricardo Lewandowski, Tribunal Pleno, *DJe*-202, 24.10.2008, p. 1.876.
[33] STF, ADC 12/DF, Rel. Min. Carlos Britto, Tribunal Pleno, *DJe*-237, 18.12.2009, p. 1. Atualmente, a Súmula Vinculante 13 do STF dispõe: "A nomeação de cônjuge, companheiro ou parente em linha reta, colateral ou por afinidade, até o terceiro grau, inclusive, da autoridade nomeante ou de servidor da mesma pessoa jurídica investido em cargo de direção, chefia ou assessoramento, para o exercício de cargo em comissão ou de confiança ou, ainda, de função gratificada na administração pública direta e indireta em qualquer dos Poderes da União, dos Estados, do Distrito Federal e dos Municípios, compreendido o ajuste mediante designações recíprocas, viola a Constituição Federal".
[34] OLIVEIRA, Rafael Carvalho Rezende. *Curso de direito administrativo*. 5. ed. São Paulo: Método, 2017. p. 39.

qual o novo CPC prevê a possibilidade de superação dos precedentes judiciais vinculantes que, portanto, não possuem caráter absoluto.

Em primeiro lugar, é importante registrar que a superação do precedente vinculante não significa dizer que a decisão anterior, transitada em julgado, será revogada, mas apenas que a respectiva *ratio decidendi* não conterá mais a eficácia vinculante e deixará de ser observada em casos futuros.

Em segundo lugar, o procedimento para a superação, total ou parcial, do precedente envolve a realização de audiências públicas e da participação de pessoas, órgãos ou entidades que possam contribuir para a rediscussão da tese (art. 927, § 2º, do CPC).[35]

Em terceiro lugar, o art. 927, § 3º, do CPC, estabeleceu a possibilidade de modulação de efeitos na superação do precedente (*prospective overruling*).

No Brasil, a regra é a produção de efeitos retroativos nas decisões judiciais, mas admite-se a modulação dos efeitos, inclusive com a fixação do momento a partir do qual o novo precedente será aplicado.

A possibilidade de modulação de efeitos foi reconhecida expressamente no âmbito do controle concentrado de constitucionalidade (art. 27 da Lei 9.868/1999, que dispõe sobre o processo e julgamento da ADI e da ADC perante o STF, e art. 11 da Lei 9.882/1999, que dispõe sobre o processo e julgamento da ADPF).

Apesar do silêncio da legislação, a prerrogativa de modulação dos efeitos também tem sido reconhecida no controle difuso de constitucionalidade[36] e, conforme sustentamos em outra oportunidade, também no controle de legalidade/constitucionalidade exercido nos processos administrativos, especialmente com fundamento nos princípios da segurança jurídica, da proteção da confiança legítima e da boa-fé.[37]

---

[35] Enunciado 321 do Fórum Permanente de Processualistas Civis (FPPC) sobre o art. 927, § 4º, do CPC: "A modificação do entendimento sedimentado poderá ser realizada nos termos da Lei nº 11.417, de 19 de dezembro de 2006, quando se tratar de enunciado de súmula vinculante; do regimento interno dos tribunais, quando se tratar de enunciado de súmula ou jurisprudência dominante; e, incidentalmente, no julgamento de recurso, na remessa necessária ou causa de competência originária do tribunal".

[36] BARROSO, Luís Roberto. *O controle de constitucionalidade no direito brasileiro*. 4. ed. São Paulo: Saraiva, 2009. p. 127; PINHO, Humberto Dalla Bernardina de. Judicial rulings with prospective effect in Brazilian Law. In: STEINER, Eva. *Comparing the Prospective Effect of Judicial Rulings Across Jurisdictions*. Berna: Springer, 2015. p. 298-299.

[37] OLIVEIRA, Rafael Carvalho Rezende. *Princípios do direito administrativo*. 2. ed. São Paulo: Método, 2013. p. 58.

Em quarto lugar, a técnica da *overruling* exige fundamentação adequada e específica, com a demonstração das razões que justificaram a superação do precedente, em razão dos princípios da segurança jurídica, da proteção da confiança e da isonomia (art. 927, § 4º, do CPC).

As razões que podem justificar a superação do precedente são as modificações legislativas e as alterações na realidade econômica, política ou social.[38]

Registre-se, contudo, que a alteração promovida no art. 1.030, do CPC/2015, pela Lei 13.256/2016, pode representar obstáculo para superação ou modificação de precedentes pelos tribunais superiores. Na redação originária do referido artigo, o juízo de admissibilidade dos recursos constitucionais (extraordinário e especial) seria tarefa dos próprios tribunais superiores (STF e STJ).

Ocorre que a nova redação do dispositivo restaurou a lógica que vigorava no CPC de 1973 e estabeleceu que a admissibilidade dos recursos constitucionais será realizada pelo tribunal *a quo*, inexistindo previsão, em determinados casos, de recurso para o STF e STJ contra eventual decisão de inadmissibilidade, o que pode inviabilizar a superação ou modificação dos precedentes pelos próprios tribunais superiores.[39]

---

[38] Enunciado 322 do Fórum Permanente de Processualistas Civis (FPPC) sobre o art. 927, § 4º, do CPC: "A modificação de precedente vinculante poderá fundar-se, entre outros motivos, na revogação ou modificação da lei em que ele se baseou, ou em alteração econômica, política, cultural ou social referente à matéria decidida". Enunciado 324 do Fórum Permanente de Processualistas Civis (FPPC) sobre o art. 927 do CPC: "Lei nova, incompatível com o precedente judicial, é fato que acarreta a não aplicação do precedente por qualquer juiz ou tribunal, ressalvado o reconhecimento de sua inconstitucionalidade, a realização de interpretação conforme ou a pronúncia de nulidade sem redução de texto".

[39] Ao tratar dos recursos extraordinário e especial, o art. 1.030 do CPC/2015, alterado pela Lei 13.256/2016, dispõe: "Art. 1.030. Recebida a petição do recurso pela secretaria do tribunal, o recorrido será intimado para apresentar contrarrazões no prazo de 15 (quinze) dias, findo o qual os autos serão conclusos ao presidente ou ao vice-presidente do tribunal recorrido, que deverá: I – negar seguimento: a) a recurso extraordinário que discuta questão constitucional à qual o Supremo Tribunal Federal não tenha reconhecido a existência de repercussão geral ou a recurso extraordinário interposto contra acórdão que esteja em conformidade com entendimento do Supremo Tribunal Federal exarado no regime de repercussão geral; b) a recurso extraordinário ou a recurso especial interposto contra acórdão que esteja em conformidade com entendimento do Supremo Tribunal Federal ou do Superior Tribunal de Justiça, respectivamente, exarado no regime de julgamento de recursos repetitivos; II – encaminhar o processo ao órgão julgador para realização do juízo de retratação, se o acórdão recorrido divergir do entendimento do Supremo Tribunal Federal ou do Superior Tribunal de Justiça exarado, conforme o caso, nos regimes de repercussão geral ou de recursos repetitivos; III – sobrestar o recurso que versar sobre controvérsia de caráter repetitivo ainda não decidida

Em relação à superação de precedentes no âmbito da Suprema Corte, mencione-se, exemplificativamente, o julgamento do MS 25.092/DF[40] que revogou a tese anteriormente consagrada nos julgamentos do MS 23.627/DF e MS 23.875/DF.[41]

Nos casos anteriores (MS 23.627/DF e MS 23.875/DF), a Suprema Corte definiu que os Tribunais de Contas não poderiam fiscalizar as empresas estatais em relação às atividades tipicamente privadas, uma vez que o art. 71, II, da CRFB restringe a competência das Cortes de Contas para fiscalização dos "administradores e demais responsáveis por dinheiros, bens e valores públicos da administração direta e indireta".

O entendimento foi superado, posteriormente, no julgamento do MS 25.092/DF quando o STF decidiu que as empresas estatais estariam sujeitas ao controle dos Tribunais de Contas, uma vez que são entidades integrantes da Administração Pública Indireta e, portanto, englobadas pelo art. 71, II, da CRFB.

4.8. DIVULGAÇÃO DOS PRECEDENTES

A adequada aplicação da teoria dos precedentes pressupõe o conhecimento, por parte dos aplicadores do direito, da existência dos próprios precedentes vinculantes.

Por essa razão, os tribunais devem providenciar a publicidade de seus precedentes, organizando-os por questão jurídica decidida e divulgando-os, preferencialmente, na rede mundial de computadores, na forma do art. 927, § 5º, do CPC.[42]

---

pelo Supremo Tribunal Federal ou pelo Superior Tribunal de Justiça, conforme se trate de matéria constitucional ou infraconstitucional; IV – selecionar o recurso como representativo de controvérsia constitucional ou infraconstitucional, nos termos do § 6º do art. 1.036; V – realizar o juízo de admissibilidade e, se positivo, remeter o feito ao Supremo Tribunal Federal ou ao Superior Tribunal de Justiça, desde que: a) o recurso ainda não tenha sido submetido ao regime de repercussão geral ou de julgamento de recursos repetitivos; b) o recurso tenha sido selecionado como representativo da controvérsia; ou c) o tribunal recorrido tenha refutado o juízo de retratação. § 1º Da decisão de inadmissibilidade proferida com fundamento no inciso V caberá agravo ao tribunal superior, nos termos do art. 1.042. § 2º Da decisão proferida com fundamento nos incisos I e III caberá agravo interno, nos termos do art. 1.021". Sobre a visão crítica da nova redação conferida ao art. 1.030 do CPC/2015, vide: THEODORO JÚNIOR, Humberto; NUNES, Dierle; BAHIA, Alexandre Melo Franco; PEDRON, Flávio Quinaud. *Novo CPC – fundamentos e sistematização*. 3. ed. Rio de Janeiro: Forense, 2016. p. 385-387.

[40] STF, MS 25.092/DF, Rel. Min. Carlos Velloso, Tribunal Pleno, *DJ* 17.03.2006, p. 06.

[41] STF, MS 23.627/DF, Rel. p/ acórdão Min. Nelson Jobim, Tribunal Pleno, *DJ* 16.06.2006, p. 6; MS 23.875/DF, Rel. p/ acórdão Min. Nelson Jobim, Tribunal Pleno, *DJ* 30.04.2004, p. 34.

[42] "Art. 927. (...) § 5º Os tribunais darão publicidade a seus precedentes, organizando-os por questão jurídica decidida e divulgando-os, preferencialmente, na rede mundial de computadores."

4.9. DISTINÇÕES ENTRE AS TEORIAS DOS PRECEDENTES NO BRASIL E NOS PAÍSES DO *COMMON LAW*

É possível perceber a maior relevância dos precedentes judiciais no Brasil a partir da entrada em vigor do CPC de 2015.

Contudo, não se trata da adoção automática da teoria da *stare decisis* típica dos países do *common law*. Em verdade, a teoria dos precedentes adotada pelo ordenamento processual brasileiro apresenta peculiaridades relevantes, tais como:

a) enquanto a teoria dos precedentes vinculantes nos países do *common law* foi criação exclusiva dos próprios tribunais a partir da tradição; no Brasil a referida teoria foi instituída, com adaptações, pelo legislador e pela jurisprudência dos tribunais superiores;

b) no *common law*, qualquer decisão proferida pelos tribunais superiores pode ser considerada precedente judicial vinculante; no Brasil, a legislação limita essa possibilidade ao elencar as decisões judiciais que serão consideradas vinculantes para os julgamentos futuros;

c) na tradição do *common law*, a caracterização de determinada decisão judicial como precedente vinculante é tarefa realizada pelos juízes responsáveis pelo julgamento do caso posterior. Vale dizer: a decisão judicial não nasce como precedente vinculante, mas é assim qualificada a partir da interpretação levada a efeito em casos futuros. No Brasil, os precedentes vinculantes são as decisões judiciais proferidas com esse caráter. Ao decidir, o tribunal já sabe de antemão que a decisão será dotada de caráter vinculante para decisões futuras.

A incorporação da teoria dos precedentes, com as respectivas adaptações, pelo ordenamento jurídico pátrio acarreta inúmeros desafios aos magistrados, aos advogados e aos demais operadores do direito que devem se adaptar à nova realidade para o manejo adequado dos precedentes vinculantes.

O Brasil iniciou o debate sobre a incorporação da teoria de precedentes adaptada à sua realidade, de forma a garantir racionalidade e previsibilidade à atuação jurisdicional e administrativa.

Isso porque não se pode simplesmente importar o modelo de precedentes dos países do *common law*, ainda que a referida tradição esteja se aproximando do *civil law* e vice-versa, em razão das peculiaridades do sistema jurídico brasileiro e das questões pragmáticas enfrentadas na prestação da justiça.

O excessivo número de ações e recursos, inclusive no Supremo Tribunal Federal, revela um obstáculo importante para o sucesso dos precedentes, uma vez que, em casos extremos, os Tribunais não conhecem os próprios precedentes ou deixam de aplicá-los, por vezes, sem a correspondente justificativa.

Em grande medida, a previsibilidade na prestação da justiça depende de outras reformas que diminuam a litigiosidade, permitindo que os tribunais possam prestar a jurisdição com maior qualidade. Mencione-se, por exemplo, a intensificação dos métodos alternativos de solução de litígios e a necessidade de redefinição das competências do STF, com a diminuição de suas competências originárias, para que a Suprema Corte se concentre no papel de guardião da Constituição, especialmente para o julgamento das grandes questões constitucionais, deixando de atuar, ordinariamente, como tribunal de terceira instância.

Nesse contexto, a própria evolução da teoria dos precedentes administrativos, que será estudada adiante, contribui para a diminuição da litigiosidade, desafogando os tribunais, uma vez que garante coerência na ação administrativa, o que desestimula o excessivo número de ações por eventuais contradições administrativas.

Capítulo 5

A TEORIA DOS PRECEDENTES ADMINISTRATIVOS

5.1. CONCEITO

O precedente administrativo pode ser conceituado como a norma jurídica retirada de decisão administrativa anterior, válida e de acordo com o interesse público, que, após decidir determinado caso concreto, deve ser observada em casos futuros e semelhantes pela Administração Pública.[1]

O precedente administrativo pode surgir da prática reiterada e uniforme de atos administrativos em situações similares.

Todavia, é oportuno esclarecer que a reiteração de decisões em casos semelhantes não é uma condição necessária para a criação do precedente, ainda que esse fator contribua para maior estabilidade do ordenamento e confiança dos

---

[1] Sobre o tema, vide: OLIVEIRA, Rafael Carvalho Rezende. Dever de coerência na Administração Pública: precedentes administrativos, praxe administrativa, costumes, teoria dos atos próprios e analogia. In: WALD, Arnoldo; JUSTEN FILHO, Marçal; PEREIRA, Cesar. (Org.). *O direito administrativo na atualidade* – estudos em homenagem a Hely Lopes Meirelles. São Paulo: Malheiros, 2017. p. 955-973. De acordo com Luis Mª. Díez-Picazo: "El precedente administrativo es, por tanto, aquella actuación pasada de la Administración que, de algún modo, condiciona sus actuaciones presentes exigiéndoles un contenido similar para casos similares". DÍEZ-PICAZO, Luis Mª. La doctrina del precedente administrativo. *Revista de Administración Pública* (RAP), Madrid, n. 98, mayo-agosto 1982, p. 7. José Ortiz Díaz, por sua vez, apresenta a seguinte definição de precedente administrativo: "la norma de derecho objetivo inducida de dos decisiones al menos de la administración activa, en el ejercicio de sus facultades discrecionales, vinculante para el administrador ante supuestos idénticos, excepto los casos en que razones de oportunidad y conveniencia derivadas de la valoración del interés público exigen trato de desigualdad de los administrados ante la Administración." ORTIZ DÍAZ, José. El precedente administrativo. *Revista de Administración Pública* (RAP), n. 24, Madrid, sep./dic. 1957, p. 102.

administrados. Em verdade, uma única decisão administrativa pode ser considerada precedente administrativo a ser seguido em casos semelhantes, em razão do princípio da igualdade e de outros princípios que serão indicados no tópico seguinte.[2]

A partir do conceito sugerido, é possível retirar algumas características básicas dos precedentes administrativos, a saber:

a) os precedentes administrativos são normas jurídicas com caráter vinculante ou obrigatório, o que demonstra que são fontes do Direito Administrativo, cujo descumprimento acarreta consequências jurídicas;

b) os precedentes administrativos pressupõem decisão administrativa concreta, válida e de acordo com o interesse público, razão pela qual se exclui da sua conceituação, em princípio, os atos regulamentares (ou normativos) e as decisões ilegais;

c) a força vinculante dos precedentes administrativos se aplica aos casos futuros, que serão decididos pela Administração Pública, o que pressupõe identidade objetiva (situações fático-jurídicas semelhantes) e subjetiva (decisões provenientes da mesma entidade administrativa) entre os casos.

A exigência de coerência no exercício da atividade estatal, que justifica a necessidade de respeito aos precedentes, aplica-se aos processos jurisdicional, legislativo e administrativo.

É possível, portanto, aplicar, com as devidas adaptações, as ideias subjacentes à teoria dos precedentes judiciais aos processos administrativos, cujas decisões seriam qualificadas como precedentes administrativos que devem ser observados em processos administrativos futuros e semelhantes, garantindo-se, dessa forma, tratamento isonômico entre particulares e a proteção da boa-fé e da confiança legítima.[3]

---

[2] De forma semelhante, José Ortiz Díaz afirma: "Supone, como queda dicho, una aplicación concreta del principio de igualdad ante la Administración, de donde se deduce que **bastaría un solo precedente, para que pueda invocarse la autoridad del mismo**, ya que la aiplicación de la igualdad no depende de un criterio cuantitativo, sino, por el contrario, cualitativo" (grifo nosso). ORTIZ DÍAZ, José. El precedente administrativo. *Revista de Administración Pública* (RAP), n. 24, Madrid, sep./dic. 1957, p. 103. No mesmo sentido: SANTOFIMIO GAMBOA, Jaime Orlando. La fuerza de los precedentes administrativos en el sistema jurídico del derecho positivo colombiano. *Revista de Derecho de la Universidad de Motevideo*, vol. 10, n. 20, 2011, p. 152.

[3] De acordo com Pedro Moniz Lopes: "Fazendo um claro apelo aos congêneres precedentes judiciais e ao princípio geral do *stare decisis*, o precedente administrativo surge como o maior símbolo da padronização decisória formadora, per se, de uma normatividade própria ou, sendo caso disso, através da criação do substrato factual necessário para suscitar a previsão

Ainda que os processos judicial e administrativo possuam peculiaridades, o que justifica cautela na transposição de institutos, certo é que, em qualquer atuação estatal, impõe-se o dever de coerência no tratamento dos particulares.

O estudo da teoria dos precedentes administrativos tem sido intensificado nos países que adotam o sistema de dualidade de jurisdição, especialmente pelo fato de que o contencioso administrativo segue uma lógica semelhante ao processo judicial. O órgão responsável pela jurisdição administrativa, que não integra a estrutura do Judiciário, possui elevada autonomia em relação à Administração Pública, que é parte no conflito de interesses. Vale dizer: tal como ocorre no processo judicial, no contencioso administrativo existe um juiz (administrativo) que não é parte interessada no processo.[4]

Em consequência, nesses países, os processos submetidos ao contencioso administrativo e à jurisdição comum ou ordinária são semelhantes, o que justifica, em grande medida, a aplicação dos mesmos princípios e da mesma lógica, inclusive da teoria dos precedentes.

Por outro lado, nos países que adotam o sistema de unidade de jurisdição, com a consagração do princípio da inafastabilidade de controle jurisdicional, tal como ocorre no Brasil (art. 5º, XXXV, da CRFB), as diferenças entre os processos administrativos e os judiciais são marcantes, mas esse fator não impede a adoção da teoria dos precedentes administrativos com as necessárias adaptações.

A possibilidade de instauração de processos administrativos de ofício, a atribuição da tarefa de julgar o conflito à Administração Pública, que é parte do processo, e a possibilidade de revisão da decisão administrativa final pelo Judiciário são algumas características dos processos administrativos que não são encontradas nos processos judiciais.

Talvez por essa razão, sem desconsiderar outros possíveis fatores, o legislador e os operadores do direito em geral tenham demorado a reconhecer a importância do processo administrativo para a promoção e a defesa dos direitos fundamentais.

---

da norma da tutela da confiança". LOPES, Pedro Moniz. *Princípio da boa-fé e decisão administrativa*. Coimbra: Almedina, 2011. p. 328.

4   Na França, por exemplo, a dualidade de jurisdição é representada pelo Conselho de Estado (*Conseil d'Etat*) e pela Corte de Cassação (*Cour de Cassation*), responsáveis, respectivamente, pela jurisdição administrativa e pela jurisdição comum. Os conflitos de competência entre as duas Cortes são resolvidos pelo Tribunal de Conflitos. Registre-se, ainda, que o Conselho de Estado francês exerce a função consultiva, com a expedição de recomendações (*avis*), e a função contenciosa por meio de decisões (*arrêts*) sobre conflitos envolvendo a juridicidade das atividades administrativas.

Em âmbito federal, apenas na década de 90 foi elaborada a Lei de Processo Administrativo (Lei 9.784/1999), com o objetivo de limitar e condicionar os poderes das autoridades administrativas e proteger os indivíduos contra eventuais arbitrariedades.[5] Da mesma forma, outros entes federados promulgaram suas respectivas leis sobre o processo administrativo.[6]

A processualização da atividade administrativa é uma tendência do Direito Administrativo pátrio, especialmente pelos seguintes fundamentos: a) legitimidade: permite maior participação do administrado na elaboração das decisões administrativas, reforçando, com isso, a legitimidade da atuação estatal; b) garantia: confere maior garantia aos administrados, especialmente nos processos punitivos, com o exercício da ampla defesa e do contraditório; c) eficiência: formulação de melhores decisões administrativas a partir da manifestação de pessoas diversas (agentes públicos e administrados).[7]

A crescente importância do direito processual administrativo no Brasil justifica a aplicação, com as devidas adaptações, de normas típicas do processo judicial aos processos administrativos, com o objetivo de garantir a aplicação dos princípios e dos direitos fundamentais aos indivíduos em geral (jurisdicionados ou administrados).

As diferenças entre os processos judicial e administrativo exigem, evidentemente, adaptações da teoria dos precedentes, oriunda do sistema do *common law*, à função administrativa exercida por entidades da Administração Pública, especialmente em países que adotam o sistema da unidade de jurisdição, assim como ocorre no Brasil.

---

[5] De acordo com Carlos Ari Sundfeld, a lei geral de processo administrativo não regula apenas os processos administrativos em sentido estrito, mas toda a atividade decisória da Administração, abrindo caminho para a construção do direito processual administrativo brasileiro. SUNDFELD, Carlos Ari. Processo e procedimento administrativo no Brasil. *As Leis de Processo Administrativo (Lei Federal 9.784/99 e Lei Paulista 10.177/98)*. São Paulo: Malheiros, 2006. p. 19 e 33.

[6] Mencionem-se, exemplificativamente, as seguintes leis estaduais: Sergipe (LC 33/1996), São Paulo (Lei 10.177/1998), Pernambuco (Lei 11.781/2000), Goiás (Lei 13.800/2001), Minas Gerais (Lei 14.184/2002), Rio de Janeiro (Lei 5.427/2009) etc. Da mesma forma, alguns Municípios promulgaram suas respectivas leis: São Paulo (Lei 14.141/2006), Natal (Lei 5.872/2008), Porto Alegre (LC 790/2016) etc.

[7] MEDAUAR, Odete. *A processualidade no direito administrativo*. 2. ed. São Paulo: RT, 2008. p. 65-74; OLIVEIRA, Rafael Carvalho Rezende. *Curso de direito administrativo*. 5. ed. Rio de Janeiro: Método, 2017. p. 346.

Em razão disso, não se pode admitir a aplicação automática da teoria anglo-saxônica dos precedentes judiciais ou da teoria dos precedentes administrativos, elaborada em países que adotam o sistema do contencioso administrativo, ao ordenamento jurídico brasileiro.

Nesse contexto, surge a necessidade de investigar a teoria dos precedentes administrativos à brasileira, compatível com as características da Administração Pública e do ordenamento jurídico pátrio.

O estudo da teoria dos precedentes administrativos no Brasil possui relevância no atual estágio de evolução do direito.

Em primeiro lugar, a partir da ideia de que a juridicidade da ação administrativa não depende apenas do respeito ao princípio da legalidade, mas, também, dos demais princípios constitucionais, expressos e implícitos, verifica-se que a ação estatal deve ser pautada, por exemplo, pela efetividade da segurança jurídica, da boa-fé, da proteção da confiança legítima, da igualdade, entre outros princípios, demonstrando a necessidade de coerência na atuação da Administração, o que pode ser garantido a partir do respeito aos próprios precedentes.[8]

Em segundo lugar, a inflação legislativa, a textura aberta dos princípios jurídicos, a crescente utilização de conceitos legais abertos ("indeterminados") e a baixa densidade normativa de determinadas leis demonstram a crescente importância da atividade administrativa na interpretação do ordenamento jurídico e na definição dos direitos e deveres dos administrados.

Nesse contexto, as ponderações e as interpretações empreendidas pela Administração Pública em casos semelhantes não podem ser contraditórias entre si, sob pena de violação aos primados do Estado Democrático de Direito.

---

[8] "La doctrina del precedente como técnica de control de la discrecionalidad de la Administración. Creo que utilizar la expresión doctrina del precedente administrativo tiene algún sentido. Por un lado, es posible ofrecer una explicación ordenada del precedente administrativo como institución. Por otro, y lo que es más importante, dicha explicación revela que se trata de una técnica jurídica que cumple determinados fines. La doctrina del precedente administrativo constituye una técnica de control de la discrecionalidad (incluso interpretativa) que existe en casi todas las potestades de la Administración. Esta, al hacer uso de esas potestades que el ordenamiento le confiere, se autolimita en un determinado sentido, porque los principios de igualdad, seguridad jurídica y buena fe, a los que está sujeta, le exigen que mantenga cierta uniformidad en sus criterios y actuaciones. La doctrina del precedente es, por ello, un intrumento técnico al servicio de los mencionados principios generales del Derecho. Es un medio para detectar si la Administración ha violado estos principios, así como para determinar cuándo puede apartarse de ellos legítimamente." DÍEZ-PICAZO, Luis Mª. La doctrina del precedente administrativo. *Revista de Administración Pública* (RAP), Madrid, n. 98, mayo-agosto 1982, p. 43.

O estudo dos precedentes administrativos tem se intensificado nos últimos anos nos países ibero-americanos, tais como Espanha,[9] Argentina,[10] Uruguai,[11] Colômbia,[12] Peru,[13] Bolívia,[14] Nicarágua,[15] Guatemala,[16] Venezuela,[17] entre outros.

---

[9] DÍEZ SASTRE, Silvia. *El precedente administrativo*: fundamentos y eficácia vinculante, Madrid: Marcial Pons, 2008; ORTIZ DÍAZ, José. El precedente administrativo. *Revista de Administración Pública*, Madrid, Centro de Estudios Constitucionales, n. 24, p. 75-116, sep./dic. 1957; DÍEZ-PICAZO, Luis. La doctrina del precedente administrativo. *Revista de Administración Pública*, Madrid: Centro de Estudios Constitucionales, n. 98, p. 7-46, maio/ago. 1982.

[10] MAIRAL, Héctor A. *La doctrina de los actos propios y la Administración Pública*, Buenos Aires: Depalma, 1994; COMADIRA, Guillermo L. Los precedentes administrativos. In: AAVV. *Cuestiones de acto administrativo, reglamento y otras fuentes de Derecho Administrativo*, Buenos Aires: RAP, 2009. p. 321-434; IVANEGA, Miriam M. Los precedentes administrativos en el Derecho argentino. In: RODRÍGUEZ-ARANA MUÑOZ, Jaime; SENDÍN GARCÍA, Miguel Ángel; PÉREZ HUALDE, Alejandro et al. (Coords.). *Fuentes del Derecho Administrativo*: tratados internacionales, contratos como regla de derecho, jurisprudência, doctrina y precedente administrativo, Buenos Aires: RAP, 2010. p. 67-80.

[11] DURÁN MARTÍNEZ, Augusto. El precedente administrativo. In: RODRÍGUEZ-ARANA MUÑOZ, Jaime; SENDÍN GARCÍA, Miguel Ángel; PÉREZ HUALDE, Alejandro et al. (Coords.). *Fuentes del Derecho Administrativo*: tratados internacionales, contratos como regla de derecho, jurisprudência, doctrina y precedente administrativo, Buenos Aires: RAP, 2010. p. 679-698.

[12] LONDOÑO BEDOYA, Jesús David. El precedente administrativo en el ordenamiento jurídico colombiano. In: *Revista Summa Iuris*, vol. 2, No. 2, Medellín, p. 195-216, julio-diciembre, 2014; SANTOFIMIO GAMBOA, Jaime Orlando. *La fuerza de los precedentes administrativos en el sistema jurídico del derecho positivo colombiano*. In: Revista de Derecho de la Universidad de Motevideo, vol. 10, nº 20, 2011, p. 127-154.

[13] BACA ONETO, Víctor S. ¿Són el precedente y la doctrina fuentes del Derecho Administrativo? In: RODRÍGUEZ-ARANA MUÑOZ, Jaime; SENDÍN GARCÍA, Miguel Ángel; PÉREZ HUALDE, Alejandro et al. (Coords.). *Fuentes del Derecho Administrativo*: tratados internacionales, contratos como regla de derecho, jurisprudência, doctrina y precedente administrativo, Buenos Aires: RAP, 2010, p. 639-652; CAIRAMPOMA ARROYO, Alberto. La regulación de los precedentes administrativos en el ordenamiento jurídico peruano. In: *Derecho PUCP*, n. 73, 2014, p. 483/504.

[14] SERRATE PAZ, José M. Diversas fuentes del Derecho Administrativo. In: RODRÍGUEZ-ARANA MUÑOZ, Jaime; SENDÍN GARCÍA, Miguel Ángel; PÉREZ HUALDE, Alejandro et al. (Coords.). *Fuentes del Derecho Administrativo*: tratados internacionales, contratos como regla de derecho, jurisprudência, doctrina y precedente administrativo, Buenos Aires: RAP, 2010. p. 99-119.

[15] SENDÍN GARCÍA, Miguel Ángel; NAVARRO MEDAL, Karlos. Las otras fuentes del ordenamiento jurídico administrativo nicaragüense: tratados internacionales, jurisprudencia, precedente administrativo y doctrina. In: RODRÍGUEZ-ARANA MUÑOZ, Jaime; SENDÍN GARCÍA, Miguel Ángel et al. (Coords.). *Fuentes del Derecho Administrativo*: tratados

Não obstante a relevância do tema no direito comparado, no Brasil, salvo raras exceções, o estudo dos precedentes administrativos ainda é embrionário, o que justifica a elaboração da presente obra, que pretende apontar, em seguida, os traços característicos da teoria e a necessidade de sua adoção no âmbito da Administração Pública brasileira.[18]

5.2. AUTOVINCULAÇÃO E OS PRECEDENTES ADMINISTRATIVOS

No contexto do Estado Democrático de Direito, a Administração Pública está subordinada não apenas às leis, mas também aos princípios jurídicos, naquilo que se convencionou denominar de princípio da juridicidade.[19]

---

internacionales, contratos como regla de derecho, jurisprudência, doctrina y precedente administrativo, Buenos Aires: RAP, 2010. p. 559-575.

[16] CALDERÓN MORALES, Hugo H. Fuentes del derecho administrativo: los tratados, los contratos, la jurisprudencia, incidencia de la doctrina, los precedentes, los decretos de emergencia y los decretos leyes de facto. In: RODRÍGUEZ-ARANA MUÑOZ, Jaime; SENDÍN GARCÍA, Miguel Ángel; PÉREZ HUALDE, Alejandro et al. (Coords.). *Fuentes del derecho administrativo*: tratados internacionales, contratos como regla de derecho, jurisprudência, doctrina y precedente administrativo. Buenos Aires: RAP, 2010. p. 479-505.

[17] BREWER-CARÍAS, Allan R. Notas sobre el valor del precedente en el Derecho Administrativo, y los principios de irretroactividad y de la irrevocabilidad de los actos administrativos. In: RODRÍGUEZ-ARANA MUÑOZ, Jaime; SENDÍN GARCÍA, Miguel Ángel; PÉREZ HUALDE, Alejandro et al. (Coords.). *Fuentes del derecho administrativo*: tratados internacionales, contratos como regla de derecho, jurisprudência, doctrina y precedente administrativo, Buenos Aires: RAP, 2010. p. 737-747.

[18] Mencione-se exemplificativamente: CARVALHO, Gustavo Marinho de. *Precedentes administrativos no direito brasileiro*. São Paulo, 2013; MARRARA, Thiago. A boa-fé do administrado e do administrador como fator limitativo da discricionariedade administrativa. *Revista de Direito Administrativo*, Rio de Janeiro, v. 259, p. 207-247, jan./abr. 2012; PIRES, Luís Manuel Fonseca. A estabilidade como atributo do ato administrativo. In: VALIM, Rafael; OLIVEIRA, José Roberto Pimenta; DAL POZZO, Augusto Neves (Coords.). *Tratado sobre o princípio da segurança jurídica no direito administrativo*. Belo Horizonte: Fórum, 2013. p. 295-309; MODESTO, Paulo. Legalidade e autovinculação da Administração Pública: pressupostos conceituais do contrato de autonomia no anteprojeto da nova lei de organização administrativa. In: MODESTO, Paulo (Coord.). *Nova organização administrativa brasileira*. Belo Horizonte: Fórum, 2009. p. 113-169; ARAGÃO, Alexandre Santos de. Teoria das autolimitações administrativas: atos próprios, confiança legítima e contradição entre órgãos administrativos. *Revista Eletrônica de Direito Administrativo Econômico* (REDAE), Salvador: Instituto Brasileiro de Direito Público, n. 14, p. 1-15, maio/jul. 2008. Disponível em: <http://www.direitodoestado.com/revista/REDAE-14--MAIO-2008-ALEXANDRE%20ARA-GAO.pdf>. Acesso em: 18 out. 2013.

[19] Sobre a expressão, vide, por exemplo: OTERO, Paulo. *Legalidade e Administração Pública*: o sentido da vinculação administrativa à juridicidade. Coimbra: Almedina, 2003; ZAGRE-

É possível afirmar, atualmente, que o fundamento do Direito Administrativo é a efetivação dos direitos fundamentais, o que demonstra a impossibilidade de atuações administrativas completamente livres, caprichosas e autoritárias.[20]

De fato, não se pode conceber que a atuação administrativa seja completamente livre, caprichosa e autoritária.

Nesse cenário, a vinculação da Administração Pública relaciona-se não apenas com os atos externos, provenientes de outros Poderes (leis e decisões judiciais), mas, também, com os seus próprios atos administrativos (individuais e normativos) e práticas administrativas.[21]

Por esta razão, quanto à origem, a vinculação administrativa pode ser dividida em duas espécies:

a) heterovinculação (ou vinculação externa): a vinculação decorre de atos externos à Administração Pública (ex.: Constituição, leis e decisões judiciais); e

b) autovinculação (ou vinculação interna): a vinculação decorre dos próprios atos e condutas da Administração (ex.: atos administrativos individuais e normativos, praxe administrativa, promessas administrativas, contratos).[22]

BELSKY, Gustavo. *El derecho dúctil*. Ley, derechos, justicia. Madrid: Trotta, 2003. p. 39-40; MERKL, Adolfo. *Teoría general del derecho administrativo*. Granada: Comares, 2004. p. 206; OLIVEIRA, Rafael Carvalho Rezende. *A constitucionalização do direito administrativo*: o princípio da juridicidade, a releitura da legalidade administrativa e a legitimidade das agências reguladoras. 2. ed. Rio de Janeiro: Lumen Juris, 2010; MOREIRA NETO, Diogo de Figueiredo. *Curso de direito administrativo*. 15. ed. Rio de Janeiro: Forense, 2009. p. 87.

[20] Sobre a importância dos direitos fundamentais para o Direito Administrativo, vide: JUSTEN FILHO, Marçal. *Curso de direito administrativo*. 10. ed. São Paulo: RT, 2014. p. 163; OLIVEIRA, Rafael Carvalho Rezende. *Curso de direito administrativo*. 5. ed. São Paulo: Método, 2017. p. 4.

[21] Nesse sentido, o STJ decidiu: "Administrativo – Licitação – Procuração 'ad judicia' – Exigência para habilitação – Impossibilidade – Tradução indireta – Inexigibilidade. I – Os arts. 27 e 28 da Lei 8.666/1993 não permitem que o Estado condicione a habilitação de licitante, a apresentação de procuração *ad judicia*; II – Não pode o Estado, após vincular-se ao entendimento de que aceita como boa tradução do idioma sueco para a língua inglesa, elaborada por tradutor juramentado no estrangeiro, recusar versão daquele idioma para nosso vernaculo, feita por pessoa juramentada em idênticas condições. Tanto mais, quando a recusa implica reduzir-se o número de licitantes e a possibilidade de escolher-se o melhor negócio para a Administração (Lei 8.666/1993, art. 3. e Lei 4.717/1965, art. 2.)" (STJ, MS 5.281/DF, Rel. p/ acórdão Min. Humberto Gomes de Barros, Primeira Seção, *DJ* 09.03.1998, p. 3).

[22] Segundo Alexandre Aragão: "A teoria das autolimitações administrativas constitui, na verdade, um conjunto de instrumentos diversos, mas complementares, que visam a assegurar a razoabilidade, a coerência e a isonomia no tratamento conferido pela Administração

Após destacar a superação da visão positivista do Direito e da concepção de que o Estado e o legislador teriam o monopólio de criação do Direito, Paulo Otero diferencia as fontes heterovinculativas e autovinculativas.

As fontes *heterovinculativas* seriam aquelas que emergem de fora da Administração Pública, produzindo uma normatividade cuja vinculação é indisponível pelos órgãos encarregados do exercício da função administrativa.

Por sua vez, as fontes *autovinculativas* são aquelas produzidas pela própria Administração Pública, uma vez que a ordem jurídica reconhece aos próprios órgãos administrativos a susceptibilidade de emanarem normas reguladoras de sua atividade ou de terceiros (integrados ou não na estrutura administrativa).[23]

No Brasil, a concepção de heterovinculação administrativa possui ampla aceitação, notadamente pela consagração dos princípios constitucionais da legalidade e da separação de poderes (ou funções), com a previsão de freios e contrapesos (*checks and balances*).

Não é novidade a afirmação de que a atuação administrativa encontra-se submetida à lei, razão pela qual qualquer atividade administrativa ilegal deve ser, em regra, objeto de invalidação. É verdade, contudo, que a concepção de legalidade oitocentista, típica do Estado Liberal pós-revolucionário, tem sofrido mutações nos últimos anos para adequar-se à nova realidade imposta pelo neoconstitucionalismo e pelo Pós-positivismo.[24]

Dessa forma, ao lado da autotutela administrativa, a atuação administrativa submete-se ao controle de legalidade (juridicidade) exercido pelo Poder Judiciário (art. 5º, XXXV, da CRFB) e pelo Poder Legislativo (art. 49, V, da CRFB), inclusive com o auxílio dos Tribunais de Contas (art. 70 da CRFB).

Pública aos cidadãos, em uma expressão do Estado Democrático de Direito e do devido processo legal substancial, que vedam as iniquidades estatais." ARAGÃO, Alexandre Santos de. Teoria das autolimitações administrativas: atos próprios, confiança legítima e contradição entre órgãos administrativos. *Revista Eletrônica de Direito Administrativo Econômico*, Salvador: IBDP, n. 14, p. 2, maio-jul. 2008. Disponível em: <http://www.direitodoestado.com/revista/REDAE-14-MAIO-2008-ALEXANDRE%20ARAGAO.pdf>. Acesso em: 18 out. 2013.

[23] OTERO, Paulo. *Legalidade e administração pública*: o sentido da vinculação administrativa à juridicidade. Coimbra: Almedina, 2003. p. 381-382.

[24] Em razão dos limites do presente trabalho, não é possível aprofundar os termos "neoconstitucionalismo" e "pós-positivismo", razão pela qual remetemos o leitor para outra obra: OLIVEIRA, Rafael Carvalho Rezende. *A constitucionalização do direito administrativo*: o princípio da juridicidade, a releitura da legalidade administrativa e a legitimidade das agências reguladoras. 2. ed. Rio de Janeiro: Lumen Juris, 2010.

Por outro lado, o estudo da autovinculação administrativa não recebeu no Brasil, com honrosas exceções, a necessária atenção da doutrina e da jurisprudência.

É preciso, portanto, desenvolver esse tópico, uma vez que a ideia de que as pessoas não podem atuar de forma contraditória e incoerente deve ser aplicada não apenas ao setor privado, mas, também, ao setor público.

Não é razoável conceber que a Administração Pública exerça suas atividades de forma aleatória e irracional, o que acarretaria insegurança jurídica e colocaria em risco a efetividade dos direitos fundamentais. A previsibilidade gerada pela atuação administrativa coerente é uma exigência do Estado Democrático de Direito, bem como dos princípios da segurança jurídica, da razoabilidade e da isonomia.

Com efeito, à luz da sobredita classificação, os precedentes administrativos podem ser inseridos na teoria das autolimitações ou autovinculações administrativas. Isso porque em razão dos princípios da segurança jurídica, da razoabilidade e da isonomia, não há dúvida de que, no Estado Democrático de Direito, a atuação administrativa deve ser coerente e não contraditória.

A ideia da autovinculação administrativa (*Selbstbindung*) surge na Alemanha no século XIX, inicialmente atrelada ao princípio da igualdade no âmbito da aplicação administrativa da lei, com o objetivo de evitar o cometimento de arbitrariedades no exercício da discricionariedade administrativa.[25]

Posteriormente, a ideia de autovinculação administrativa foi conectada também com o princípio da proteção da proteção da confiança legítima, protegendo os cidadãos contra caprichos e arbitrariedades do Poder Público, notadamente no campo das promessas estatais descumpridas ou da revogação arbitrária de atos administrativos.

A autovinculação administrativa não acarreta benefícios apenas para os particulares, mas, também, para a própria Administração Pública que, ao atuar de forma coerente e não contraditória, aufere das seguintes vantagens: a celeridade da resposta às demandas repetitivas; a redução da litigiosidade; a diminuição das incertezas, dos riscos e dos custos das relações jurídico-administrativas; e a

---

[25] Hartmut Maurer, ao tratar da autovinculação administrativa no Direito Alemão, afirma que a Administração infringe o princípio da igualdade quando se desvirtua de sua prática administrativa sem fundamento jurídico justificador. MAURER, Hartmut. *Direito administrativo geral*. Barueri: Manole, 2006. p. 706. Atualmente, a autovinculação é reconhecida, com algumas peculiaridades em relação à concepção alemã, no âmbito da União Europeia. DÍEZ SASTRE, Silvia. *El precedente administrativo*: fundamentos y eficácia vinculante. Madrid: Marcial Pons, 2008. p. 176-181 e 210-220.

maior aceitação dos particulares às suas decisões e, por consequência, o reforço da legitimidade de sua atuação.[26]

Registre-se, ainda, que a autovinculação administrativa pode decorrer de atividades ou condutas administrativas diversas, tais como os atos administrativos normativos, os atos internos, as práticas administrativas continuadas, os atos individuais, as promessas administrativas etc.

Em razão das diversas possibilidades de autovinculação, a doutrina tem apresentado classificações distintas para a autovinculação administrativa. Silvia Díez Sastre, por exemplo, apresenta três classificações sobre o instituto, a partir dos seguintes critérios, a saber:[27]

1) Classificação quanto à estrutura:

1.a) autovinculação relacional: trata-se da autovinculação que decorre dos atos administrativos normativos e da prática administrativa, exigindo-se tratamento idêntico entre casos semelhantes, em razão do princípio da igualdade; e

1.b) autovinculação não relacional: relaciona-se com os princípios da boa-fé e da proteção da confiança que demanda coerência dentro da mesma relação jurídica, inexistindo, aqui, a necessidade de comparações entre relações jurídico-administrativas envolvendo pessoas diversas.

2) Classificação quanto ao tempo e ao espaço:

2.a) autovinculação horizontal: ocorre a partir de atos administrativos editados em processos e momentos distintos; e

2.b) autovinculação vertical: envolve atos editados dentro do mesmo processo administrativo ou da mesma sequência espacial e temporal.

3) Classificação quanto à evolução do conceito de autovinculação:

3.a) autovinculação em sentido estrito: encontra fundamento no princípio da igualdade, aplicando-se o mesmo tratamento jurídico aos casos semelhantes; e

3.b) autovinculação em sentido amplo: fundamenta-se não apenas no princípio da igualdade, mas, também, nos princípios da boa-fé e da proteção da confiança para proteger as pessoas contra os caprichos e a incoerência do Estado, seja no tratamento isonômico entre pessoas em situações fático-jurídicas semelhantes,

---

[26] De forma semelhante, vide: MODESTO, Paulo. Autovinculação da administração pública. *Revista Eletrônica de Direito do Estado*, Salvador: Instituto Brasileiro de Direito Público, n. 24, out./dez. 2010, p. 7. Disponível em: www.direitodoestado.com.br Acesso em: 12 jan. 2016.

[27] DÍEZ SASTRE, Silvia. *El precedente administrativo:* fundamentos y eficácia vinculante. Madrid: Marcial Pons, 2008. p. 190-191.

seja na proteção da boa-fé e da confiança jurídicas dos administrados em relação às promessas, aos atos e às práticas administrativas.

Outra classificação, apresentada por Paulo Modesto, divide a autovinculação administrativa nos seguintes grupos:[28]

1) autovinculação involuntária (ou não intencional): a Administração encontra-se vinculada aos seus precedentes, ou seja, ao escolher uma decisão entre as possíveis no exercício da competência discricionária, deve-se considerar vinculada à referida decisão em casos análogos, mantendo o seu padrão decisório;

2) autovinculação deliberada (ou intencional): é vedado à Administração atuar contra os seus próprios atos (teoria dos atos próprios). Nesse caso, duas decisões lícitas da mesma Administração Pública não podem ser contraditórias entre si perante determinado particular. Ao contrário da autovinculação involuntária, aqui não é necessária a invocação de casos análogos.

2.a) unilateral: a.1) concreta: a partir da teoria dos atos próprios, é vedado à Administração atuar contra os seus próprios atos, ou seja, duas decisões lícitas da mesma Administração Pública não podem ser contraditórias entre si perante determinado particular; **a.2) abstrata**: os atos administrativos normativos autovinculam o órgão editor até o momento de sua eventual revogação;

2.b) bilateral (ou convencional): a Administração deve respeitar os direitos e as obrigações oriundos de acordos, contratos e outros atos consensuais.

Tradicionalmente, a autovinculação mantém relação intensa com a discricionariedade administrativa, funcionando como uma contenção de eventuais arbítrios por parte dos agentes públicos que exercem escolhas e valorações administrativas a partir da legislação.[29]

Vale dizer: a função principal da autovinculação é limitar a discricionariedade administrativa a partir dos princípios da igualdade, da segurança jurídica, da boa-fé, da proteção da confiança legítima, entre outros princípios. A margem de liberdade reconhecida pelo legislador ao administrador público para eleger o melhor caminho administrativo na satisfação do interesse público não significa um cheque em branco para adoção de medidas desproporcionais, desiguais e contrárias à boa-fé. É necessário garantir que a atuação administrativa seja coerente e não contraditória no Estado Democrático de Direito.

---

[28] MODESTO, Paulo. Autovinculação da Administração Pública. *Revista Eletrônica de Direito do Estado*, Salvador: Instituto Brasileiro de Direito Público, n. 24, out./dez. 2010, p. 7. Disponível em: www.direitodoestado.com.br. Acesso em: 12 jan. 2016.

[29] DÍEZ SASTRE, Silvia. *El precedente administrativo:* fundamentos y eficácia vinculante. Madrid: Marcial Pons, 2008. p. 203-206.

Apesar de sua ligação inicial com a atuação administrativa discricionária, a ideia de autovinculação, posteriormente, foi alargada para abranger, não livre de controvérsias doutrinárias, as atuações vinculadas, as atividades prestacionais e as relações de sujeição especial envolvendo a Administração Pública e os administrados.[30]

Por fim, é oportuno destacar que a autovinculação não significa o engessamento administrativo e deve ser concebida de forma relativa (e não absoluta).

Isso porque a autovinculação envolve, por um lado, a tensão entre a busca de continuidade e de previsibilidade da ação administrativa, e, por outro, a necessidade de inovação e de flexibilidade por parte da Administração para atender às mutações sociais, tecnológicas, políticas, econômicas e culturais.[31]

Nos casos devidamente motivados, a Administração pode alterar a sua interpretação sobre determinadas normas jurídicas, aplicando-se, em regra, a nova orientação aos casos futuros semelhantes, com o objetivo de resguardar a segurança jurídica e a boa-fé dos administrados.

5.3. FUNDAMENTOS

Conforme destacado anteriormente, os precedentes administrativos inserem-se na teoria das autolimitações ou autovinculações administrativas, que pressupõe coerência na atuação estatal.

Em consequência, em processos administrativos ou relações jurídicas semelhantes, ainda que envolvam particulares diversos, a Administração deve aplicar tratamento isonômico e coerente, o que revela a necessidade de aplicar os seus próprios precedentes aos casos futuros análogos.

É possível afirmar que os precedentes e o dever de coerência estatal se fundamentam nos seguintes princípios constitucionais:[32]

---

[30] O tema será aprofundado no item 5.5.
[31] PIELOW, Johann-Cristian. Integración Del ordenamiento jurídico: autovinculaciones de la administración. In: MUÑOZ, Guillermo Andrés; SALOMONI, Jorge Luis. *Problemática de la administración contemporânea:* una comparación europeo-argentina. Buenos Aires: Ad-Hoc, 1997. p. 51.
[32] Segundo Díez-Picazo: "La mayor parte de la doctrina española moderna opina que el fundamento del carácter vinculante del precedente administrativo radica en el principio de igualdad ante la ley. Asimismo, es posible señalar otros fundamentos complementarios del principio de igualdad: la seguridad jurídica, la buena fe, la interdicción de la arbitrariedad." DÍEZ-PICAZO, Luis Ma. La doctrina del precedente administrativo. *Revista de Administración Pública* (RAP), Madrid, n. 98, mayo-agosto 1982, p. 9.

a) princípio da igualdade: casos semelhantes envolvendo particulares diversos devem ser tratados de forma isonômica, sendo vedada a discriminação desproporcional entre pessoas que se encontram em situações fáticas e jurídicas similares;

b) princípios da segurança jurídica, boa-fé e proteção da confiança legítima: a previsibilidade, a lealdade e a coerência da ação administrativa, com a dispensa de tratamento uniforme aos casos semelhantes, garantem segurança jurídica e protegem a boa-fé e as expectativas legítimas dos particulares;

c) princípios da razoabilidade e proporcionalidade: o respeito aos seus próprios precedentes evita a prática de arbitrariedades administrativas;

d) princípio da eficiência: a atuação coerente da Administração tem o potencial de desestimular a litigância administrativa e a judicialização da questão decidida, bem como de agilizar a atividade administrativa.

Além dos argumentos constitucionais, a teoria dos precedentes administrativos encontra respaldo na legislação que trata do processo administrativo. Nesse sentido, em âmbito federal, o art. 2º, parágrafo único, XIII, da Lei 9.784/1999 dispõe que a interpretação da norma administrativa deve ser realizada da forma que melhor garanta o atendimento do fim público a que se dirige, "vedada aplicação retroativa de nova interpretação".

A partir da norma em comento, é possível perceber a preocupação do legislador federal com o respeito às interpretações administrativas que foram implementadas para resolver casos passados, impedindo a retroatividade de novas interpretações, resguardando a autoridade dos precedentes já editados.

É preciso destacar que, a partir da interpretação sistemática do ordenamento jurídico, a vedação da retroatividade da nova interpretação administrativa fundamenta-se na necessidade de proteção da boa-fé e da confiança legítima do administrado, que não pode ser surpreendido com a alteração da interpretação da Administração. Por essa razão, entendemos que nada obsta a retroatividade da nova interpretação administrativa desde que esta seja favorável aos administrados.[33]

A preocupação com a coerência na ação administrativa, evitando mudanças repentinas e sucessivas de interpretação, pode ser encontrada, ainda, no art. 50, VII, da Lei 9.784/1999, que exige a motivação, com indicação dos fatos e fundamentos

---

[33] No mesmo sentido: VALIM, Rafael. *O princípio da segurança jurídica no direito administrativo brasileiro*. São Paulo: Malheiros, 2010. p. 97.

jurídicos, dos atos administrativos que "deixem de aplicar jurisprudência firmada sobre a questão ou discrepem de pareceres, laudos, propostas e relatórios oficiais".

Mencione-se, ainda, o Código de Processo Civil (CPC/2015) que consagrou a teoria dos precedentes judiciais, com adaptações do seu modelo originário do *common law*, bem como a necessidade de uniformização jurisprudencial, o que impacta, inclusive, nos processos administrativos. Isso porque o art. 15 do CPC/2015 dispõe que, "na ausência de normas que regulem processos eleitorais, trabalhistas ou administrativos, as disposições deste Código lhes serão aplicadas supletiva e subsidiariamente".

5.4. PRECEDENTES ADMINISTRATIVOS E AS FONTES DO DIREITO ADMINISTRATIVO

Não há consenso sobre a inclusão dos precedentes administrativos no rol de fontes do Direito Administrativo.

De um lado, parcela da doutrina, a partir da interpretação tradicional do princípio da legalidade, entende que os precedentes administrativos não devem ser enquadrados como fontes, uma vez que a Administração, ao editar seus atos administrativos, nada mais faz do que cumprir a lei, sem inovar na ordem jurídica. Por essa razão, a lei, mas não os precedentes, seria fonte do direito administrativo.[34]

De outro lado, conforme já mencionado, há autores que sustentam que a própria Administração Pública tem a prerrogativa de produzir decisões que vincularão não apenas os particulares (heterovinculação), mas a própria Administração (autovinculação), inserindo-se, nesta última hipótese, a prática (ou praxe) e os precedentes administrativos como fontes do Direito Administrativo.[35]

---

[34] Nesse sentido, refutando expressamente ou apenas deixando de mencionar os precedentes administrativos no catálogo de fontes do Direito Administrativo, vide: DÍEZ-PICAZO, Luis Ma. La doctrina del precedente administrativo. *Revista de Administración Pública (RAP)*, Madrid, n. 98, mayo-agosto 1982, p. 44-45; GASPARINI, Diógenes. *Direito administrativo*. 12. ed. São Paulo: Saraiva, 2007. p. 27-32.

[35] OTERO, Paulo. *Legalidade e Administração Pública*: o sentido da vinculação administrativa à juridicidade. Coimbra: Almedina, 2003, p. 397-398; CASSAGNE, Juan Carlos. *Derecho administrativo*. 8. ed. Buenos Aires: Abeledo-Perrot, 2006. t. 1, p. 208; PAREJO ALFONSO, Luciano. *Derecho administrativo*. Barcelona: Ariel, 2003. p. 351-352; CRETELLA JUNIOR, José. *Curso de direito administrativo*. Rio de Janeiro: Forense, 1986. p. 52; MOREIRA NETO, Diogo de Figueiredo. *Curso de direito administrativo*. 16. ed. Rio de Janeiro: Forense, 2014. p. 72-73; ARAGÃO, Alexandre Santos de. *Curso de direito administrativo*. Rio de Janeiro: Forense, 2012. p. 46.

Seguindo a lógica apresentada ao longo desta obra e conforme sustentado em outra oportunidade,[36] entendemos que os precedentes administrativos devem ser considerados como fontes do direito administrativo.

A expressão "fonte" traduz a ideia de ponto de partida. As fontes são os meios e as formas de revelação do direito.

Superada a concepção positivista do direito, as fontes do direito administrativo não se resumem às normas formais oriundas do Estado ou dos detentores do poder político, admitindo-se a elaboração de fontes extraestatais (ex.: direito consuetudinário, autorregulação, *lex mercatoria* etc.).[37]

A globalização (econômica e jurídica), a constitucionalização do direito, a especialização de funções e a descentralização do poder, entre outros fatores, acarretaram a crise das fontes estatais e nacionais, produzidas no seio do Estado soberano. O direito não é produto exclusivo do Estado, mas também da sociedade e do mercado.

Por essa razão, a interpretação e a aplicação do direito administrativo devem levar em consideração a realidade social e econômica, bem como as consequências advindas da decisão administrativa.

É possível afirmar, destarte, que o direito não se resume ao legalismo, existindo, portanto, uma pluralidade de fontes na atualidade.[38]

Em razão dos impactos tecnológicos e do desenvolvimento de setores da economia, é possível encontrar, no interior do próprio Estado, uma pluralidade de subsistemas jurídicos (Teoria dos ordenamentos setoriais), pautados por princípios,

---

[36] OLIVEIRA, Rafael Carvalho Rezende. *Princípios do direito administrativo*. 2. ed. São Paulo: Método, 2013. p. 52-59. No Processo Civil, sustentando que os precedentes judiciais são fontes do direito, vide, por exemplo: LOURENÇO, Haroldo. Precedente judicial como fonte do direito: algumas considerações sob a ótica do novo CPC. *Revista Forense*, v. 109, n. 417, p. 73-96, jan./jun. 2013.

[37] O direito consuetudinário é mencionado, por exemplo, no art. 376 do CPC/2015: "A parte que alegar direito municipal, estadual, estrangeiro ou consuetudinário provar--lhe-á o teor e a vigência, se assim o juiz determinar". Sobre a importância da *lex mercatoria* no "Direito Administrativo global", vide: KINGSBURY, Benedict; KRISCH, Nico; STEWART, Richard B. *The emergence of Global Administrative Law*. Law and Contemporany Problems. North Carolina: Duke University School of Law, 2005. v. 68, n. 3 e 4, p. 17 e 29.

[38] PERLINGIERI, Pietro. *Perfis do direito civil*: introdução ao direito civil constitucional. 3. ed. Rio de Janeiro: Renovar, 2002. p. 8; SORRENTINO, Federico. *Le fonti del Diritto italiano*. Padova: Cedam, 2009. p. 1-25.

conceitos e estruturas hierárquicas específicas de cada setor (ex.: telecomunicações, energia etc.).[39]

Em virtude do fenômeno da constitucionalização do direito, percebe-se, atualmente, a crescente centralidade constitucional da teoria das fontes do direito, bem como a marginalização da legalidade formal.[40]

Não é por outra razão que a lei perdeu a sua centralidade – outrora existente sob a perspectiva positivista – no estudo das fontes do direito para conviver com outras fontes intra e extraestatais.

De fato, a lei não tem o condão de estabelecer todos os aspectos da ação administrativa, devendo, inclusive, ser relativizada a distinção doutrinária entre atos vinculados e discricionários para se compreender que em toda a ação estatal, independentemente da maior ou menor clareza da lei, a atividade administrativa envolverá, em maior ou menor intensidade, a criação do direito.

Não é diferente no campo das interpretações administrativas. Na feliz síntese de Carlos Ari Sundfeld, Rodrigo Pagani de Souza e Guilherme Jurksaitis: "as interpretações dadas pelas autoridades administrativas aos textos normativos são – elas, as interpretações – *normas jurídicas*".[41]

Todavia, segundo os autores, as interpretações consolidadas na prática administrativa constituem normas cogentes apenas para os casos específicos em que aplicadas no passado, mas não seria possível extrair dessas práticas, automaticamente, normas gerais para casos futuros, salvo disposição legal nesse sentido. As práticas administrativas gerariam para o juiz e para o administrador público o "ônus argumentativo suplementar" para inovações e adoção de novas interpretações.[42]

---

[39] Nesse sentido: ARAGÃO, Alexandre Santos de. Teorias pluralistas das fontes de direito: *lex mercatoria*, ordenamentos setoriais, subsistemas, microssistemas jurídicos e redes normativas. *RTDC*, v. 36, p. 3-36, 2008; MARQUES NETO, Floriano de Azevedo. Direito das telecomunicações e ANATEL. *Direito administrativo econômico*. São Paulo: Malheiros, 2006. p. 301.

[40] OTERO, Paulo. *Legalidade e administração pública*: o sentido da vinculação administrativa à juridicidade. Coimbra: Almedina, 2003. p. 22 e 179. Sobre a constitucionalização do Direito Administrativo, vide: OLIVEIRA, Rafael carvalho Rezende. *A constitucionalização do direito administrativo*: o princípio da juridicidade, a releitura da legalidade administrativa e a legitimidade das agências reguladoras. 2. ed. Rio de Janeiro: Lumen Juris, 2010.

[41] SUNDFELD, Carlos Ari; Souza, Rodrigo Pagani de; JURKSAITIS, Guilherme Jardim. Interpretações administrativas aderem à lei? *Revista de Direito Administrativo*, Rio de Janeiro, v. 260, maio/ago. 2012, p. 111.

[42] SUNDFELD, Carlos Ari; Souza, Rodrigo Pagani de; JURKSAITIS, Guilherme Jardim. Interpretações administrativas aderem à lei? *Revista de Direito Administrativo*, Rio de Janeiro, v. 260, maio/ago. 2012, p. 114-117.

De nossa parte, sustentamos que os precedentes administrativos vinculam a atuação do administrador público em casos futuros semelhantes, o que não significa dizer que os precedentes não possam ser superados pelo administrador público (*overruling* na esfera administrativa) quando demonstradas as respectivas razões relevantes justificadoras.

Dessa forma, os precedentes administrativos, ainda que encontrem fundamento de validade na moldura fixada previamente por normas legais e constitucionais, inovam, em certa medida, no ordenamento jurídico, especialmente ao definirem a melhor interpretação das normas jurídicas, o que revela a possibilidade de sua inserção no rol das fontes do direito administrativo.[43]

5.5. DISCRICIONARIEDADE, VINCULAÇÃO E PRECEDENTES ADMINISTRATIVOS

Os precedentes administrativos podem originar-se de decisões administrativas que envolvam competências discricionárias ou vinculadas dos agentes públicos.

É verdade que, no campo da atuação discricionária, a teoria dos precedentes ganha maior destaque, uma vez que serve como instrumento para reduzir e controlar a liberdade conferida pela lei ao agente público, evitando atuações discriminatórias, caprichosas e arbitrárias.

A margem de liberdade conferida pela lei ao administrador público para fazer escolhas dentro dos limites fixados pela moldura legal seria limitada pelas decisões administrativas proferidas em casos semelhantes, garantindo-se, destarte, a efetividade dos princípios da igualdade, da segurança jurídica, da boa-fé, da proteção da confiança legítima, entre outros princípios.

---

[43] OLIVEIRA, Rafael Carvalho Rezende. *Curso de direito administrativo*. 5. ed. São Paulo: Método, 2017. p. 25. De forma semelhante, com a inclusão dos precedentes administrativos no catálogo das fontes do direito administrativo, mencione-se, por exemplo: CAIRAMPOMA ARROYO, Alberto. La regulación de los precedentes administrativos en el ordenamiento jurídico peruano. *Derecho* PUCP, n. 73, 2014, p. 489; DURÁN MARTÍNEZ, Augusto. El precedente administrativo. *Revista de Derecho*, n. 5, Montevideo: Universidad Católica del Uruguay, Konrad Adenauer Stiftung, 2010, p. 72-73. Em sentido contrário, vide: DÍEZ-PICAZO, Luis Mª. La doctrina del precedente administrativo. *Revista de Administración Pública* (RAP), Madrid, n. 98, mayo-agosto 1982, p. 44-45. Eduardo García de Enterría e Tomás-Ramón Fernández, após afirmarem que os precedentes administrativos não possuem valor normativo estrito, sustentam que os procedentes têm valor vinculante para a própria Administração, tendo em vista o princípio da igualdade e da boa-fé. GARCÍA DE ENTERRÍA, Eduardo; FERNÁNDEZ, Tomás-Ramón. *Curso de derecho administrativo*. 12. ed. Madrid: Civitas, 2005. v. I, p. 78.

Contudo, a doutrina apresenta divergências no tocante a aplicação da teoria dos precedentes às atuações administrativas vinculadas.

Parcela da doutrina sustenta que a teoria dos precedentes não teria aplicação na atuação vinculada, uma vez que, nessa hipótese, a decisão administrativa apenas aplicaria ao caso concreto, por meio da subsunção, a decisão previamente adotada pelo legislador, sem qualquer inovação no ordenamento jurídico.[44] Ou seja, segundo a sobredita visão, nos atos administrativos vinculados, a força vinculante decorreria diretamente da lei e não propriamente da decisão administrativa que serviu apenas como instrumento de sua aplicação concreta.

Não obstante a ligação embrionária com o exercício de competências discricionárias, entendemos que a concepção de autovinculação administrativa deve ser aplicada também ao exercício de competências vinculadas da Administração Pública.[45]

Com efeito, o exercício de competências administrativas, em maior ou menor medida, sempre envolverá alguma margem de liberdade para interpretações por parte dos agentes públicos.

A impossibilidade de previsão no texto normativo de todos os aspectos envolvidos na atuação concreta da Administração Pública acarreta, necessariamente, espaços de liberdade, que variam de intensidade, para os agentes públicos que são responsáveis pela interpretação e aplicação do direito administrativo.

Em consequência, a tradicional dicotomia discricionariedade (atos discricionários) x vinculação (atos vinculados) deve ser relativizada e adaptada à realidade, especialmente a partir do fenômeno da constitucionalização do direito administrativo.[46]

---

[44] ORTIZ DÍAZ, José. El precedente administrativo. *Revista de Administración Pública (RAP)*, Madrid, n. 24, sep./dic. 1957, p. 85-94.

[45] De forma semelhante, Díez-Picazo sustenta que a teoria dos precedentes administrativas não se restringe à discricionariedade administrativa, uma vez que não existem prerrogativas absolutamente vinculadas ou discricionárias, bem como o fato de que toda interpretação envolve alguma margem de liberdade do intérprete. DÍEZ-PICAZO, Luis Ma. La doctrina del precedente administrativo. *Revista de Administración Pública (RAP)*, Madrid, n. 98, mayo-agosto 1982, p. 28-30.

[46] Sobre o tema: OLIVEIRA, Rafael Carvalho Rezende. *A constitucionalização do direito administrativo*. 2. ed. Rio de Janeiro: Lumen Juris, 2010. p. 77-78. Cabe registrar que algumas normas atribuem caráter vinculante a determinadas manifestações administrativas (ex.: art. 40, § 1º, da LC 73/1993). Em matéria tributária, o Código Tributário Nacional considera como normas compementares das leis tratados, convenções internacionais e decretos, por exemplo: os atos normativos expedidos pelas autoridades administrativas; as decisões dos órgãos singulares

Por um lado, a atividade administrativa totalmente livre e fora do alcance do controle judicial seria sinônimo de arbitrariedade. Por outro lado, não se pode conceber que a atuação do administrador seja exclusivamente vinculada e mecanizada, pois sempre existirá alguma margem interpretativa da norma jurídica. Em consequência, não existem liberdades e vinculações absolutas na ação estatal.

Segundo Diogo de Figueiredo Moreira Neto: "todos os atos, por mais adstritos que fiquem a prévios condicionamentos de legalidade, têm sempre um resíduo de apreciabilidade em face do interesse público".[47]

A diferença fundamental entre os denominados atos administrativos "vinculados" e "discricionários" deve ser traçada a partir de um critério quantitativo, e não qualitativo, na medida em que, em verdade, o que vai variar é a intensidade do grau de liberdade conferido pelo legislador ao administrador.[48]

Realmente, não se pode admitir que o papel de criação do direito seja tarefa exclusiva do Legislador que, por limitações humanas, não possui o poder divino de prever genericamente todas as soluções para a sociedade. Assim como se superou a ideia criada por Montesquieu de que o juiz seria apenas a boca que pronunciava a vontade da lei,[49] deve-se superar a noção de uma Administração Pública meramente executora e mecanizada.[50]

---

ou coletivos de jurisdição administrativa, a que a lei atribua eficácia normativa; e as práticas reiteradamente observadas pelas autoridades administrativas (art. 100, I a III, do CTN).

[47] MOREIRA NETO, Diogo de Figueiredo. *Legitimidade e discricionariedade*: novas reflexões sobre os limites e controle da discricionariedade. 4. ed. Rio de Janeiro: Forense, 2001. p. 15. No mesmo sentido, Alexandre Santos de Aragão afirma o papel criativo da Administração Pública: "Por outro lado, se tivermos em mente que, salvo em raríssimas hipóteses, as atividades do administrador público, ou mesmo do juiz, também são criadoras de Direito, já que não há como se limitarem à mera execução da lei, todos os regulamentos serão, em certa e variável medida, 'autônomos' ou 'independentes', a depender da nomenclatura adotada." ARAGÃO, Alexandre Santos de. A concepção pós-positivista do princípio da legalidade. *RDA*, n. 236, abr./jun. 2004, p. 38 e 53.

[48] KRELL, Andreas J. *Discricionariedade administrativa e proteção ambiental*: o controle dos conceitos jurídicos indeterminados e a competência dos órgãos ambientais: um estudo comparativo. Porto Alegre: Livraria do Advogado, 2004. p. 22-23.

[49] Na concepção de Montesquieu, o Judiciário era desprestigiado, sendo célebre a afirmação de que "os juízes da nação são apenas (...) a boca que pronuncia as palavras da lei". MONTESQUIEU, Baron de (Charles de Secondat). *O espírito das leis*. 3. ed. São Paulo: Martins Fontes, 2005. p. 175.

[50] OLIVEIRA, Rafael Carvalho Rezende. *A constitucionalização do direito administrativo*. 2. ed. Rio de Janeiro: Lumen Juris, 2010. p. 62-64; ARAGÃO, Alexandre Santos de. A concepção pós-positivista do princípio da legalidade. *RDA*, n. 236, abr./jun. 2004, p. 38 e 53; SUNDFELD, Carlos Ari. *Direito administrativo para céticos*. 2. ed. São Paulo: Malheiros, 2014. p. 231-280.

É inadequado, portanto, pensar que a ação administrativa seja absolutamente vinculada, servil e mecânica, de modo a dispensar a necessidade de interpretação das normas legais. A aplicação do Direito depende da interpretação da norma legislada e toda atividade interpretativa é um ato de criação do direito.[51]

Verifica-se, dessa forma, que a interpretação dos dispositivos legais acarreta a produção de normas jurídicas. A interpretação é o caminho; a norma é o ponto de chegada.[52]

Por mais precisa que seja a disposição legal, sempre será necessária a interpretação, não devendo ser admitida a máxima *"in claris non fit interpretatio"*. A clareza dos dispositivos legais somente pode ser auferida após o processo de interpretação. Em outras palavras: a clareza não é a premissa, mas resultado da interpretação. A complexidade da realidade pode distorcer a aparente clareza das palavras contidas no papel. Nas palavras de Friedrich Muller "uma norma não é (apenas) carente de interpretação porque e à medida que ela não é 'unívoca', 'evidente', porque e à medida que ela é 'destituída de clareza' – mas sobretudo porque ela deve ser aplicada a um caso (real ou fictício)".[53]

Em verdade, a maior ou menor ambiguidade do texto legal influenciará na liberdade e na criatividade do intérprete. Quanto maior for a abertura do texto

---

[51] Nas palavras de Hans Kelsen: "A aplicação do Direito é simultaneamente produção do Direito". KELSEN, Hans. *Teoria pura do direito*. 6. ed. São Paulo: Martins Fontes, 1998. p. 260.

[52] Sobre o tema: OLIVEIRA, Rafael Carvalho Rezende. *Princípios do direito administrativo*. 2. ed. São Paulo: Método, 2013. É por essa razão que não se deve confundir o texto da lei ou o dispositivo legal com o conceito de normas jurídicas. As normas são os sentidos construídos a partir da interpretação sistemática dos textos normativos. ÁVILA, Humberto. *Teoria dos princípios:* da definição à aplicação dos princípios jurídicos. São Paulo: Malheiros, 2003. p. 22.

[53] MULLER, Friedrich. *Métodos de trabalho do direito constitucional*. 3. ed. Rio de Janeiro: Renovar, 2005. p. 48. Nesse sentido, também: PERLINGIERI, Pietro. *Perfis do direito civil*: introdução ao direito civil constitucional. 3. ed. Rio de Janeiro: Renovar, 2002. p. 71-72. BARROSO, Luís Roberto. *Interpretação e aplicação da Constituição*. 3. ed. São Paulo: Saraiva, 1999. p. 106. Em sentido contrário, afirmando a desnecessidade de interpretação de textos unívocos: HESSE, Konrad. *Elementos de direito constitucional da República Federal da Alemanha*. Porto Alegre: Sergio Antonio Fabris Editor, 1998. p. 54. Na verdade, Konrad Hesse sustenta a existência, nesse caso, de interpretação em sentido amplo: "Tampouco interpretação torna-se necessária quando determinações constitucionais são unívocas, embora se trate, também aqui, de um procedimento – estruturalmente mais simples – de 'entendimento' e, com isso, em sentido mais amplo, de 'interpretação'".

(ex.: utilização de conceitos jurídicos indeterminados), maior será o espaço de criação do intérprete.[54]

Ainda que o risco de arbitrariedades seja maior no campo da discricionariedade administrativa, em razão da maior liberdade de ação conferida pelo legislador, não se pode desconsiderar que a necessidade de autovinculação administrativa e o respeito aos precedentes administrativos alcancem, inclusive, as competências administrativas vinculadas.

5.6. EFEITOS VINCULANTES E PERSUASIVOS DOS PRECEDENTES ADMINISTRATIVOS

Assim como ocorre nos precedentes judiciais, os precedentes administrativos podem acarretar efeitos vinculantes ou persuasivos.

Isso porque o caráter vinculante ou persuasivo dos precedentes dependerá, em grande medida, da questão federativa, da separação de poderes e da hierarquia administrativa.[55]

Os precedentes administrativos oriundos da autoridade máxima do Poder Executivo serão vinculativos para todos os seus órgãos. Assim, por exemplo, a decisão proveniente da Presidência da República deve ser observada por todos os integrantes dos Ministérios e demais órgãos do Executivo Federal.[56]

Em razão da autonomia federativa, entretanto, o precedente administrativo de um ente federado não vincula, em regra, o outro ente federado.[57] Assim, por exemplo, o precedente federal não vincula os Estados e os Municípios e vice-versa.

Da mesma forma, a abrangência do efeito vinculante do precedente é limitada pelo princípio da separação de poderes. Vale dizer: o precedente administrativo,

---

[54] PEREIRA, Jane Reis Gonçalves. *Interpretação constitucional e direitos fundamentais*. Rio de Janeiro: Renovar, 2006. p. 40.

[55] O tema será aprofundado no item 5.8.1.

[56] Luis Ma. Díez-Picazo aponta que a jurisprudência do Tribunal Supremo Espanhol, desde 1976, tem reconhecido o caráter vinculante do precedente administrativo e, na maioria dos casos, com fundamento no princípio da igualdade. DÍEZ-PICAZO, Luis Ma. La doctrina del precedente administrativo. *Revista de Administración Pública* (RAP), Madrid, n. 98, mayo-agosto 1982, p. 17.

[57] A firmação poderia ser relativizada em determinados casos. Mencione-se, por exemplo, a Súmula 222 do TCU que dispõe: "As decisões do Tribunal de Contas da União, relativas à aplicação de normas gerais de licitação, sobre as quais cabe privativamente à União legislar, devem ser acatadas pelos administradores dos Poderes da União, dos Estados, do Distrito Federal e dos Municípios."

proveniente do Executivo, tem efeito vinculante no âmbito do próprio Poder, mas não em relação ao Poder Judiciário e ao Poder Legislativo.

Registre-se, no entanto, que os precedentes administrativos não são exclusividade do Poder Executivo e podem ser originados, também, no âmbito dos Poderes Judiciário e Legislativo, no exercício de suas funções administrativas atípicas.

Isso porque o princípio da separação de poderes leva em consideração o critério da preponderância e não da exclusividade da função exercido pelo respectivo Poder. Dessa forma, ao lado de suas funções típicas, jurisdicional e legislativa, os Poderes Judiciário e Legislativo também exercem, de forma atípica, funções administrativas, momento em que se torna aplicável a teoria dos precedentes administrativos. No entanto, as interpretações administrativas implementadas por determinado Poder não vinculam, em regra, as interpretações dos demais Poderes, mas podem exercer força persuasiva.

Mas não são apenas os princípios federativos e da separação de poderes que condicionam o efeito vinculante do precedente. Mesmo no interior do Poder Executivo, o efeito vinculante dependerá da organização e da hierarquia administrativas.

No âmbito da desconcentração administrativa, os órgãos são escalonados de forma hierarquizada, o que demonstra o efeito vinculante vertical dos precedentes adotados pelos órgãos de maior hierarquia. Assim, por exemplo, os precedentes do Chefe do Executivo federal vinculam todos os Ministérios e todos os demais órgãos deste Poder.

Todavia, em relação aos órgãos de mesma estatura hierárquica, a decisões não são vinculantes entre si, o que não impede o reconhecimento de efeito persuasivo e a necessidade de harmonização da interpretação administrativa. A decisão de um Ministério, por exemplo, não vincula formalmente outro Ministério, mas não se pode desconsiderar o seu efeito persuasivo, devendo o último Ministério motivar, de forma adequada, as razões por não seguir o precedente em caso semelhante.

Não há dúvida de que a existência de interpretações administrativas diferentes, em casos semelhantes, por órgãos da mesma pessoa administrativa, acarreta insegurança jurídica.

Com o objetivo de evitar contradições interorgânicas, o ordenamento jurídico prevê mecanismos jurídicos para harmonizar os entendimentos contraditórios. Nesse sentido, a autoridade administrativa hierarquicamente superior pode, de ofício (avocatória) ou mediante provocação (recurso administrativo), rever decisões de seus subordinados, fixando, de forma definitiva na via administrativa, a orientação que deve prevalecer e que deverá ser observada, a partir de então, por todos os órgãos de sua estrutura.

Trata-se de raciocínio similar ao desenvolvido no campo dos precedentes judiciais. Assim como os órgãos fracionários devem observar as decisões do plenário do tribunal, os órgãos administrativos devem observar as decisões da autoridade máxima da mesma pessoa administrativa.

Nas hipóteses em que os precedentes não possuam efeitos vinculantes, é possível reconhecer, ao menos, efeitos persuasivos. Vale dizer: a autoridade deve levar em consideração o precedente no momento de decidir, ainda que possa adotar solução jurídica diversa daquela apresentada no precedente.

5.7. PRECEDENTES ADMINISTRATIVOS E INSTITUTOS AFINS

5.7.1. Praxe administrativa

A praxe administrativa é a atividade interna, reiterada e uniforme da Administração Pública na aplicação das normas e dos atos jurídicos.[58]

A praxe administrativa não se confunde com os precedentes administrativos. Enquanto os precedentes envolvem decisões administrativas em casos concretos e que devem ser respeitadas em casos semelhantes, a praxe administrativa envolve a atividade de rotina interna da Administração.[59]

Outra diferença que pode ser mencionada refere-se ao fato de que o precedente não exige reiteração de decisões administrativas no mesmo sentido, sendo suficiente uma decisão administrativa para que esta seja considerada precedente

---

[58] A relevância da praxe administrativa foi demonstrada por Hely Lopes Meirelles: "a prática administrativa vem suprindo o texto escrito, e, sedimentada na consciência dos administradores e administrados, a praxe burocrática passa a suprir a lei, ou atua como elemento informativo da doutrina". MEIRELLES, Hely Lopes. *Direito administrativo brasileiro*. 22. ed. São Paulo: Malheiros, 1997. p. 37.

[59] De forma semelhante, Ortiz Díaz afirma: "A nuestro juicio, puede marcarse una diferencia entre el «precedente» y las prácticas administrativas. Estas últimas constituyen meras normas usuales de carácter y eficacia puramente interna para la administración, derivadas de principios de técnica administrativa o de buena administración, que los funcionarios siguen en el desarrollo de su actividad, estilo corriente de proceder de éstos. (...) El precedente, por el contrario, es algo más; implica la resolución sustantiva de la Administración sobre cuestiones sometidas a la misma y generadora de derechos e intere- ses para los particulares." ORTIZ DÍAZ, José. El precedente administrativo. *Revista de Administración Pública* (RAP), Madrid, n. 24, sep./dic. 1957, p. 79-80. Igualmente, Juan Carlos Cassagne: "mientras el precedente consiste en una resolución sustantiva de la Administración, las prácticas administrativas constituyen normas usuales de eficacia interna que observan los agentes públicos en la ejecución de su actividad". CASSAGNE, Juan Carlos. *Derecho administrativo*. 8. ed. Buenos Aires: Abeledo Perrot, 2006. t. I, p. 208.

a ser observado em casos semelhantes. A praxe administrativa, assim como os costumes, pressupõe a reiteração uniforme de condutas internas da Administração.

De qualquer forma, as referidas diferenças não são tão significativas, uma vez que as duas hipóteses refletem comportamentos administrativos reiterados e uniformes que repercutem nos interesses dos cidadãos.[60]

5.7.2. Costumes

Os costumes revelam o comportamento reiterado e constante do povo, encontrado em determinado espaço físico e temporal, que possui força coercitiva. Existem dois elementos inerentes aos costumes: a) elemento objetivo: repetição de condutas; e b) elemento subjetivo: convicção de sua obrigatoriedade.[61]

Os costumes podem ser divididos em três espécies: a) *secundum legem*: é o previsto ou admitido pela lei; b) *praeter legem*: é aquele que preenche lacunas normativas, possuindo caráter subsidiário, conforme previsão contida no art. 4º da LINDB; e c) *contra legem*: é o que se opõe à norma legal.

A consagração do costume como fonte autônoma do direito administrativo não é livre de polêmicas.

De um lado, alguns autores sustentam a impossibilidade do denominado "direito administrativo consuetudinário", uma vez que a sua observância depende do seu acolhimento pela lei, como ocorre, por exemplo, no direito tributário (art. 100 do CTN).[62]

De outro lado, parcela da doutrina afirma que os costumes devem ser considerados fontes apenas quando criam direitos para os particulares perante a

---

[60] OLIVEIRA, Rafael Carvalho Rezende. *Princípios do direito administrativo*. 2. ed. São Paulo: Método, 2013. p. 57-58, nota 34. Nesse sentido: CASSAGNE, Juan Carlos. *Derecho administrativo*. 8. ed. Buenos Aires: Abeledo-Perrot, 2006. t. I, p. 208.

[61] Sobre os costumes no direito administrativo, vide: OIVEIRA, Rafael Carvalho Rezende. *Curso de direito administrativo*. 5. ed. São Paulo: Método, 2017. p. 24-25. Os costumes, em determinados sistemas jurídicos, apresentam normatividade superior (ex.: direito romano clássico e *common law* inglês) ou igual às leis (direito canônico). Todavia, após a instituição do regime constitucional, prevalece a ideia de que os costumes são inferiores às leis. Não é possível o *consuetudo contra legem*, mas apenas o *consuetudo praeter legem* e, excepcionalmente, o *consuetudo secundum legem*. Nesse sentido: SANTAMARÍA PASTOR, Juan Alfonso. *Principios de derecho administrativo general*. Madrid: Iustel, 2004. v. I, p. 154.

[62] MOREIRA NETO, Diogo de Figueiredo. *Curso de direito administrativo*. 15. ed. Rio de Janeiro: Forense, 2009. p. 75.

Administração, sendo vedada a instituição de deveres em razão do princípio da legalidade.[63]

Entendemos que, ressalvado o costume *contra legem*, o costume é fonte autônoma do direito administrativo.[64]

A releitura do princípio da legalidade, com a superação do positivismo, a textura aberta de algumas normas jurídicas e a necessidade de consideração da realidade social na aplicação do direito demonstram que os costumes devem ser considerados fontes do direito administrativo.[65]

Assim como ocorre com os precedentes administrativos e as praxes administrativas, os costumes são formados por indução, ou seja, a norma jurídica é retirada a partir de casos concretos.[66]

Não obstante algumas semelhanças, é possível destacar, ao menos, três diferenças entre os costumes e os precedentes.

Em primeiro lugar, os costumes decorrem de condutas reiteradas da sociedade, o precedente administrativo revela a prática, reiterada ou não, de atos administrativos, caracterizando atividade interna da Administração. Vale dizer: enquanto os costumes possuem origem nas práticas sociais, os precedentes administrativos relacionam-se com os atos estatais (atos administrativos).

Em segundo lugar, tal como ocorre com os precedentes judiciais, os precedentes administrativos podem surgir a partir de uma única decisão administrativa, cuja *ratio decidendi* vinculará a Administração Pública nos casos futuros

---

[63] Nesse sentido: GORDILLO, Augustín. *Tratado de derecho administrativo*. 7. ed. Belo Horizonte: Del Rey, 2003. t. I, p. VII-45.

[64] Nesse sentido: CASSAGNE, Juan Carlos. *Derecho administrativo*. 8. ed. Buenos Aires: Abeledo-Perrot, 2006. t. I, p. 206-208; CASTRO NETO, Luiz de. *Fontes do direito administrativo*. São Paulo: CTE Editora, 1977. p. 80-90. Registre-se que os costumes são considerados fontes do direito constitucional (ex.: possibilidade de promulgação de partes de Propostas de Emendas Constitucionais, que já foram aprovadas nas duas Casas do Congresso Nacional, sem prejuízo do exame das outras partes que ainda não foram objeto de deliberação final). Nesse sentido: MENDES, Gilmar Ferreira; COELHO, Inocêncio Mártires; BRANCO, Paulo Gustavo Gonet. *Curso de direito constitucional*. 4. ed. São Paulo: Saraiva, 2009. p. 21-22.

[65] OLIVEIRA, Rafael Carvalho Rezende. *Curso de direito administrativo*. 5. ed. São Paulo: Método, 2017. p. 24-25.

[66] ORTIZ DÍAZ, José. El precedente administrativo. *Revista de Administración Pública* (RAP), n. 24, Madrid, sep./dic. 1957, p. 78.

semelhantes. Já os costumes não decorrem de fato social isolado, mas de práticas sociais reiteradas, conforme assinalado anteriormente.[67]

Em terceiro lugar, os costumes são considerados direitos não escritos, e os precedentes, por seu turno, originam-se de decisões administrativas escritas e formais.[68]

Por outro lado, ao exigir a reiteração de comportamentos no mesmo sentido, os costumes se assemelham à praxe administrativa.[69] Todavia, os institutos não se confundem: enquanto os costumes decorrem de condutas sociais, a praxe pressupõe condutas administrativas. Outra diferença deriva da formação dos institutos: os costumes derivam de manifestações não escritas; a praxe administrativa envolve, normalmente, enunciados escritos.

5.7.3. Teoria dos atos próprios (*nemo potest venire contra factum proprium*)

A teoria dos atos próprios (*nemo potest venire contra factum proprium*), no campo do direito administrativo, tem por objetivo principal evitar atuações contraditórias e desleais nas relações jurídico-administrativas, com violação aos princípios da proteção da confiança legítima e da boa-fé.[70]

---

[67] DÍEZ-PICAZO, Luis Mª. La doctrina del precedente administrativo. *Revista de Administración Pública*, Madrid, n. 98, may.-ago. 1982, p. 44.

[68] ORTIZ DÍAZ, José. El precedente administrativo. *Revista de Administración Pública*, Madrid, n. 24, sep./dic. 1957, p. 77.

[69] Não há consenso na utilização das expressões. Paulo Otero diferencia os costumes administrativos, as praxes administrativas (práticas ou usos administrativos) e os precedentes administrativos. Os costumes administrativos são condutas administrativas reiteradas que, adquirindo *opinio juris vel necessitatis*, conduzam à formação de normas consuetudinárias "*made in* Administração Pública". As praxes administrativas seriam normas de condutas uniformes ou de trato intra-administrativo genérico, de eficácia interna dos órgãos e agentes públicos, desprovidas de *opinio juris vel necessitatis*, cujo descumprimento não permite o controle judicial. O precedente administrativo, por sua vez, envolve uma prática habitual de resolução de casos semelhantes ou interpretação e aplicação das mesmas normas. OTERO, Paulo. *Legalidade e administração pública*: o sentido da vinculação administrativa à juridicidade. Coimbra: Almedina, 2003. p. 783-789.

[70] O Enunciado 362 da IV Jornada de Direito Civil do CJF dispõe: "Art. 422. A vedação do comportamento contraditório (*venire contra factum proprium*) funda-se na proteção da confiança, tal como se extrai dos arts. 187 e 422 do Código Civil." Sobre a distinção entre o *nemo potest venire contra factum proprium* e figuras afins (renúncia tácita, proibição de alegação da própria torpeza, *exceptio doli, tu quoque* e a *Verwirkung* ou *suppressio*), vide: SCHREIBER, Anderson. *A proibição de comportamento contraditório*. 3. ed. Rio de Janeiro: Renovar, 2012. p. 169-193.

Os requisitos da teoria dos atos próprios são:[71]

a) identidade subjetiva e objetiva: o ato anterior e o ato posterior emanam da mesma Administração e são produzidos no âmbito da mesma relação jurídica;[72]

b) a conduta anterior é válida e unívoca: capaz de gerar a confiança (expectativa legítima) na outra parte da relação jurídica; e

c) atuação contraditória: incompatibilidade do ato posterior com o ato anterior.

É possível mencionar alguns exemplos de aplicação da teoria dos atos próprios no direito administrativo, tais como: nulidade da imposição de multa de trânsito por irregularidade no veículo, constatada em fiscalização realizada pela Secretaria de Trânsito na saída do pátio do Detran, logo depois de o veículo ser vistoriado e devidamente licenciado; imposição ao Município de proceder ao loteamento dos imóveis alienados pelo próprio ente municipal aos particulares, sendo descabida a pretensão de anulação dos contratos de compra e venda.[73]

A principal diferença entre a teoria dos atos próprios e os precedentes administrativos, segundo parcela da doutrina, reside nas relações jurídicas em que as referidas teorias são aplicadas.[74]

---

[71] Sobre o tema, vide: COVIELLO, Pedro José Jorge. *La protección de la confianza del administrado*. Buenos Aires: Abeledo-Perrot, 2004. p. 412; GONZÁLEZ PÉREZ, Jesús. *El principio general de la buena fe en el derecho administrativo*. 4. ed. Madrid: Civitas, 2004. p. 226-244; Héctor Mairal aponta, ainda, um quarto requisito: a inexistência de norma que autorize a atuação contraditória. MAIRAL, Hector A. *La doctrina de los propios actos y La Administración Pública*. Buenos Aires: Depalma, 1988. p. 6-7. Anderson Schreiber aponta quatro requisitos para o *venire contra factum proprium*, a saber: a) um *factum proprium*, isto é, uma conduta inicial; b) a legítima confiança de outrem na conservação do sentido objetivo desta conduta; c) um comportamento contraditório com este sentido objetivo (e, por isso mesmo, violador da confiança); e d) dano, ou, no mínimo, um potencial dano a partir da contradição. SCHREIBER, Anderson. *A proibição de comportamento contraditório*. 3. ed. Rio de Janeiro: Renovar, 2012. p. 132. De forma semelhante, vide: MARTINS-COSTA, Judith. *A boa-fé no direito privado*. São Paulo: RT, 2000. p. 466.

[72] Não pode haver contradição entre as atuações de órgãos distintos, integrantes da mesma entidade administrativa. Todavia, a aplicação da teoria em relação aos atos de entidades administrativas distintas, com personalidade jurídica própria, seria, em princípio, vedada, tendo em vista a autonomia e a ausência de relação hierárquica. Sobre as inúmeras questões envolvendo o requisito da identidade subjetiva, vide: LÓPEZ RODÓ, Laureano. Presupuestos subjetivos para la aplicación del principio que prohibe ir contra los propios actos. *Revista de Administración Pública* (RAP), n. 9, set.-dez. 1952, p. 11-53.

[73] REsp 141.879/SP, Rel. Min. Ruy Rosado de Aguiar, 4ª Turma, *DJ* 22.06.1998, p. 90.

[74] Nesse sentido, Díez-Picazo sustenta: "Sin embargo, la doctrina de los actos propios en concreto, esto es, independientemente de su fundamento, no es aplicable al problema que ahora nos

De um lado, os precedentes vinculam as futuras decisões administrativas em casos semelhantes, mas envolvendo particulares diversos. De outro lado, a teoria dos atos próprios determina que a Administração não pode contrariar o ato anterior (ato próprio) em relação ao mesmo particular. Em outras palavras: enquanto os precedentes pressupõem relações jurídicas semelhantes, envolvendo diferentes particulares, a teoria dos atos próprios é aplicável às relações sucessivas envolvendo o mesmo particular.

Entretanto, as diferenças entre a teoria dos atos próprios e a teoria dos precedentes administrativos não podem ser consideradas de forma absoluta, notadamente pela semelhança entre os fundamentos principiológicos e os efeitos decorrentes da aplicação dessas teorias. As referidas teorias podem ser inseridas na "teoria das autolimitações administrativas" e fundamentam-se nos princípios da igualdade, da boa-fé, da segurança jurídica e da proteção da confiança legítima.[75]

5.7.4. Analogia

O ordenamento jurídico possui lacunas, pois não é possível ao legislador antecipar e englobar nas normas jurídicas toda a complexidade inerente à vida em sociedade.

A existência de lacunas não justifica, todavia, a inaplicabilidade do direito. Nesse sentido, é imperiosa a utilização de instrumentos de integração do sistema jurídico para suprir as eventuais lacunas, tais como a analogia, os costumes e os

---

ocupa. Se trata de una técnica que opera dentro de una misma relación jurídica. Constituye un límite impuesto por la buena fe al ejercicio de una potestad, desde el momento en que el titular de ésta, con su conducta, ha suscitado en la otra parte de la relación jurídica la confianza razonable de que no ejercitará dicha facultad o de que la ejercitará de otro modo. Por el contrario, cuando hablamos del precedente administrativo, aludimos por definición a relaciones jurídicas distintas. Es evidente que nos referimos a lo que sucedió en un caso anterior, en una relación jurídica precedente. Además, a diferencia de lo que sucede en materia de actos propios, quien alega el precedente no suele ser la misma persona con respecto a la cual dicho precedente se produjo; es más, como se ha visto, si es la misma persona, se plantea un problema de aplicación del principio de igualdad." DÍEZ-PICAZO, Luis Mª. La doctrina del precedente administrativo. *Revista de Administración Pública* (RAP), Madrid, n. 98, may.-ago. 1982, p. 16.

[75] De forma semelhante, vide: ARAGÃO, Alexandre Santos de. Teoria das autolimitações administrativas: atos próprios, confiança legítima e contradição entre órgãos administrativos. *RDE*, n. 4, out./dez. 2006, p. 234.

princípios gerais de direito (art. 4º da Lei de Introdução às Normas do Direito Brasileiro).⁷⁶

A analogia decorre da máxima *ubi eadem legis ratio, ibi eadem legis dispositio*, ou seja, onde existe a mesma razão, deve ser aplicada a mesma disposição, o que decorre do princípio da igualdade. Existem duas espécies de analogia:

a) analogia legal ou *legis*: aplica-se a regra que regula caso semelhante ao caso não regulado por regra alguma; e

b) analogia jurídica ou *iuris*: busca-se no sistema jurídico (e não em dispositivo específico) a norma que será aplicada ao caso não normatizado.⁷⁷

Enquanto a analogia *legis* busca regra existente aplicável a caso semelhante, a analogia *iuris* procura nos princípios gerais de direito a solução para integração da lacuna.⁷⁸

Tanto a analogia *legis* quanto a analogia *iuris* podem ser utilizadas para a superação de lacunas no direito administrativo.⁷⁹ No entanto, a legitimidade da utilização da analogia depende do respeito ao princípio federativo, bem como da necessidade de prestigiar a autonomia desse ramo do direito. Por essa razão, a analogia deve ser feita, preferencialmente, com normas jurídicas de direito administrativo, sobretudo com base nas normas editadas pelo Ente Federado respectivo ou com base nas normas gerais ou constitucionais, devendo ser evitada a aplicação analógica de normas de direito privado.⁸⁰ Um exemplo é a aplicação analógica do

---

⁷⁶ Em sentido semelhante, o art. 108 do CTN dispõe: "Na ausência de disposição expressa, a autoridade competente para aplicar a legislação tributária utilizará sucessivamente, na ordem indicada: I – a analogia; II – os princípios gerais de direito tributário; III – os princípios gerais de direito público; IV – a equidade".

⁷⁷ BOBBIO, Norberto. *Teoria geral do direito*. 3. ed. São Paulo: Martins Fontes, 2010. p. 306.

⁷⁸ MAXIMILIANO, Carlos. *Hermenêutica e aplicação do direito*. 18. ed. Rio de Janeiro: Forense, 1999. p. 210-211; BANDEIRA DE MELLO, Oswaldo Aranha. *Princípios gerais de direito administrativo*. 3. ed. São Paulo: Malheiros, 2007. v. I, p. 417.

⁷⁹ É importante notar que alguns autores admitem apenas a analogia *legis*, refutando a utilização da analogia *iuris*, uma vez que a criação de uma norma analógica a partir de todo o sistema jurídico contraria o sistema rígido de reserva legal da ação do Estado. Nesse sentido: MOREIRA NETO, Diogo de Figueiredo. *Curso de direito administrativo*. 15. ed. Rio de Janeiro: Forense, 2009. p. 123.

⁸⁰ Em sentido semelhante: WILLEMAN, Flávio de Araújo; MARTINS, Fernando Barbalho. *Direito administrativo*. Rio de Janeiro: Lumen Juris, 2009. p. 5. Por essa razão, o STJ não admitiu a aplicação, por analogia, do instituto da recondução previsto no art. 29, I, da Lei 8.112/1990 a servidor público estadual nos casos de omissão na legislação estadual (STJ, 2ª Turma, RMS 46.438/MG, Rel. Min. Humberto Martins, *DJe* 19.12.2014, Informativo de Jurisprudência do STJ n. 553). O mesmo STJ utilizou a analogia com as normas do direito

art. 21 da Lei 4.717/1965, que estabelece o prazo prescricional de cinco anos para propositura da ação popular, à ação civil pública.[81]

Por fim, a analogia não pode ser utilizada para fundamentar a aplicação de sanções ou gravames aos particulares, especialmente no campo do poder de polícia e do poder disciplinar.[82] A analogia, portanto, não deve ser confundida com os precedentes.

Não obstante a aplicação dos precedentes administrativos se insira em casos sucessivos e semelhantes, isso não quer dizer que se trata da aplicação do método da analogia em sentido estrito. Isso porque os precedentes pressupõem decisão prévia da Administração e a analogia, por sua vez, revela instrumento de integração do ordenamento jurídico nos casos de lacuna.[83]

Ademais, enquanto a analogia não pode ser utilizada na aplicação de sanções administrativas, com o intuito de prejudicar os administrados, a teoria dos precedentes, que deve envolver a interpretação e a aplicação de determinada norma legal, não encontra óbice na sua incidência, que pode envolver a administração prestacional ou sancionadora.

5.8. REQUISITOS PARA APLICAÇÃO DOS PRECEDENTES ADMINISTRATIVOS

A aplicação da teoria dos precedentes administrativos depende do cumprimento dos seguintes requisitos:

a) identidade subjetiva,

b) identidade objetiva,

c) legalidade do precedente e

---

administrativo, e não do direito civil para fixar o prazo de cinco anos para tomada de contas especial pelo TCU (REsp 1.480.350/RS, Rel. Min. Benedito Gonçalves, *DJe* 12.04.2016, Informativo de Jurisprudência do STJ n. 581).

[81] STJ, 2ª Seção, REsp 1.070.896/SC, Rel. Min. Luis Felipe Salomão, *DJe* 04.08.2010, Informativo de Jurisprudência do STJ n. 430.

[82] Nesse sentido: CASSAGNE, Juan Carlos. *Derecho administrativo*. 8. ed. Buenos Aires: Abeledo-Perrot, 2006. t. I, p. 214; BANDEIRA DE MELLO, Oswaldo Aranha. *Princípios gerais de direito administrativo*. 3. ed. São Paulo: Malheiros, 2007. v. I, p. 415. Ademais, a analogia não poderá resultar na exigência de tributo não previsto em lei, conforme vedação contida no art. 108, § 1º, do CTN.

[83] DÍEZ-PICAZO, Luis Mª. La doctrina del precedente administrativo. *Revista de Administración Pública* (RAP), Madrid, n. 98, may.-ago. 1982, p. 17.

d) inexistência de justificativa relevante e motivada para alteração do precedente.[84]

Preenchidos os citados requisitos, a Administração Pública deverá observar seus próprios precedentes, garantindo, destarte, coerência na ação estatal, bem como tratamento isonômico e segurança jurídica aos administrados.

5.8.1. Identidade subjetiva da Administração Pública

Em primeiro lugar, aplicação do precedente administrativo relaciona-se com o mesmo ente federativo e/ou a mesma entidade administrativa (identidade subjetiva).

Trata-se de identidade subjetiva da Administração Pública responsável por aplicar o precedente administrativo ao caso atual. Não é exigida, contudo, a identidade subjetiva em relação ao administrado que será afetado pela aplicação do precedente administrativo.

Sob o aspecto federativo, conforme salientado anteriormente, o efeito vinculante do precedente administrativo restringe-se ao ente federado que prolatou a decisão administrativa.

Em razão da forma federativa de Estado, cada ente (União, Estados, DF e Municípios) possui autonomia para decidir sobre as questões afetas às suas competências, na forma do art. 18 da CRFB.

Por essa razão, em princípio, a decisão proferida pela União vincula apenas os órgãos e as entidades federais, assim como as decisões dos Estados, do DF e dos Municípios vinculam, respectivamente, os órgãos e as entidades estaduais, distritais e municipais. Assim, por exemplo, a decisão administrativa proferida pelo Estado de São Paulo não vincula o Estado do Rio de Janeiro.

No âmbito de determinado ente federado, a extensão espacial dos efeitos vinculantes pode variar de acordo com a técnica de organização administrativa adotada para execução das atividades estatais.

É tradicional a distinção entre as técnicas da desconcentração e da descentralização. Enquanto na primeira hipótese ocorre uma distribuição interna de atribuições entre os respectivos órgãos estatais, estruturados a partir de uma relação de subordinação, na segunda hipótese a atividade estatal é transferida para pessoa distinta, física ou jurídica, que passa a ser responsável por sua execução,

---

[84] De forma semelhante: DÍEZ-PICAZO, Luis Mª. La doctrina del precedente administrativo. *Revista de Administración Pública* (RAP), Madrid, n. 98, may.-ago. 1982, p. 18-28.

vinculando-se (sem subordinação), por lei ou negócio jurídico, ao respectivo ente federado.[85]

No tocante à desconcentração, o resultado é a instituição de órgãos especializados, despidos de personalidade jurídica e integrantes da pessoa jurídica política ou administrativa. Temos, assim, órgãos no interior da Administração Pública Direta (ex.: Ministérios são órgãos inseridos na União; as Secretarias estaduais e municipais subordinam-se, respectivamente, aos Estados e Municípios) e da Administração Indireta (ex.: órgãos localizados na estrutura interna de uma autarquia).[86]

Os referidos órgãos são estruturados a partir de uma relação hierarquizada, subordinando-se à autoridade superior do ente federado ou da entidade administrativa, conforme o caso. Em razão da relação de subordinação, a decisão oriunda do órgão da cúpula do Executivo vincula todos os órgãos integrantes de sua estrutura (ex.: a decisão do Presidente da República, que ocupa o órgão da cúpula federal - a Presidência da República -, vincula todos os Ministérios e demais órgãos executivos federais; as decisões dos governadores estaduais e prefeitos municipais vinculam, respectivamente, todos os órgãos executivos estaduais e municipais).

Vale dizer: a eventual contradição nas decisões prolatadas pelos órgãos integrantes de uma mesma pessoa jurídica, federativa ou administrativa, pública ou privada, será resolvida a partir do critério hierárquico, com a definição da orientação jurídico-administrativa pelo órgão de cúpula daquela pessoa jurídica, garantindo-se, com isso, a coerência administrativa.

Questão mais complexa envolve a resolução do conflito de entendimentos sobre temas semelhantes oriundos de pessoas diversas que não se encontram subordinadas, tal como ocorre nas hipóteses relacionadas às pessoas que executam atividades estatais a partir da técnica da descentralização administrativa.

Na descentralização legal, a transferência da atividade administrativa para pessoa diversa do ente federado, ainda que integrante da sua Administração

---

[85] No presente tópico, o foco é a estruturação interna da Administração e o alcance federativos dos precedentes, razão pela qual não será analisada a descentralização negocial que envolve a delegação, por negócio jurídico, da atividade estatal à iniciativa privada, tal como ocorre nas concessões e permissões de serviços públicos. Nas concessões e permissões, o Poder Concedente possui prerrogativas contratuais que incluem, por exemplo, a alteração unilateral de cláusulas (*jus variandi*).

[86] Nesse sentido, o art. 1º, § 2º, I, da Lei 9.784/1999 define órgão como "a unidade de atuação integrante da estrutura da Administração direta e da estrutura da Administração indireta".

Indireta, acarreta uma relação de vinculação entre as pessoas envolvidas, mas não uma relação de subordinação. Não há, portanto, subordinação entre pessoas jurídicas diversas, mas apenas vinculação, cuja intensidade pode variar de acordo com o estipulado no instrumento jurídico que efetuou a descentralização.

As autarquias, as empresas públicas, as sociedades de economia mista e as fundações estatais de direito público e de direito privado possuem autonomia administrativa para decidirem sobre as questões inseridas em suas respectivas competências. Dessa forma, a decisão proferida, por exemplo, por uma autarquia federal não vincula outras entidades da Administração Indireta federal, estadual, distrital ou municipal.

Todavia, a existência de precedentes divergentes em casos semelhantes no interior do mesmo ente federativo, mesmo que provenientes de pessoas administrativas dotadas de autonomia, colocaria em risco a segurança jurídica e a igualdade na interpretação das mesmas normas jurídicas.

A solução é a instituição de instrumentos jurídicos que possibilitem a correção de entendimentos diversos por meio do reconhecimento do caráter vinculante a determinadas decisões administrativas.

De fato, não há hierarquia entre os entes federados e as entidades de sua Administração Indireta (ex.: as autarquias federais não estão, tecnicamente, subordinadas à União Federal). Em consequência, o controle administrativo exercido pelo ente federado em relação às entidades da Administração Indireta será delimitado na lei de criação ou que autorizou a criação da pessoa administrativa.

Tanto isso é verdade que o cabimento de recurso hierárquico impróprio contra decisões das entidades administrativas depende de expressa previsão legal. Isso porque o referido recurso representa, em última instância, uma relativização da autonomia administrativa da entidade da Administração Indireta, viabilizando o controle de seus atos (anulação ou revogação) pelo respectivo ente federado. Ora, se a autonomia da entidade administrativa é conferida por lei (lei institui pessoas administrativas públicas – autarquias e fundações estatais de direito público – e autoriza a instituição de pessoas administrativas privadas – empresas públicas, sociedades de economia mista e fundações estatais de direito privado), as eventuais relativizações dessa autonomia devem encontrar fundamento na lei.

Dessa forma, a possibilidade de o ente federado impor seus precedentes às suas entidades da Administração Indireta depende de previsão legal.

Em âmbito federal, por exemplo, o art. 40, § 1º, da LC 73/1993, que institui a Lei Orgânica da AGU, dispõe que o parecer aprovado e publicado juntamente com o despacho presidencial vincula a Administração Federal, cujos órgãos e entidades ficam obrigados a lhe dar fiel cumprimento.[87]

Trata-se de medida salutar que pretende garantir coerência na atuação das diversas entidades administrativas, que integram o mesmo ente federativo, em casos semelhantes. Não seria razoável admitir que, dentro da mesma esfera federativa, órgãos e entidades administrativas tivessem interpretações diferentes sobre as mesmas normas jurídicas e em relação a fatos semelhantes, o que, por certo, violaria os princípios da segurança jurídica, da boa-fé, da proteção da confiança legítima, da isonomia, entre outros.

5.8.2. Identidade objetiva

O segundo requisito para aplicação dos precedentes é a identidade objetiva entre o precedente e o caso atual. Tal como ocorre com os precedentes judiciais, a aplicação dos precedentes administrativos pressupõe semelhanças entre o caso anterior e o atual.[88]

A semelhança entre os fatos envolvidos no precedente administrativo e no caso atual justifica a necessidade de aplicação da mesma solução jurídica.

Dessa forma, ao julgar o caso atual, o administrador público deverá utilizar a mesma *ratio decidendi* do precedente, garantindo a coerência administrativa e, em última análise, a segurança jurídica e a isonomia.

O caráter vinculante dos precedentes administrativos é retirado do motivo e do conteúdo da decisão administrativa, devendo ser adotada a mesma *ratio decidendi* em casos futuros e semelhantes.

---

[87] Em sentido análogo, no Estado do Rio de Janeiro, o art. 47 da Lei 5.427/2009, que regula o processo administrativo estadual, admite a possibilidade de eficácia vinculativa e normativa a determinadas decisões proferidas em processos administrativos. Essa eficácia depende de ato motivado do governador, após manifestação da Procuradoria-Geral do Estado, com a devida publicação na imprensa oficial.

[88] Segundo Díez-Picazo: "Donde debe hacerse hincapié, con respecto al requisito de la identidad objetiva, es en la causa de ambas actuaciones. Lo que me parece que sí es estrictamente exigible es que exista similitud entre las circunstancias que dieron lugar a ambas actuaciones. Si las circunstancias o presupuestos de hecho son similares, y en el segundo caso la Administración actúa de un modo diferente, es que no está cumpliendo los fines que el ordenamiento señala a la potestad utilizada. En otras palabras, la causa de esa actuación está viciada." DÍEZ-PICAZO, Luis Mª. La doctrina del precedente administrativo. *Revista de Administración Pública* (RAP), Madrid, n. 98, may.-ago. 1982, p. 21.

5.8.3. Legalidade

O terceiro requisito para a caracterização do precedente é a sua legalidade. Seria desproporcional imaginar que precedentes ilegais ou inconstitucionais fossem perpetuados na Administração Pública, sem a possibilidade de sua correção ou superação pela própria Administração.

Trata-se da autotutela administrativa que estabelece o dever da Administração de anular, por ilegalidade, e a faculdade de revogar, por conveniência e oportunidade, seus próprios atos administrativos (art. 53 da Lei 9.784/1999 e Súmula 473 do STF).

Por essa razão, a vinculação da Administração aos precedentes administrativos (autovinculação) somente existirá se os referidos precedentes estiverem de acordo com o ordenamento jurídico.

A decisão administrativa que anula, por ilegalidade, determinado precedente administrativo possui efeitos retroativos (*ex tunc*), uma vez que não seria razoável considerar, em princípio, que um ato ilegal pudesse acarretar efeitos válidos.

Todavia, o ordenamento jurídico deve ser interpretado de forma sistemática, o que permite concluir que no processo de invalidação do precedente, a autoridade administrativa deverá observar não apenas o princípio da legalidade, mas também os demais princípios jurídicos (juridicidade).

A partir dessa premissa, a autoridade administrativa, ao invalidar o precedente administrativo, no âmbito do controle de legalidade/constitucionalidade, pode modular os resultados da invalidação, conferindo efeitos prospectivos à sua decisão.

Assim, em vez de se aplicar a regra geral e declarar nulo o ato desde a sua origem (*ex tunc*), o administrador pode aplicar efeitos não retroativos (*ex nunc*) ou, ainda, determinar que a nulidade só terá consequências em momento futuro.

A modulação dos efeitos na decisão proferida em sede de controle de legalidade (*rectius*: juridicidade) do ato administrativo é uma possibilidade que decorre da própria necessidade de ponderação dos interesses em jogo e da compatibilidade entre os princípios da legalidade e da segurança jurídica.

Ademais, a sua efetivação, hoje, pode ser justificada a partir da aplicação analógica do art. 27 da Lei 9.868/1999, que trata do processo e julgamento da ação direta de inconstitucionalidade e da ação declaratória de constitucionalidade perante o Supremo Tribunal Federal.[89]

---

[89] OLIVEIRA, Rafael Carvalho Rezende. *Princípios do direito administrativo*. 2. ed. São Paulo: Método, 2013. p. 151. A tese foi encampada pelo art. 53, § 3º, da Lei 5.427/2009, ao tratar do processo administrativo no Estado do Rio de Janeiro, estabelece, de forma categórica, a

5.8.4. Inexistência de justificativa relevante e motivada para alteração do precedente

O quarto requisito, por fim, é a inexistência de justificativa relevante e motivada para alteração do precedente.

Não obstante o seu caráter vinculante, o precedente administrativo não pode acarretar o congelamento ou a imutabilidade absoluta do entendimento administrativo, especialmente pela necessidade de adequação da ação administrativa às transformações legislativas, sociais, econômicas, entre outros fatores.

A alteração das circunstâncias fáticas pode ensejar mudanças de entendimento e interpretações evolutivas que justificam a inaplicabilidade ou a alteração, total ou parcial, do precedente.

Deve ser garantida, portanto, alguma margem de liberdade às inovações administrativas, com a flexibilização ou a superação dos precedentes por meio de decisões motivadas e, em regra, sem prejudicar os demais administrados que sofreram os efeitos dos referidos precedentes.

A motivação, nesse ponto, é essencial para evitar ou inibir arbitrariedades administrativas que coloquem em risco o princípio da igualdade. É por meio da motivação que será demonstrada a existência de diferenças substanciais entre os casos e a inaplicabilidade do precedente administrativo, bem como a necessidade de flexibilização ou a superação, total ou parcial, do precedente em virtude das alterações sociais, econômicas ou políticas.[90]

Em resumo, a inaplicabilidade do precedente ao caso atual pode ocorrer, de forma motivada, em duas situações:[91]

a) *distinguising*: quando o administrador demonstrar diferenças substanciais entre o caso atual e o precedente que justifiquem a adoção de solução jurídica diversa; e

---

possibilidade de modulação dos efeitos temporais da decisão proferida na autotutela administrativa.

[90] Nas palavras de Ortiz Díaz: "La obligatoriedad para la Administración de motivar el acto administrativo quebrantador del «precedente» de decisiones anteriores representa un freno contra la arbitrariedad y constituye una garantía tanto para la Administración como para el administrado, al que le abre la gran puerta del recurso contencioso, por las razones y en las formas y modalidades que señalaremos a continuación." ORTIZ DÍAZ, José. El precedente administrativo. *Revista de Administración Pública* (RAP), Madrid, n. 24, sep./dic. 1957, p. 110.

[91] Sobre a aplicação e a superação dos precedentes, remetemos o leitor para os itens 3.6, 4.6 e 4.7.

b) *overruling*: quando o administrador demonstrar, por exemplo, uma das seguintes justificativas: b.1) o precedente apresentou interpretação equivocada da legislação, b.2) as alterações econômicas, sociais ou políticas justificam nova orientação para o atendimento do interesse público, b.3) as consequências práticas oriundas do precedente se mostram contrárias ao interesse público; e b.4) a norma utilizada no precedente é ilegal ou inconstitucional.

5.9. APLICAÇÃO DOS PRECEDENTES ADMINISTRATIVOS: ANALOGIA E *DISTINGUISHING*

A força vinculante do precedente administrativo decorre da necessidade de segurança jurídica, de vedação da arbitrariedade e de aplicação igualitária da ordem jurídica.

De forma semelhante ao que ocorre na aplicação dos precedentes judiciais, a compreensão dos precedentes administrativos depende das técnicas de analogia e distinção entre a decisão administrativa e os casos futuros.

Enquanto o precedente administrativo deve ser observado nos casos semelhantes subsequentes, admite-se o seu afastamento nas hipóteses em que a Administração Pública demonstrar, de forma motivada, distinções relevantes (*distinguishing*) em relação ao caso atual, pendente de decisão.

Destarte, verificamos que o objetivo principal do *distinguishing é contrabalancear a rigidez da Teoria dos Precedentes, que* busca trazer celeridade e segurança jurídica aos processos judicial e administrativo, por meio da uniformização das decisões judiciais e administrativas, respectivamente, com o objetivo de garantir a aplicação justa do ordenamento jurídico.

No campo da atuação administrativa, a Lei de Processo Administrativo Federal reconhece expressamente a possibilidade de *distinguishing*. Na forma do art. 50, VII, da Lei 9.784/1999, os atos administrativos deverão ser motivados, com indicação dos fatos e dos fundamentos jurídicos, quando deixarem de aplicar *jurisprudência* firmada sobre a questão.

Além disso, o art. 56, § 3º, da Lei 9.784/1999 prevê expressamente que, se o recorrente alegar que a decisão administrativa contraria enunciado da súmula vinculante, caberá à autoridade prolatora da decisão impugnada, se não a reconsiderar, explicitar, antes de encaminhar o recurso à autoridade superior, as razões da aplicabilidade ou inaplicabilidade da súmula, conforme o caso.

Frise-se que a necessidade de promover o *distinguishing* é uma obrigação não apenas do julgador, como do próprio interessado, que deve, desde logo, apresentar em sua peça processual, na esfera judicial ou administrativa, argumentos que demonstrem a disparidade do precedente com o caso atual pendente de decisão. Essa obrigação pode ser extraída do art. 6º do CPC/2015, que determina que *todos os sujeitos do processo devem cooperar entre si para que se obtenha, em tempo razoável, decisão de mérito justa e efetiva*, aplicável aos processos administrativos por força do art. 15 do mesmo diploma legal.

5.10. SUPERAÇÃO DOS PRECEDENTES ADMINISTRATIVOS: *OVERRULING*

A inaplicabilidade dos precedentes, conforme já destacado, pode decorrer da técnica da distinção com o caso atual, bem como da superação do próprio precedente (*overruling*).

O próprio CPC/2015 inseriu expressamente a possibilidade de *overruling*, ao afirmar, em seu art. 489, § 1º, VI, que não se considera fundamentada qualquer decisão judicial que deixar de seguir enunciado de súmula, jurisprudência ou precedente invocado pela parte, sem demonstrar a existência de distinção no caso em julgamento ou *superação* do entendimento.

Raciocínio semelhante pode ser aplicado aos processos administrativos, na forma do art. 15 do CPC/2015.

Ademais, o respeito ao precedente administrativo e a respectiva superação podem ser extraídos da viabilidade de novas interpretações administrativas (art. 2º, parágrafo único, XIII, da Lei 9.784/1999) e da necessidade de motivação por parte da autoridade administrativa que deixar de aplicar jurisprudência firmada sobre a questão (art. 50, VII, da Lei 9.784/1999).

Em síntese, são duas as situações nas quais a Administração poderia superar os seus próprios precedentes (*overruling*), a saber: a) quando a decisão administrativa que originou o precedente for ilegal e b) quando o interesse público, devidamente motivado, justificar a alteração do entendimento administrativo.[92]

Com efeito, o afastamento de enunciado de súmula, de jurisprudência pacificada ou de tese adotada em julgamento de casos repetitivos em razão de sua superação, deverá observar a necessidade de fundamentação adequada e específica, considerando os princípios da segurança jurídica, da proteção da confiança e da isonomia, dos jurisdicionados.

---

[92] Nesse sentido: SANTAMARÍA PASTOR, Juan Alfonso. *Principios de derecho administrativo general*. Madrid: Iustel, 2004. v. I, p. 158-159.

5.10.1. Exigências para superação dos precedentes administrativos

A legitimidade da superação dos precedentes administrativos depende do cumprimento de duas exigências, a saber:

a) impossibilidade de efeitos retroativos para prejudicar os administrados; e

b) motivação.

A efetividade da teoria dos precedentes administrativo depende, em grande medida, do comprometimento institucional dos órgãos e entidades administrativas que somente procederão à superação de seus precedentes em casos devidamente justificados e, em regra, com efeitos não retroativos com o intuito de não surpreender os administrados.

5.10.1.1. Efeitos e modulação

A alteração da interpretação administrativa não possui efeitos retroativos, de forma que aqueles que se beneficiaram do precedente, no passado, não serão atingidos pela nova orientação administrativa, na forma do art. 2º, parágrafo único, XIII, da Lei 9.784/1999.

É preciso interpretar a Lei 9.784/1999 de forma sistemática para compatibilizar o art. 2º, parágrafo único, XIII, que estabelece a regra da irretroatividade das novas interpretações administrativas (*ex nunc*), e os arts. 53 e 54, que consagram o princípio da autotutela administrativa e impõem o dever de anulação dos atos ilegais, no prazo decadencial de cinco anos, com efeitos retroativos (*ex tunc*).

Na hipótese em que a Administração Pública verifica a ilegalidade do ato administrativo, abre-se caminho para autotutela administrativa. A anulação do ato ilegal deve ser efetivada no prazo decadencial de cinco anos, contado da sua publicação, salvo comprovada má-fé, na forma dos arts. 53 e 54 da Lei 9.784/1999.

Em consequência, a anulação produz efeitos retroativos, com a invalidação do ato (e respectivos efeitos jurídicos) desde a sua edição.

Admite-se, porém, a modulação dos efeitos do controle de legalidade (*"prospective overruling"*), com declaração da ilegalidade da decisão administrativa com efeitos para o futuro.

A modulação temporal dos efeitos da decisão proferida em sede de controle de legalidade dos atos administrativos pode ser justificada pela aplicação analógica do art. 27 da Lei 9.868/1999. Ora, se a modulação temporal é admitida no controle de constitucionalidade das leis, que envolve vício de inconstitucionalidade, com maior razão a modulação deve ser admitida no controle de atos que apresentarem vícios de legalidade.[93]

Por outro lado, a irretroatividade das novas interpretações administrativas, prevista no art. 2º, parágrafo único, XIII, da Lei 9.784/1999, relaciona-se, em princípio, com a mudança de interpretação por razões de interesse público. Também se restringe aos casos em que existem prejuízos aos administrados, admitindo-se, contudo, a retroatividade das novas interpretações administrativas que beneficiam os administrados. Assim, por exemplo, a nova interpretação no campo do direito administrativo sancionador que beneficie determinado particular ou agente público, punido em processo administrativo anterior, pode retroagir para abrandar ou afastar a sanção.

Nos casos em que a Administração altera a interpretação das normas jurídicas para adequá-las ao interesse público atual, especialmente em virtude de alterações sociais, econômicas e políticas, a nova orientação deve ser aplicada ao caso atual e aos casos futuros. Não seria desproporcional, inclusive, restringir a nova orientação administrativa para casos futuros, aplicando ao caso atual a antiga interpretação, com o objetivo de resguardar a boa-fé e a confiança legítima do administrado.

Seria possível, ainda, aplicar a regra da irretroatividade da interpretação administrativa para os casos em que a Administração Pública reconhece a ilegalidade da antiga interpretação, mas não altera a respectiva decisão.

É o que ocorre na hipótese em que se opera a decadência administrativa e a Administração perde o direito de anular o ato administrativo ilegal. Apesar da inalterabilidade da decisão administrativa ilegal, a tese aplicada ao caso pode ser posteriormente alterada pela Administração. Trata-se da alteração da interpretação e do precedente por razões de ilegalidade, sem a necessária modificação da decisão administrativa anterior.

5.10.1.2. Motivação

A superação do precedente exige, ainda, motivação expressa por parte da Administração, com a indicação das justificativas fático-jurídicas que ensejaram a superação.

Em consequência, ao não aplicar o precedente, sem apresentar qualquer motivação legítima para sua superação, a decisão administrativa será inválida,

---

[93] No Estado do Rio de Janeiro, a modulação temporal dos efeitos da decisão proferida em sede de controle de legalidade encontra-se prevista no art. 53, § 3º, da Lei 5.427/2009.

na forma do art. 50, VII, da Lei 9.784/1999, bem como por violar a boa-fé e a confiança legítima do administrado, abrindo-se caminho, também, para o dever de indenizar por parte da Administração Pública.

5.10.2. Hipóteses de superação dos precedentes administrativos

A superação dos precedentes administrativos, conforme será demonstrado a seguir, pode decorrer: a) ilegalidade: a.1) da decisão administrativa na qual se originou o próprio precedente; a.2) ilegalidade do precedente sem invalidação da decisão administrativa respectiva; e b) razões de interesse público.

5.10.2.1. Anulação da decisão administrativa que originou o precedente

A superação do precedente administrativo pode ocorrer em razão da ilegalidade da decisão administrativa da qual ele se originou. A ilegalidade deve ser reconhecida pela própria Administração Pública, no âmbito da autotutela, ou pelo Poder Judiciário, tendo em vista o princípio da inafastabilidade do controle judicial.

A ilegalidade do precedente pode ser apurada no exercício da autotutela administrativa que declara a ilegalidade da própria decisão administrativa que serviu de suporte para o surgimento do precedente.

Nesse caso, se a constatação da ilegalidade da decisão anterior, da qual derivou o precedente, ocorrer dentro do prazo decadencial de cinco anos, contado da publicação da referida decisão,[94] a Administração Pública, no exercício de sua autotutela administrativa, deverá anular a decisão anterior e, por consequência, invalidar o próprio precedente.

Em âmbito federal, o art. 54 da Lei 9.784/1999 dispõe: "O direito da Administração de anular os atos administrativos de que decorram efeitos favoráveis para os destinatários decai em cinco anos, contados da data em que foram praticados, salvo comprovada má-fé".

Não exercida a prerrogativa da autotutela no prazo legal, opera-se a decadência administrativa. Isso quer dizer que a Administração Pública perde o direito de anular os atos favoráveis ao particular, ainda que ilegais. Não se trata, pois, de perda da pretensão (prescrição administrativa), mas, sim, do próprio direito de anulação do ato ilegal. Trata-se da convalidação involuntária do ato administrativo ilegal,

---

[94] De acordo com José dos Santos Carvalho Filho: "O prazo decadencial para o exercício da autotutela invalidatória tem sua contagem iniciada na data de vigência do ato administrativo viciado, que, como regra, coincide com a de sua publicação". CARVALHO FILHO, José dos Santos. *Processo administrativo federal*. 4. ed. Rio de Janeiro: Lumen Juris, 2009. p. 287.

uma vez que o decurso do tempo (cinco anos) impede a anulação do respectivo ato administrativo.

A decadência administrativa, contudo, é afastada em algumas hipóteses.

Em primeiro lugar, conforme dispõe o referido dispositivo legal, o prazo decadencial quinquenal para anulação de atos ilegais deve ser aplicado apenas aos "atos administrativos de que decorram efeitos favoráveis para os destinatários".

Em consequência, não se aplica o prazo decadencial para os atos restritivos ou ablativos. Nesse sentido, o art. 65, *caput* e parágrafo único, da Lei 9.784/1999 prevê a possibilidade de revisão, a qualquer tempo, a pedido ou de ofício, dos processos administrativos de que resultem sanções, quando surgirem fatos novos ou circunstâncias relevantes suscetíveis de justificar a inadequação da sanção aplicada, vedando-se, nesses casos, o agravamento da sanção (proibição da *reformatio in pejus*).

De forma semelhante, os arts. 174 e 182, parágrafo único, da Lei 8.112/1990 tratam da possibilidade de revisão, a qualquer tempo, do processo administrativo disciplinar, relativo ao servidor estatutário federal, "quando se aduzirem fatos novos ou circunstâncias suscetíveis de justificar a inocência do punido ou a inadequação da penalidade aplicada", proibido o agravamento da penalidade.

Em segundo lugar, o prazo decadencial é inaplicável quando configurada a má-fé do administrado, na forma da parte final do art. 54 da Lei 9.784/1999.[95] É evidente que o administrado, que age com o propósito de enganar a Administração para obter vantagem indevida, não pode invocar a "confiança legítima" ou a "boa-fé" para pretender a permanência do ato administrativo.

Há controvérsia doutrinária no tocante à caracterização da mencionada má-fé. É razoável supor que a intenção do legislador, apesar da ausência de clareza da norma, é impedir a decadência quando houver má-fé do administrado e não do administrador. Isto porque a ilegalidade do ato, que pode compreender a atuação

---

[95] Nesse sentido: FREITAS, Juarez. Processo administrativo federal: reflexões sobre o prazo anulatório e a amplitude do dever de motivação dos atos administrativos. *As leis do processo administrativo*. São Paulo: Malheiros, 2006. p. 99; SILVA, Almiro do Couto e. O princípio da segurança jurídica (proteção à confiança) no direito público brasileiro e o direito da Administração Pública de anular seus atos administrativos: o prazo decadencial do art. 54 da Lei do processo administrativo da União (Lei nº 9.784/99). *Revista de Direito Administrativo*, n. 237, jul./set. 2004, p. 304. Em sentido contrário, Weida Zancaner defende a observância do prazo de 10 anos, previsto no art. 205 do CC, quando verificada a má-fé do destinatário. ZANCANER, Weida. *Da convalidação e da invalidação dos atos administrativos*. 3. ed. São Paulo: Malheiros, 2008. p. 79.

imoral do administrador, não pode prejudicar o particular de boa-fé. Trata-se de uma norma protetiva da confiança legítima do particular.[96]

Ainda que a questão dependa da análise das circunstâncias específicas de cada caso concreto, parece mais adequada a caracterização da má-fé quando o administrado conhece a ilegalidade ou deveria conhecê-la. Aplica-se, no caso, a denominada teoria da evidência que afirma a impossibilidade de convalidação de vícios manifestos (evidentes) e graves, assim considerados aqueles que não suscitam discordância quando da edição do ato e dispensam conhecimento técnico de profissionais do direito para sua caracterização.[97]

Em terceiro lugar, a convalidação deve restringir-se aos atos administrativos ilegais que possuem vícios sanáveis.

É tradicional a polêmica doutrinária a respeito da aplicação da dicotomia "ato nulo x ato anulável", oriunda do direito civil, ao direito administrativo. De um lado, alguns autores (teoria monista) sustentam que os atos administrativos ilegais são sempre nulos, sendo inaplicável a teoria da nulidade relativa ou da anulabilidade ao direito administrativo.[98] De outro lado, parcela da doutrina (teoria dualista) afirma que os atos administrativos ilegais podem ser nulos ou anuláveis quando os vícios forem, respectivamente, insanáveis ou sanáveis.[99]

---

[96] Nesse sentido: SILVA, Almiro do Couto e. O princípio da segurança jurídica (proteção à confiança) no direito público brasileiro e o direito da Administração Pública de anular seus atos administrativos: o prazo decadencial do art. 54 da Lei do processo administrativo da União (Lei nº 9.784/99). *Revista de Direito Administrativo*, n. 237, jul./set. 2004, p. 304-305. Em sentido diverso, Juarez Freitas sustenta que a má-fé em geral (seja do administrado, seja do administrador) afastaria o prazo decadencial de cinco anos. FREITAS, Juarez. Processo administrativo federal: reflexões sobre o prazo anulatório e a amplitude do dever de motivação dos atos administrativos. *As leis do processo administrativo*. São Paulo: Malheiros, 2006. p. 100.

[97] MOREIRA NETO, Diogo de Figueiredo. *Curso de direito administrativo*. 15. ed. Rio de Janeiro: Forense, 2009. p. 242. Essa foi a solução adotada pelo art. 53, § 2º, da Lei 5.427/2009 (Lei do Processo Administrativo do Estado do Rio de Janeiro), que dispõe: "Sem prejuízo da ponderação de outros fatores, considera-se de má-fé o indivíduo que, analisadas as circunstâncias do caso, tinha ou devia ter consciência da ilegalidade do ato praticado".

[98] MEIRELLES, Hely Lopes. *Direito administrativo brasileiro*. 22. ed. São Paulo: Malheiros, 1997. p. 189; GASPARINI, Diógenes. *Direito administrativo*. 12. ed. São Paulo: Saraiva, 2007. p. 109.

[99] CARVALHO FILHO, José dos Santos. *Manual de direito administrativo*. 24. ed. Rio de Janeiro: Lumen Juris, 2011. p. 143; DI PIETRO, Maria Sylvia Zanella. *Direito administrativo*. 22. ed. São Paulo: Atlas, 2009. p. 245; BANDEIRA DE MELLO, Celso Antônio. *Curso de direito administrativo*. 21. ed. São Paulo: Malheiros, 2006. p. 446.

Entendemos que os atos administrativos viciados podem ser nulos ou anuláveis, tendo em vista a possibilidade de constatação de graus diversos de vícios de legalidade: os vícios insanáveis, que acarretam a nulidade e não admitem a convalidação, e os vícios sanáveis, que não contaminam a essência do ato e podem ser convalidados pela Administração Pública.[100]

Ademais, o princípio da legalidade não é o único parâmetro para verificação da juridicidade do ato administrativo. Em verdade, a juridicidade do ato pressupõe a sua adequação ao ordenamento jurídico em sua integralidade, o que justifica a superação de determinados vícios de legalidade (vícios sanáveis) para prevalência de outros valores constitucionais.

Os vícios sanáveis, que admitem convalidação, são os relacionados à competência, à forma (inclusive vícios formais no procedimento administrativo) e ao objeto, quando este último for plúrimo (quando o ato possuir mais de um objeto). Por outro lado, os vícios insanáveis, que não toleram a convalidação, dizem respeito ao motivo, ao objeto (quando único), à finalidade e à falta de congruência entre o motivo e o resultado do ato administrativo.[101]

Portanto, três elementos dos atos administrativos, quando viciados, admitem a convalidação: a competência, a forma e o objeto (plural). Ao revés, os outros dois elementos (finalidade e motivo) não admitem a convalidação.

A distinção entre vícios sanáveis e insanáveis para fins de convalidação do ato administrativo foi consagrada no art. 55 da Lei 9.784/1999 que dispõe: "Em decisão na qual se evidencie não acarretarem lesão ao interesse público nem prejuízo a terceiros, os atos que apresentarem defeitos sanáveis poderão ser convalidados pela própria Administração".[102]

A referida norma legal demonstra que, além dos vícios sanáveis, a convalidação pressupõe a inexistência de lesão ao interesse público, bem como a ausência de prejuízos a terceiros.

---

[100] OLIVEIRA, Rafael Carvalho Rezende. *Curso de direito administrativo*. 5. ed. São Paulo: Método, 2017. p. 337.
[101] Nesse sentido: CARVALHO FILHO, José dos Santos. *Manual de direito administrativo*. 24. ed. Rio de Janeiro: Lumen Juris, 2011. p. 152-153; ZANCANER, Weida. *Da convalidação e da invalidação dos atos administrativos*. 3. ed. São Paulo: Malheiros, 2008. p. 85-98.
[102] No mesmo sentido, dispõe o art. 52 da Lei Estadual 5.427/2009 (Lei do Processo Administrativo do Estado do Rio de Janeiro): "Art. 52. Em decisão na qual se evidencie não acarretarem lesão ao interesse público nem prejuízo a terceiros, os atos que apresentarem defeitos sanáveis poderão ser convalidados pela própria Administração".

5.10.2.2. Ilegalidade do precedente sem anulação da decisão administrativa

A superação do precedente pode ocorrer quando constatada a sua ilegalidade, ainda que a decisão administrativa, da qual o precedente se originou, não possa ser anulada em razão da decadência administrativa.

Nesse caso, a Administração Pública não poderia invalidar a decisão administrativa que deu origem ao precedente, uma vez que decaiu do direito de exercer a autotutela. Contudo, a Administração Pública pode alterar a sua interpretação para concluir que o precedente, extraído da *ratio decidendi* da decisão administrativa anterior, é ilegal.

Dessa forma, sem alterar a decisão administrativa anterior, coberta pela "coisa julgada administrativa", a Administração Pública altera a sua posição anterior e apresenta nova interpretação jurídica para o caso atual e futuros casos semelhantes.

Aqui, é importante reiterar a distinção entre decisão e precedente, aplicável não apenas aos processos judiciais, mas, também, aos processos administrativos.

As decisões são comandos que resolvem conflitos de interesses. Os precedentes administrativos decorrem de uma decisão pretérita, mas não é qualquer decisão que gera precedente. Apenas aquela que tiver o potencial de servir como paradigma para os casos futuros semelhantes será considerada precedente.

Os precedentes administrativos são as decisões administrativas que enunciam regras ou princípios jurídicos que devem ser respeitados em casos futuros. Não configura precedente a decisão administrativa que simplesmente aplica precedente ou o texto literal da lei, por meio de subsunção, para solução do caso concreto, sem qualquer acréscimo relevante interpretativo ao texto legal.

A principal distinção entre as decisões administrativas e os precedentes administrativos relaciona-se ao fato de que aquela resolve, concretamente, determinado conflito de interesses, e os precedentes possuem relevância além do caso concreto, servindo de paradigma para os casos futuros.

Ainda que não seja possível a reforma ou a invalidação de uma decisão administrativa, em razão da decadência, a Administração Pública pode deixar de aplicar algum precedente a partir de determinado momento por considerá-lo incompatível com a ordem jurídica.

Reitere-se, por oportuno, que a nova orientação administrativa não pode retroagir (efeitos *ex nunc*) para prejudicar os administrados que se beneficiaram do precedente até então vigente, na forma do art. 2º, parágrafo único, XIII, da Lei 9.784/1999. A retroatividade da nova interpretação (efeitos *ex tunc*) somente seria possível para beneficiar os administrados atingidos pelo precedente superado.

5.10.2.3. Superação do precedente por razões de interesse público

A superação do precedente administrativo ocorre por razões de interesse público, com a alteração da interpretação administrativa de determinado dispositivo legal, e será justificada pela necessidade de modificação do entendimento anterior, em razão de alterações econômicas, sociais e políticas.

Isso porque o interesse público é algo essencialmente mutável no tempo e no espaço, o que faz com que sua permanência se sujeite, muitas vezes, às alterações na conjuntura econômica e social.

É dizer, as inúmeras transformações políticas, econômicas e sociais sofridas pela sociedade acarretam mudanças constantes do que possa vir a ser classificado como interesse público.

Em consequência, as mudanças nas interpretações administrativas são naturais, o que não significa dizer que possam ser arbitrárias ou caprichosas, razão pela qual o próprio ordenamento jurídico fixa limites às novas interpretações, que devem buscar "o atendimento do fim público" e não devem ser, em regra, retroativas (art. 2º, parágrafo único, XIII, da Lei 9.784/1999).

Ainda que a noção de interesse público seja naturalmente mutável, não pode o gestor público ignorar os precedentes administrativos no momento de definir as respectivas políticas públicas. Assim, por exemplo, a posse do novo Chefe do Executivo pode acarretar a mudança de orientação política, mas o gestor público não poderá desconsiderar os precedentes administrativos e as eventuais superações dos precedentes deverão ser acompanhadas das respectivas justificativas, resguardando-se, ainda, os direitos adquiridos, a igualdade de tratamento entre os administrados e a boa-fé.

A ausência ou insuficiência de motivação, como já demonstrado, pode ensejar, inclusive, a invalidade da decisão que supera o precedente.

5.11. EFEITOS DA VIOLAÇÃO AOS PRECEDENTES ADMINISTRATIVOS

A partir da concepção de que os precedentes administrativos devem ser respeitados nos casos futuros semelhantes, em razão dos princípios constitucionais da igualdade, da segurança jurídica, da boa-fé, da confiança legítima, entre outros, a violação dos precedentes pode acarretar, ao menos, as seguintes consequências jurídicas:

a) invalidade do ato administrativo que viola o precedente administrativo, sem a apresentação de motivação suficiente; e

b) responsabilidade civil da Administração Pública, com a imposição de pagamento de indenização.[103]

Com efeito, a inobservância dos precedentes administrativos, sem a demonstração dos motivos legítimos que justificaram a sua superação, constitui violação ao ordenamento jurídico.

Preliminarmente, é oportuno reiterar que a vinculação da Administração aos seus próprios precedentes não é absoluta, admitindo-se a superação dos precedentes administrativos (*overruling*) quando demonstrada a alteração do contexto fático-jurídico que justifique a adoção de nova orientação administrativa.

Conforme destacado no tópico anterior, a legitimidade da superação dos precedentes administrativos depende do cumprimento dos seguintes requisitos: a) impossibilidade de efeitos retroativos para prejudicar os administrados; e b) motivação.

Com efeito, se a superação dos precedentes for efetivada de forma ilícita, em descumprimento aos requisitos mencionados anteriormente (irretroatividade da nova interpretação e motivação), abre-se caminho, desde logo, para a invalidação da decisão contrária ao precedente administrativo e a indenização dos prejudicados quando comprovados os elementos da responsabilidade administrativa.

Partindo da premissa de que o precedente administrativo é legal, inexistindo motivo legítimo para sua superação, a Administração tem o dever de observá-lo em casos semelhantes, sob pena de invalidação da decisão contrária ao precedente e do dever de indenizar os prejudicados.

A primeira consequência, portanto, da violação do precedente é a invalidação da decisão administrativa conflitante. Ora, a partir da premissa de que os precedentes administrativos devem ser observados pela Administração Pública em casos futuros semelhantes, com o objetivo de efetivar os princípios da igualdade, da boa-fé, da segurança jurídica, da proteção da confiança legítima, entre outros, parece natural que a decisão administrativa que contraria o precedente administrativo deve ser considerada ilícita, impondo-se a sua invalidação.

A anulação da decisão contrária ao precedente administrativo deve ser procedida pela própria Administração, no exercício da autotutela administrativa

---

[103] De forma semelhante: DÍEZ-PICAZO, Luis Mª. La doctrina del precedente administrativo. *Revista de Administración Pública* (RAP), Madrid, n. 98, may.-ago. 1982, p. 38; DÍEZ SASTRE, Silvia. *El precedente administrativo:* fundamentos y eficácia vinculante. Madrid: Marcial Pons, 2008. p. 268-271.

(Súmula 473 do STF e arts. 53 e 54 da Lei 9.784/1999), ou pelo Poder Judiciário no âmbito da respectiva ação judicial.[104]

A segunda consequência da violação ao precedente administrativo é o surgimento do dever de indenizar aquele que foi prejudicado pela aplicação da decisão administrativa conflitante.

Ao declarar ilegal o ato contrário ao precedente administrativo, sem que os respectivos beneficiários tenham contribuído para a ilegalidade, a Administração tem o dever de indenizá-los.[105] Trata-se da responsabilidade civil objetiva do Estado decorrente de ato ilegal, contrário à norma jurídica extraída do precedente.

5.12. PROCESSOS JUDICIAIS *VERSUS* PROCESSOS ADMINISTRATIVOS

O termo processo deriva da expressão latina *procedere* e significa "caminhar para a frente". No campo jurídico, o processo pode ser concebido como a prática de uma série encadeada e sucessiva de atos necessários à formulação da decisão estatal.

Tradicionalmente, os estudiosos distinguem os termos: processo e procedimento. Enquanto o termo "processo" refere-se à relação jurídica entre pessoas, preordenada a um fim (noção teleológica), a expressão "procedimento" é o rito e denota o caráter dinâmico daquela relação (noção instrumental).[106]

A doutrina diverge sobre a nomenclatura ideal: processo ou procedimento administrativo. Por um lado, alguns autores preferem a expressão "procedimento

---

[104] Registre-se que, no processo civil, a decisão que contrariar precedente judicial deve ser anulada, por ausência de fundamentação, na forma do art. 489, § 1º, VI, do CPC.

[105] De acordo com Díez-Picazo: "Los casos en que la Administración se ha separado de un precedente vinculante, de modo que su actuación es ilegal, pueden dar lugar a responsabilidad por daño causado por un acto jurídico (o, en su caso, por una actividad material) ilícito. (...) Los casos en que la Administración se ha desviado de un precedente no vinculante, es decir, en que su actuación ha sido legítima, pueden dar lugar a responsabilidad por lesión causada por un acto jurídico (o, aunque más difícilmente, por una actividad material) lícito. La licitud no implica necesariamente que exista un deber jurídico de soportar el daño; aunque, por supuesto, puede existir ese deber. Lo antijurídico no es el acto, sino sus consecuencias." DÍEZ-PICAZO, Luis Mª. La doctrina del precedente administrativo. *Revista de Administración Pública* (RAP), Madrid, n. 98, may.-ago. 1982, p. 41.

[106] Nesse sentido: CARVALHO FILHO, José dos Santos. *Manual de direito administrativo*. 24. ed. Rio de Janeiro: Lumen Juris, 2011. p. 892; MEIRELLES, Hely Lopes. *Direito administrativo brasileiro*. 22. ed. São Paulo: Malheiros, 1997. p. 591.

administrativo", reservando a utilização do termo "processo" para a esfera judicial.[107] Por outro lado, parcela da doutrina utiliza a expressão "processo administrativo".[108]

Em que pese a ausência, a nosso sentir, de maior importância na questão terminológica, preferimos a expressão "processo administrativo" que foi, inclusive, consagrada na Constituição Federal (ex.: art. 5º, LV, da CRFB) e na Lei 9.784/1999.[109]

É possível afirmar, nesse sentido, que o processo estatal é gênero do qual são espécies os processos legislativo, jurisdicional e administrativo, qualificações que variam de acordo com a função exercida.

No tocante aos processos judiciais e administrativos, ao lado das semelhanças e de alguns princípios comuns, existem peculiaridades e distinções importantes que impedem a aplicação automática e sem adaptações do mesmo regime jurídico.

Assim, por exemplo, enquanto o processo judicial é caracterizado pela inércia da jurisdição (art. 2º do CPC/2015) e pela existência do juiz imparcial, que não é titular dos direitos conflitantes, o processo administrativo, por sua vez, pode ser instaurado de ofício pela Administração Pública que integra como parte a relação conflituosa. Ressalte-se, todavia, que o fato de a Administração Pública julgar os conflitos administrativos dos quais seja parte não afasta o seu dever de imparcialidade.

Outra diferença relevante se refere à formação da coisa julgada, sendo certo que no ordenamento jurídico pátrio vigora o princípio da inafastabilidade da jurisdição (art. 5º, XXXV, da CRFB), cabendo, portanto, ao Poder Judiciário resolver, com força definitiva, os conflitos de interesses. Ainda que a Administração Pública também tenha competência para resolver os conflitos administrativos, inclusive nas relações com os administrados, a validade das decisões proferidas nos processos administrativos poderia ser discutida perante o Poder Judiciário.

A "coisa julgada administrativa" (preclusão máxima ou consumativa) revela a impossibilidade de modificação, de ofício ou mediante provocação, da decisão na via administrativa, constituindo-se como limite ao poder de autotutela estatal,

---

[107] GORDILLO, Augustín. *Tratado de derecho administrativo*. 5. ed. Belo Horizonte: Del Rey, 2003. t. 2, p. IX-2.

[108] O termo "processo" é utilizado pelos seguintes autores: MEDAUAR, Odete. *A processualidade no direito administrativo*. 2. ed. São Paulo: RT, 2008. p. 44; CARVALHO FILHO, José dos Santos. *Processo administrativo federal*. 4. ed. Rio de Janeiro: Lumen Juris, 2009. p. 7; MOREIRA, Egon Bockmann. *Processo administrativo*: princípios constitucionais e a Lei n.º 9.784/99. 3. ed. São Paulo: Malheiros, 2007. p. 60.

[109] OLIVEIRA, Rafael Carvalho Rezende. *Curso de direito administrativo*. 5. ed. São Paulo: Método, 2017. p. 346.

impedindo a revogação e a anulação do ato administrativo. No âmbito administrativo, portanto, a definitividade da decisão é relativa, restringindo-se à esfera administrativa, uma vez que a decisão pode ser revista no âmbito jurisdicional.

Mencione-se, ainda, o fato de que os processos judiciais são onerosos, ressalvadas as hipóteses de gratuidade de justiça (art. 82 do CPC/2015) – e os processos administrativos são gratuitos, em razão da vedação da cobrança de despesas processuais – e as previstas em lei (art. 2º, parágrafo único, XI, da Lei 9.784/1999).

Em razão dessas diferenças exemplificativamente indicadas entre os processos judiciais e administrativos, as teorias dos precedentes judiciais e dos precedentes administrativos também apresentam peculiaridades.

Em primeiro lugar, enquanto os precedentes judiciais são formulados pelo Estado-juiz, os precedentes administrativos são elaborados pelo Estado-administrador, que pode ser parte formal do processo administrativo (ex.: relação entre o Fisco e o contribuinte nos processos tributários) ou atuar como uma espécie de árbitro administrativo (ex.: processos administrativos regulatórios julgados por agências reguladoras para resolver conflitos entre as concessionárias de serviços públicos e os usuários).

Outra diferença que pode ser destacada, de forma exemplificativa, decorre da organização do Judiciário e do Executivo.

É possível afirmar que os precedentes judiciais vinculantes são provenientes dos tribunais, a partir de decisões colegiadas. Ao revés, os precedentes administrativos podem ser oriundos de decisões monocráticas da autoridade máxima do órgão ou entidade administrativa.

Destarte, enquanto os precedentes judiciais (art. 927 do CPC) relacionam-se com decisões oriundas dos tribunais do Poder Judiciário, os precedentes administrativos podem originar-se de órgãos colegiados administrativos (ou "tribunais" administrativos), com competência para solução de controvérsias (ex.: Conselho Administrativo de Defesa Econômica – CADE, Conselho Administrativo de Recursos Fiscais – CARF etc.), bem como de órgãos singulares que possuam competência decisória, com destaque, nesse último caso, para os Chefes do Poder Executivo.

Ressalvados determinados órgãos e entidades, dotados de forte independência, na esfera administrativa, a autoridade hierárquica superior é, normalmente, o agente público que ocupa órgão singular e não colegiado, tal como ocorre com as decisões oriundas do Chefe do Executivo que vinculam os demais agentes públicos subordinados.

Nos casos em que a decisão final couber ao órgão colegiado não jurisdicional (exs.: órgãos colegiados inseridos nas entidades administrativas, conselhos administrativos, tribunais de contas etc.) a decisão seria semelhante, na sua formação, aquela prolatada por tribunais judiciários.

Nada impede, contudo, que os precedentes administrativos, formados a partir das decisões proferidas por órgãos singulares, também sejam considerados vinculantes para o próprio órgão decisório e para os demais órgãos hierarquicamente inferiores.

Não obstante a independência das instâncias e as peculiaridades dos processos judicial e administrativo, os precedentes judiciais deverão ser observados pela Administração Pública e os precedentes administrativos, em determinadas hipóteses, poderão influenciar a decisão judicial, como será destacado a seguir.

5.13. PRECEDENTES JUDICIAIS NOS PROCESSOS ADMINISTRATIVOS

Conforme destacado, o novo CPC incorporou, com adaptações, a teoria dos precedentes judiciais.

A necessidade de uniformizar a jurisprudência, garantindo a sua estabilidade, integridade e coerência, justificou o elenco de precedentes judiciais vinculantes no art. 927 do CPC/2015 que deverão ser observados pelos demais juízes e tribunais.

Questão interessante é saber se os referidos precedentes judiciais vinculam apenas os juízes e tribunais em processos judiciais futuros ou se alcançam, também, a Administração Pública quando decide casos análogos no bojo de processos administrativos.[110]

Não se pode desconsiderar, de início, a independência das instâncias judicial e administrativa, em atenção ao princípio da separação de poderes (*rectius*: funções), o que justificaria a ausência de vinculação da atuação administrativa às decisões judiciais que julgaram casos análogos aqueles submetidos aos processos administrativos.

No entanto, a independência das instâncias é relativa e não deve afastar, necessariamente, a necessidade de observância dos precedentes judiciais listados no art. 927 do CPC nos processos administrativos.

Em primeiro lugar, a própria Constituição Federal dispõe que determinadas decisões judiciais proferidas pelos tribunais superiores vinculam a Administração Pública.

---

[110] Evidentemente, a discussão não se coloca em relação às decisões judiciais proferidas em processos em que figura como parte entidade da Administração Pública, que deverá cumprir a decisão judicial.

É o que ocorre, por exemplo, com as decisões definitivas de mérito proferidas pelo STF nas ações diretas de inconstitucionalidade e nas ações declaratórias de constitucionalidade que produzem eficácia contra todos e efeito vinculante, relativamente aos demais órgãos do Poder Judiciário e à Administração Pública direta e indireta, nas esferas federal, estadual e municipal (art. 102, § 2º da CRFB). Na procedência da ação direta de inconstitucionalidade por omissão, o Poder competente será notificado para adoção das providências necessárias e, em se tratando de órgão administrativo, para superação da omissão no prazo de trinta dias (art. 103, § 2º da CRFB).

Mencione-se, ainda, a súmula vinculante editada pelo STF que deve ser observada pelos demais órgãos do Poder Judiciário e pela Administração Pública direta e indireta, nas esferas federal, estadual e municipal (art. 103-A da CRFB).

Nesses casos, a própria Constituição determinou que as citadas decisões e enunciados oriundos da Suprema Corte devem ser observados pela Administração Pública.[111]

De fato, o STF e o STJ são responsáveis, respectivamente, pela fixação da interpretação da Constituição Federal e da legislação federal, o que sugere que suas interpretações sejam observadas não apenas pelos demais órgãos jurisdicionais, mas, também, ainda que de forma persuasiva, pelos demais Poderes.

Exemplo de influência da decisão da Suprema Corte na atuação da Administração Pública pode ser encontrado no art. 77 da Lei 9.430/1996, que autoriza o Poder Executivo federal a disciplinar os casos em que a administração tributária federal, relativamente aos créditos tributários baseados em dispositivo declarado inconstitucional por decisão definitiva do STF, possa abster-se de constituí-los; retificar o seu valor ou declará-los extintos, de ofício, quando tiverem sido constituídos anteriormente, ainda que inscritos em dívida ativa; e, ainda, formular desistência de ações de execução fiscal já ajuizadas, bem como deixar de interpor recursos de decisões judiciais.

De forma semelhante, o art. 4º da Lei 9.469/1997 dispõe que, na ausência da súmula da AGU, o Advogado-Geral da União poderá dispensar a propositura de ações ou a interposição de recursos judiciais quando a controvérsia jurídica estiver sendo iterativamente decidida pelo STF ou pelos Tribunais Superiores.

Apesar da aparente faculdade conferida pelos arts. 77 da Lei 9.430/1996 e 4º da Lei 9.469/1997, entendemos que as referidas normas impõem dever à

---

[111] Sobre a necessidade de submissão da Administração Pública aos precedentes judiciais, vide, por exemplo: LAMY, Eduardo de Avelar; SCHMITZ, Leonard Ziesemer. A Administração Pública Federal e os precedentes do STF. *Revista de Processo*, v. 37, n. 214, p. 199-215, dez. 2012.

Administração federal, somente afastado em situações excepcionais devidamente justificadas, especialmente a partir da adoção da teoria dos procedentes judiciais vinculantes no art. 927 do CPC, bem como dos princípios constitucionais da eficiência, da moralidade, da igualdade, entre outros.[112]

Em âmbito federal, a vinculação da Administração Pública aos precedentes judiciais pode ser extraída, também, da Lei do Processo Administrativo Federal.

Com efeito, o art. 50, VII, da Lei 9.784/1999 prevê que os atos administrativos deverão ser motivados, com indicação dos fatos e dos fundamentos jurídicos, quando deixarem de aplicar *jurisprudência* firmada sobre a questão.

Ainda que os conceitos de *jurisprudência* e de *precedentes* não se confundam (item 3.4), não faria sentido a obrigatoriedade de seguir a jurisprudência, mas não os precedentes judiciais vinculantes, uma vez que o objetivo do CPC/2015 é a preservação da estabilidade, da integridade e da coerência no exercício da prestação jurisdicional.

De forma semelhante, o art. 56, § 3º, da Lei 9.784/1999 dispõe que, nos recursos administrativos em que o recorrente alegar a contrariedade da decisão administrativa com o enunciado da súmula vinculante, caberá à autoridade prolatora da decisão impugnada, se não a reconsiderar, explicitar, antes de encaminhar o recurso à autoridade superior, as razões da aplicabilidade ou inaplicabilidade da súmula, conforme o caso.

A exigência não se restringe à autoridade prolatora da decisão. Da mesma forma, na hipótese em que o recorrente alegar violação de enunciado da súmula vinculante, o órgão competente para decidir o recurso explicitará as razões da aplicabilidade ou inaplicabilidade da súmula, na forma do art. 64-A da Lei 9.784/1999.

O STF, ao acolher a reclamação fundada em violação de enunciado da súmula vinculante, cientificará a autoridade prolatora e o órgão competente para o julgamento do recurso, que deverão adequar as futuras decisões administrativas em casos semelhantes, sob pena de responsabilização pessoal nas esferas cível, administrativa e penal, conforme dispõe o art. 64-B da Lei 9.784/1999.

Com o advento do novo CPC, a questão é saber se os precedentes judiciais listados no art. 927 do CPC/2015 vinculam apenas o Poder Judiciário ou se vinculam também a Administração Pública.

Quanto aos precedentes mencionados nos incisos I (decisões do Supremo Tribunal Federal em controle concentrado de constitucionalidade) e II (enunciados

---

[112] De forma semelhante: FREITAS, Juarez. Respeito aos precedentes judiciais iterativos pela Administração Pública. *Revista de Direito Administrativo*, 211, jan./mar. 1998, p. 120.

de súmula vinculante) do art. 927 do CPC/2015, não resta dúvida quanto à vinculação da Administração Pública aos seus termos, uma vez que a própria Constituição Federal determina que o efeito vinculante abrange a Administração Pública direta e indireta, nas esferas federal, estadual e municipal, na forma dos arts. 102, § 2º, 103, § 2º e art. 103-A da CRFB.

Em relação aos demais precedentes indicados nos incisos III, IV e V do art. 927 do CPC/2015, a questão pode gerar debates.

De acordo com a literalidade do art. 927 do CPC/2015, os precedentes judiciais vinculam apenas "os juízes e os tribunais". Com efeito, é inerente ao sistema dos precedentes a busca pela coerência na aplicação do direito pelo Poder Judiciário, com a vinculação dos tribunais e dos juízes aos precedentes dos tribunais superiores.

Não obstante isso, é possível extrair da interpretação sistemática do ordenamento jurídico a necessidade de submissão dos demais Poderes aos precedentes judiciais vinculantes.

A partir da adoção dos precedentes vinculantes pelo CPC/2015, as Administrações Públicas federal, estadual, distrital e municipal, notadamente por meio de suas procuradorias e seus órgãos internos de controle, devem adotar as medidas necessárias para a adequação das respectivas atividades administrativas aos precedentes judiciais vinculantes.

A própria vinculação dos juízes e dos tribunais aos precedentes vinculantes demonstra que as causas semelhantes envolvendo a Administração Pública serão decididas da mesma forma. Vale dizer: ainda que a Administração Pública decida seus processos administrativos de forma diversa da orientação firmada em precedente judicial vinculante, a eventual judicialização da discussão levaria, necessariamente, à reforma da decisão administrativa, com a sua adequação aos termos do precedente judicial.

Em termos pragmáticos, a inobservância dos precedentes judiciais pela Administração Pública acarretaria a propositura de demandas judiciais desnecessárias, prejudicando não apenas a prestação jurisdicional, mas, especialmente, os cidadãos (administrados) que precisariam propor ações judiciais para defender seus direitos em situações já consolidadas na esfera judicial.

Outro argumento que demonstra a necessidade de cumprimento dos precedentes judiciais vinculantes pela Administração Pública refere-se ao próprio dever do gestor público de observar os princípios constitucionais da isonomia (impessoalidade), da segurança jurídica, da proteção da confiança legítima e da boa-fé.

A positivação de precedentes vinculantes tem por objetivo imediato a uniformização da jurisprudência, que deve ser mantida estável, íntegra e coerente (art. 926 do CPC) por parte dos tribunais.

Como consequência, inclusive a partir da Análise Econômica do Direito, os jurisdicionados adequarão seus comportamentos às teses jurídicas formalizadas nos precedentes judiciais.[113] A previsibilidade na atuação estatal, seja na esfera judicial, seja na esfera administrativa, é condição necessária para o desenvolvimento das atividades privadas, para duração razoável do processo e para efetivação do princípio constitucional da eficiência administrativa.

Nesse ponto, a aplicação da teoria dos precedentes judiciais aos processos administrativos teria o efeito prático de reduzir a litigiosidade, desafogando o Poder Judiciário.

Não se pode desconsiderar que o Poder Público é o maior litigante no Brasil. O CNJ, em 2011, publicou a listagem dos cem maiores litigantes e os seis primeiros colocados eram entes federados ou entidades administrativas.[114] Em nova pesquisa divulgada em 2012, o CNJ revelou que seis dos sete maiores litigantes eram entidades do Poder Público.[115]

A vinculação da Administração Pública aos precedentes judiciais vinculantes serviria como importante instrumento de diminuição da litigiosidade da Administração Pública e, por consequência, de redução do número de processos judiciais.

---

[113] A forte aproximação entre o Direito e a Economia é objeto de estudos dos autores que integram o movimento de *Law & Economics*, com destaque para os trabalhos de Ronald Coase, Guido Calabresi, Trimarcchi, Gary Becker, Richard Posner, Henry Manne, entre outros. De acordo com a Análise Econômica do Direito (AED), a economia, especialmente a microeconomia, deve ser utilizada para resolver problemas legais e, por outro lado, o Direito acaba por influenciar a Economia. Por essa razão, as normas jurídicas serão eficientes na medida em que forem formuladas e aplicadas levando em consideração as respectivas consequências econômicas. A AED possui duas concepções distintas: a) positiva: analisa os efeitos das normas jurídicas sobre comportamento dos agentes econômicos; e b) normativa: recomenda a elaboração de políticas públicas e de normas que venham a produzir as melhores consequências econômicas.

[114] Os seis maiores litigantes seriam: 1) Instituto Nacional do Seguro Social – INSS (22,33%), 2) Caixa Econômica Federal – CEF (8,50%), 3) Fazenda Nacional (7,45%), 4) União (6,97%), 5) Banco do Brasil (4,24%) e 6) Estado do Rio Grande do Sul (4,24%). Disponível em: <http://www.cnj.jus.br/images/pesquisas-judiciarias/pesquisa_100_maiores_litigantes.pdf>. Acesso em: 10 fev. 2016.

[115] Os sete maiores litigantes seriam: 1) Instituto Nacional do Seguro Social – INSS (4,38%), 2) B.V. Financeira S/A (1,51%), 3) Município de Manaus (1,32%). 4) Fazenda Nacional (1,20%), 5) Estado do Rio Grande do Sul (1,17%), 6) União (1,16%) e 7) Município de Santa Catarina (1,13%). Disponível em: <www.cnj.jus.br/images/pesquisas-judiciarias/Publicacoes/100_maiores_litigantes.pdf>. Acesso em: 10 fev. 2016.

Por fim, a aplicação subsidiária do CPC aos processos administrativos (art. 15 do CPC) reforça a tese de que os procedentes judiciais vinculantes devem ser observados, também, nos processos administrativos.[116]

Registre-se, neste ponto, a questão do direito intertemporal na aplicação das normas do Código de Processo Civil aos processos administrativos. Em razão do princípio *tempus regit actum*, bem como da interpretação conjugada dos arts. 14, 15 e 1.045 a 1.072 do CPC, as normas processuais civis, desde a sua vigência (18.03.2016), serão aplicadas aos processos administrativos.[117]

A questão, que pode gerar divergência, é como interpretar o referido art. 15 do CPC/2015: a incidência do Código seria ampla, abrangendo todos os processos administrativos federais, estaduais, distritais e municipais, ou, ao contrário, seria restrita aos processos administrativos federais?

A discussão envolve, em princípio, a competência constitucional para legislar sobre processo administrativo.

De um lado, parcela da doutrina sustenta que a União Federal possui competência para fixar normas gerais de processo administrativo, que seriam aplicadas nacionalmente.[118] A partir dessa premissa, as normas processuais, de índole judicial ou administrativa, elaboradas pela União seriam de aplicação obrigatória também aos Estados, DF e Municípios, o que acarretaria a incidência das normas sobre precedentes judiciais aos processos administrativos em todas as esferas da federação.

De outro lado, há o entendimento de que a competência para legislar sobre processos administrativos seria reconhecida aos entes federados, inexistindo

---

[116] CPC/2015: "Art. 15. Na ausência de normas que regulem processos eleitorais, trabalhistas ou administrativos, as disposições deste Código lhes serão aplicadas supletiva e subsidiariamente". Registre-se que a referida norma foi objeto de impugnação na ADI 5.492 proposta pelo Estado do Rio de Janeiro, pendente de julgamento no STF.

[117] O art. 14 do CPC/2015, por exemplo, dispõe: "A norma processual não retroagirá e será aplicável imediatamente aos processos em curso, respeitados os atos processuais praticados e as situações jurídicas consolidadas sob a vigência da norma revogada".

[118] De acordo com Marçal Justen Filho, "A União detém competência privativa para legislar sobre direito processual (art. 22, I, da CF/1988). A competência para legislar sobre procedimentos é concorrente entre os diversos entes federativos. Nesse caso, cabe à União a edição de normas gerais e aos Estados e ao Distrito Federal a suplementação ou a complementação delas (art. 24, XI e § 2º, da CF/1988). Daí segue que as normas gerais e os princípios fundamentais contemplados na Lei 9.784/1999 são de observância obrigatória para todos os entes federativos". JUSTEN FILHO, Marçal. *Curso de direito administrativo*. 10. ed. São Paulo: RT, 2014. p. 361. De forma semelhante: GUIMARÃES, Bernardo Strobel. Âmbito de validade da Lei de Processo Administrativo (Lei 9.784/1999) – para além da Administração Federal. *RDA*, 235, jan./mar. 2004, p. 233-255.

previsão constitucional de competência para União dispor sobre normas gerais.[119] Em virtude da autonomia federativa, cada ente federado deve dispor sobre suas respectivas normas de processo administrativo.

Nesse sentido, o próprio art. 1º da Lei 9.784/1999 dispõe que as respectivas normas de processo administrativo são aplicadas "no âmbito da Administração Federal direta e indireta". A tendência dos defensores dessa tese é a afirmação de que as normas processuais, judiciais ou administrativas, oriundas da União não se aplicariam aos processos administrativos estaduais, distritais e municipais.

Entendemos, nesse ponto, que a União somente possui competência legislativa para elaboração de normas federais sobre processo administrativo, aplicáveis apenas às entidades federais, subsistindo a competência autônoma dos demais entes para elaboração de suas respectivas normas.

Isso porque todos os entes da Federação possuem competência autônoma para legislar sobre processos administrativos, inexistindo autorização constitucional para que a União imponha normas gerais (nacionais) sobre o assunto. A União possui competência privativa para legislar sobre processos judiciais (art. 22, I da CRFB), mas não sobre os processos administrativos que se inserem no conceito de atividade administrativa e, portanto, na autonomia federativa de cada ente (art. 18 da CRFB).

Por essa razão, o art. 15 do CPC deve ser interpretado em conformidade com a Constituição para se concluir por sua aplicação supletiva e subsidiária aos processos administrativos federais, subsistindo a autonomia dos Estados, do DF e dos Municípios para fixação de suas normas próprias.

Contudo, a discussão sobre a incidência dos precedentes judiciais vinculantes (art. 927 do CPC/2015) aos processos administrativos não pode ser resumida à questão da competência legislativa.

Isso porque, independentemente do entendimento sobre a aplicação do CPC a todos os processos administrativos ou apenas aos processos administrativos federais, certo é que a necessidade de aplicação dos precedentes judiciais aos processos administrativos em geral decorre do princípio da eficiência (evita a judicialização de questões já decididas pelo Poder Judiciário), da impessoalidade (tratamento isonômico do Estado juiz e Estado administrativo a todos os jurisdicionados), da segurança jurídica (estabilização das expectativas dos administrados em relação

---

[119] Nesse sentido: CARVALHO FILHO, José dos Santos. *Processo administrativo federal*: comentários à Lei nº 9.784, de 29.01.1999. 24. ed. Rio de Janeiro: Lumen Juris, 2009. p. 41; NOHARA, Irene Patrícia; MARRARA, Thiago. *Processo administrativo*: Lei nº 9.784/99 comentada. São Paulo: Atlas, 2009. p. 29-30.

às condutas estatais e uniformização de tratamento); entre outros. Ora, os princípios constitucionais, expressos e implícitos, devem ser observados por todos os entes federativos.

Aliás, o processo administrativo pode ser caracterizado como um microssistema normativo que se insere no sistema do Direito Processual. Nos processos em geral, a característica comum de cada microssistema processual será a existência de uma sucessão de atos que se preordenam à decisão final.

A autonomia do processo administrativo decorre de suas regras e seus princípios específicos, que não se confundem com aqueles aplicados aos demais microssistemas processuais (processo civil, penal, trabalhista etc.), mas a referida autonomia não impede o diálogo com o processo civil por meio de analogias ou interpretações extensivas.

De forma semelhante, Egon Bockmann Moreira sustenta a aplicação dos arts. 926 a 928 do CPC/2015 aos processos administrativos:

> Mas a incidência do Código de Processo Civil/2015 nos processos administrativos é bastante mais intensa do que a mera uniformização de julgados. O que agora existe é o dever cogente de respeito à jurisprudência (administrativa e jurisdicional). (...)
>
> Isto é: os órgãos decisórios colegiados têm o dever processual de conhecer e obedecer aos julgados pretéritos (sejam oriundos da Administração, sejam do Poder Judiciário, sejam do Tribunal de Contas). E os agentes administrativos singulares o dever de aplicar *ex officio* tais decisões já uniformizadas, obedecendo à lei e ao Direito (Lei 9.784/1999, art. 2º, parágrafo único, I). O mesmo se diga para a hipótese de a parte interessada levar ao conhecimento da Administração a existência de julgado ou precedente: a ciência do julgado pretérito instala o dever de o caso em exame ser analisado e, se for o caso, decidido à luz daquela jurisprudência (administrativa ou jurisdicional).[120]

Em suma: a interpretação sistemática do ordenamento jurídico permite concluir que os precedentes judiciais previstos no art. 927, do CPC/2015, vinculam não apenas os juízes e os tribunais, mas também as autoridades administrativas de todas as esferas federativas.

---

[120] MOREIRA, Egon Bochmann. *Processo administrativo*. 5. ed. São Paulo: Malheiros, 2017. p. 86-87.

A autoridade administrativa tem o dever de motivar suas decisões, inclusive nas hipóteses em que concluir pela inaplicabilidade de determinado precedente, judicial ou administrativo. A motivação deve demonstrar, com clareza, quais seriam as peculiaridades do caso que afastariam a aplicação do precedente (*distinguishing*) ou, nos casos dos precedentes administrativos, as razões que levariam à sua superação (*overruling*).

Um exemplo disso é a observância obrigatória dos precedentes judiciais quando do lançamento do crédito tributário pelas autoridades administrativas, bem como a sua observância pelos tribunais administrativos. Nesse sentido, a Portaria MF 152/2016 promoveu recente alteração no regimento interno do Conselho Administrativo de Recursos Fiscais – CARF (art. 62, § 2º) para exigir que os seus relatores respeitassem o que já foi pacificado na jurisprudência do STF e STJ em sede dos recursos extraordinários e recursos especiais repetitivos (arts. 1.036 a 1.041 do CPC/2015).[121]

Ora, se somente o Judiciário possui competência para proferir decisões definitivas – tendo em vista o princípio da unidade de jurisdição –, de nada adiantaria a Administração Pública proferir decisões contrárias aos precedentes judiciais, o que, além de violar a isonomia e a legítima confiança do administrado no ordenamento jurídico, apenas estimularia uma enxurrada de ações judiciais.

Em outras palavras, a coerência entre as esferas judicial e administrativa é um imperativo lógico do ordenamento jurídico nacional.

5.14. PRECEDENTES ADMINISTRATIVOS NOS PROCESSOS JUDICIAIS

A independência das instâncias e o princípio da inafastabilidade do controle judicial (art. 5º, XXXV, da CRFB) não impedem a influência dos precedentes administrativos no exercício da prestação jurisdicional.

Mencione-se, por exemplo, a inaplicabilidade do duplo grau de jurisdição ou reexame necessário quando a decisão judicial estiver em consonância com a orientação vinculante firmada no âmbito administrativo do próprio ente público, consolidada em manifestação, parecer ou súmula administrativa, na forma do art. 496, § 4º, IV, do CPC.[122]

---

[121] BRASIL. Ministério da Fazenda. Portaria MF nº 152/2016. Regimento Interno do CARF. Disponível em: <http://idg.carf.fazenda.gov.br/acesso-a-informacao/institucional/regimento--interno/reg-outros/portaria_mf_152_altera-ricarf.pdf>. Acesso em: 18 set. 2016.

[122] CPC: "Art. 496. Está sujeita ao duplo grau de jurisdição, não produzindo efeito senão depois de confirmada pelo tribunal, a sentença: (...) § 4º Também não se aplica o disposto neste artigo quando a sentença estiver fundada em: (...) IV – entendimento coincidente com orien-

Registre-se, também, que os acordos de leniência celebrados no âmbito da Administração Pública e devidamente cumpridos acarretam consequências no campo da responsabilidade dos envolvidos na esfera judicial.[123]

No Direito Antitruste, o acordo de leniência, devidamente cumprido pelas pessoas físicas ou jurídicas, pode acarretar a isenção (leniência prévia) ou a atenuação (leniência posterior) das sanções administrativas, bem como extinção da punibilidade dos crimes contra a ordem econômica (Lei 8.137/1990), e nos demais crimes diretamente relacionados à prática de cartel, tais como os tipificados na Lei Geral de Licitações (Lei 8.666/1993) e no art. 288 do Código Penal (associação criminosa), na forma dos arts. 86 e 87 da Lei 12.529/2011.

No âmbito da Lei Anticorrupção (art. 16 da Lei 12.846/2013), por sua vez, o cumprimento do acordo de leniência por pessoas jurídicas acarreta a redução do valor da multa e o afastamento das sanções de publicação extraordinária, de proibição de receber benefícios (incentivos, subsídios, subvenções, doações ou empréstimos) de entidades públicas pelo prazo de um a cinco anos, bem como isenção ou atenuação das sanções previstas no art. 87 da Lei 8.666/1993, mas não impede as demais sanções civis e não acarreta efeitos nas sanções penais.

Outro exemplo, agora nas esferas penal e tributária, é a ausência de tipificação do crime material contra a ordem tributária, previsto no art. 1º, incisos I a IV, da Lei 8.137/1990, antes do lançamento definitivo do tributo (Súmula Vinculante 24 do STF).

Independentemente da discussão doutrinária quanto aos fundamentos (condição de procedibilidade ou inexistência do elemento normativo do tipo), a Suprema Corte consolidou o entendimento de que a ação penal não poderia ser proposta antes da apuração administrativa da existência do crédito tributário.

Nos crimes tipificados nos arts. 1º e 2º da Lei 8.137/1990 e nos arts. 168-A e 337-A do Código Penal, a pretensão punitiva do Estado é suspensa durante o período em que a pessoa jurídica relacionada com o agente dos aludidos crimes estiver incluída no regime de parcelamento, na forma do art. 9º da Lei 10.684/2003. E, na hipótese em que a pessoa jurídica relacionada com o agente efetuar o pagamento integral dos débitos oriundos de tributos e das contribuições sociais,

---

tação vinculante firmada no âmbito administrativo do próprio ente público, consolidada em manifestação, parecer ou súmula administrativa".

[123] Sobre os acordos de leniência, vide: NEVES, Daniel Amorim Assumpção; OLIVEIRA, Rafael Carvalho Rezende. *Manual de improbidade administrativa*. 6. ed. São Paulo: Método, 2018. Livro II, Parte 1.

inclusive acessórios, a punibilidade dos referidos crimes será extinta (art. 9º, § 2º, da Lei 10.684/2003).

Demonstrados alguns exemplos de influência das decisões administrativas nos processos judiciais, é possível afirmar que, de forma geral, o Poder Judiciário deve atuar com maior deferência às decisões administrativas que são adotadas com margem de discricionariedade e nos casos de reserva de administração.

Na atuação discricionária, o administrador público possui certa margem de liberdade, nos limites da ordem jurídica, para concretizar o interesse público, a partir da análise da conveniência e da oportunidade do motivo e do objeto (conteúdo) do ato administrativo.

A reserva de administração, por sua vez, é um instituto do direito constitucional e administrativo e que envolve questões ligadas à separação de poderes (tendo por foco o Poder Executivo), à existência de funções típicas e atípicas dos poderes, o princípio da legalidade, a reserva de lei, o poder regulamentar e a organização da Administração Pública.[124]

A denominada "reserva de administração" representa, por sua vez, um verdadeiro "núcleo funcional da administração 'resistente' à lei". Em situações específicas, a Constituição determina que o tratamento de determinadas matérias fica adstrito ao âmbito exclusivo da Administração Pública, não sendo lícita a ingerência do parlamento.

Nuno Piçarra aponta para duas "espécies" de reservas de administração: a reserva geral e as reservas específicas. A reserva geral de administração fundamenta-se no princípio da separação de poderes e significa que a atuação de cada órgão estatal não pode invadir ou cercear o "núcleo essencial" da competência dos outros órgãos. Nesse contexto, compete exclusivamente à Administração executar as leis, especialmente no exercício da discricionariedade administrativa.

Mas, além disso, é também possível que o poder constituinte destaque determinadas matérias, submetendo-as à competência exclusiva do Poder Executivo. É o que se entende por reservas específicas de administração. Vale dizer: ao lado da reserva geral de administração, em que o Executivo teria liberdade para adotar as medidas de execução e aplicação da legislação, a Constituição pode eventualmente retirar determinados assuntos da seara legislativa e transferi-los para o âmbito do Executivo.

---

[124] MACERA, Paulo Henrique. Reserva de administração: delimitação conceitual e aplicabilidade no direito brasileiro. *Revista Digital de Direito Administrativo USP*, vol. 1, n. 2, p. 333-376, 2014.

No Brasil, o Supremo Tribunal Federal já reconheceu a existência de um verdadeiro princípio constitucional da reserva de administração, fulcrado no princípio da separação de poderes, cujo conteúdo impediria "a ingerência normativa do Poder Legislativo em matérias sujeitas à exclusiva competência administrativa do Poder Executivo".

No caso levado ao conhecimento e julgamento da Suprema Corte, entendeu-se pela inconstitucionalidade da declaração pelo Legislativo da nulidade de concurso público realizado pelo Executivo por suposta violação às normas legais, pois uma declaração dessa natureza revelaria o exercício de autotutela que só poderia ser exercida com exclusividade por quem realizou o certame (enunciado 473 da súmula predominante do STF). A ementa do acórdão é esclarecedora:

> (...) Reserva de administração e separação de poderes. O princípio constitucional da reserva de administração impede a ingerência normativa do Poder Legislativo em matérias sujeitas à exclusiva competência administrativa do Poder Executivo. É que, em tais matérias, o Legislativo não se qualifica como instância de revisão dos atos administrativos emanados do Poder Executivo. Precedentes. Não cabe, ao Poder Legislativo, sob pena de desrespeito ao postulado da separação de poderes, desconstituir, por lei, atos de caráter administrativo que tenham sido editados pelo Poder Executivo no estrito desempenho de suas privativas atribuições institucionais. Essa prática legislativa, quando efetivada, subverte a função primária da lei, transgride o princípio da divisão funcional do poder, representa comportamento heterodoxo da instituição parlamentar e importa em atuação "ultra vires" do Poder Legislativo, que não pode, em sua atuação político-jurídica, exorbitar dos limites que definem o exercício de suas prerrogativas institucionais. Não se revela constitucionalmente lícito, ao Legislativo, decretar a nulidade do procedimento administrativo do concurso público, sob pretexto de infringência, por órgãos do Poder Executivo, de prescrições legais. A norma legal que invalida "todo concurso público em que ficar comprovada a transgressão desta Lei", por qualificar-se como inadmissível sentença legislativa, ofende o postulado da separação de poderes. É que, em tal hipótese, dar-se-á indevida substituição, pelo Legislativo, do Poder Judiciário, a cujos órgãos se reservou, constitucionalmente, a função de dirimir conflitos de interesses, sem prejuízo, no entanto, do reconhecimento de que se inclui, na esfera de atribuições da Administração, o poder de "(...) anular seus próprios atos, quando eivados de vícios que os tornam ilegais (...)" (Súmula 473/STF), incumbindo, desse modo, o

exercício de tal prerrogativa, ao órgão estatal competente que promove referidos certames seletivos. (...).[125]

No controle judicial sobre os atos emanados do Poder Executivo, notadamente nas hipóteses em que o legislador confere campo, ainda que limitado, para escolhas administrativas, o Poder Judiciário deve atuar com deferência, limitando-se a invalidar os atos que violarem, de forma clara, o ordenamento jurídico.

Nesse sentido, o controle jurisdicional sobre os atos oriundos dos demais Poderes (Executivo e Legislativo) restringe-se aos aspectos de legalidade (juridicidade), sendo vedado ao Poder Judiciário substituir-se ao administrador e ao legislador para definir, dentro da moldura normativa, qual decisão é a mais conveniente ou oportuna para o atendimento do interesse público, sob pena de afronta ao princípio constitucional da separação de poderes. Portanto, o Judiciário deve invalidar os atos ilegais da Administração, mas não pode revogá-los por razões de conveniência e oportunidade.

O controle judicial da discricionariedade administrativa evoluiu ao longo do tempo. Após o abandono da noção de imunidade judicial da discricionariedade, várias teorias procuraram explicar e legitimar o controle judicial da atuação estatal discricionária, com destaque para três, que serão estudadas a seguir:[126]

a) teoria do desvio de poder (*détournement de pouvoir*) ou desvio de finalidade: oriunda do Conselho de Estado francês,[127] admite que o Judiciário invalide ato administrativo em desacordo com a finalidade da norma. Ex.: a remoção *ex officio* de um servidor em razão de perseguição pessoal promovida por chefe seria

---

[125] STF, ADInMC 776/RS, Rel. Min. Celso de Mello, Tribunal Pleno, j. 23.10.1992, *DJ* 15.12.2006. O STF reafirmou esse entendimento no julgamento da ADInMC 2.364/AL, Rel. Min. Celso de Mello, Tribunal Pleno, j. 01.08.2001, *DJ* 14.12.2001.

[126] Sobre as teorias do controle judicial da discricionariedade administrativa, vide: OLIVEIRA, Rafael Carvalho Rezende. *A constitucionalização do direito administrativo*: o princípio da juridicidade, a releitura da legalidade administrativa e a legitimidade das agências reguladoras. 2. ed. Rio de Janeiro: Lumen Juris, 2010. p. 77-83; OLIVEIRA, Rafael Carvalho Rezende. *Curso de direito administrativo*. 5 ed. São Paulo: Método, 2017. p. 307-309.

[127] Embora se reconheça a dificuldade de apontar uma origem exata para o instituto, costuma-se citar o *arrêt Lesbats* de 1864 do Conselho de Estado francês como a primeira hipótese em que se admitiu expressamente a teoria do desvio de poder como possibilidade de se analisar a validade do ato administrativo no âmbito dos recursos por excesso de poder. Vide: BANDEIRA DE MELLO, Celso Antônio. *Discricionariedade e controle jurisdicional*. 2. ed. São Paulo: Malheiros, 2003. p. 56, nota 28. Jacqueline Morand-Deviller, por sua vez, informa que a teoria foi consagrada no *arrêt Pariset* de 1875 do Conselho de Estado francês. MORAND-DEVILLER, Jacqueline. *Droit Administratif*. 12. ed. Paris: Montchrestien, 2011. p. 645.

utilizada, de forma disfarçada, para punir o agente e, portanto, para atingir fim diverso daquele previsto na legislação;

b) teoria dos motivos determinantes: a validade do ato administrativo depende da correspondência entre os motivos nele expostos e a existência concreta dos fatos que ensejaram a sua edição. Mesmo naquelas situações excepcionais em que a lei não exige a motivação (exteriorização dos motivos), caso o agente exponha os motivos do ato, a validade deste dependerá da citada correspondência com a realidade.[128] Ex.: a exoneração de agente ocupante de cargo em comissão, que inicialmente seria livre (*ad nutum*), vem acompanhada de motivação falsa;

c) teoria dos princípios: o reconhecimento da normatividade dos princípios abriu a possibilidade de um controle ampliado e dotado de maior efetividade do ato administrativo. Isto porque a validade do ato não depende apenas de sua compatibilidade lógico-formal com a legislação imediata que lhe dá suporte. Faz-se necessária a sua adequação com todo o ordenamento jurídico (regras, princípios e demais atos normativos). Com fundamento na juridicidade, o ato administrativo pode ser invalidado por violar princípio constitucional. O Superior Tribunal de Justiça, por exemplo, utiliza-se rotineiramente dos princípios da razoabilidade e da isonomia (impessoalidade) para saber se algumas das exigências contidas em editais de concursos públicos são válidas ou não.[129]

A juridicidade tão somente amplia a margem de controle do ato discricionário levada a efeito pelo Judiciário. Isso não para permitir a apreciação do mérito administrativo propriamente dito, porque isso importaria em inadmissível violação ao princípio da separação de poderes, mas para garantir que o mérito da atuação administrativa não seja um artifício ou escudo a permitir, por via transversa, a violação da ordem jurídica pelo administrador.

---

[128] O STJ tem aplicado a teoria dos motivos determinantes na invalidação de atos administrativos. Vide, por exemplo: STJ, RMS 9.772/PE, Rel. Min. Vicente Leal, 6ª Turma, *DJ* 29.05.2000, p. 185; RMS 10.165/DF, Rel. Min. Vicente Leal, 6ª Turma, *DJ* 04.03.2002, p. 294. No último julgamento citado, consta da ementa a seguinte afirmação: "Ao motivar o ato administrativo, a Administração ficou vinculada aos motivos ali expostos, para todos os efeitos jurídicos. Tem aí aplicação a denominada teoria dos motivos determinantes, que preconiza a vinculação da Administração aos motivos ou pressupostos que serviram de fundamento ao ato. A motivação é que é legítima e confere validade ao ato administrativo discricionário".

[129] O STJ já considerou inválida a exigência de limite de idade para concurso de magistério (RMS 6.159/RS, Rel. Min. Hamilton Carvalhido, 6ª Turma, *DJ* 25.02.2002, p. 443), mas admite a fixação de idade mínima para concurso da magistratura (RMS 14.447/PE, Rel. Min. Hamilton Carvalhido, 6ª Turma, *DJ* 30.06.2003, p. 314).

Compreendido o mérito como "resultado do exercício regular de discricionariedade",[130] ele somente será considerado legítimo se respeitar a juridicidade. O mérito, concebido como o "sentido político" da ação do Estado, ou seja, de atendimento do interesse público ou de "integração administrativa da legitimidade",[131] continua sendo considerado insindicável pelo Poder Judiciário.[132]

Todavia, o resultado da atividade discricionária (uso incorreto do mérito administrativo) pode e deve ser examinado pelo Judiciário para se garantir o respeito aos limites legais e constitucionais, especialmente a observância dos princípios constitucionais ("controle dos limites").

Por isso, a invalidação de um ato administrativo por violação ao princípio da razoabilidade, por exemplo, não enseja, em última análise, o exame do conteúdo do mérito pelo Judiciário, mas, sim, do limite imposto ao administrador na utilização desse mérito. O Superior Tribunal de Justiça, por intermédio da relatoria do Ministro José Delgado, consagrou a presente orientação, como se extrai do trecho da ementa a seguir colacionado:

> (...) Vale salientar, ainda, que mérito significa uso correto da discricionariedade, ou seja, a integração administrativa. Com observância do limite do legal e o limite do legítimo, o ato tem mérito. Caso contrário, não tem mérito e deixa de ser discricionário para ser arbitrário e, assim, sujeito ao controle judicial.[133]

Daí que a ampliação do controle jurisdicional sobre a atividade discricionária não significa a substituição da apreciação discricionária do administrador pela vontade pessoal do magistrado. Não há, destarte, violação ao princípio da separação de poderes, uma vez que o Judiciário, em vez de adentrar no conteúdo da

---

[130] MOREIRA NETO, Diogo de Figueiredo. *Legitimidade e discricionariedade*: novas reflexões sobre os limites e controle da discricionariedade. 4. ed. Rio de Janeiro: Forense, 2001. p. 49.

[131] *Op. cit.* p. 46.

[132] Como já dizia o mestre Seabra Fagundes: "O mérito é de atribuição exclusiva do Poder Executivo, e o Poder Judiciário, nele penetrando, 'faria obra de administrador, violando, destarte, o princípio de separação e independência dos poderes'. Os elementos que o constituem são dependentes de critério político e meios técnicos peculiares ao exercício do Poder Administrativo, estranhos ao âmbito, estritamente jurídico, da apreciação jurisdicional". FAGUNDES, Miguel Seabra. *O controle dos atos administrativos pelo Poder Judiciário*. 7. ed. Rio de Janeiro: Forense, 2006. p. 181-182.

[133] STJ, REsp 647.417/DF, Rel. Min. José Delgado, 1ª Turma, j. 09.11.2004, *DJ* 21.02.2005, p. 114.

vontade administrativa, apenas verifica se os limites impostos pelo ordenamento jurídico à atuação administrativa foram respeitados.[134]

Contudo, com o intuito de evitar uma simples troca da arbitrariedade administrativa pela judicial, é indispensável a justificação da decisão judicial, como elemento essencial para sua legitimidade, já que só assim se possibilita o controle "final" pelos "donos do poder" (o povo).[135]

Em síntese, dentro da margem de liberdade deixada pelo Legislador ao Executivo, desde que exercida de forma razoável e sem ofensa ao ordenamento jurídico, os precedentes administrativos não devem ser revistos pelo Judiciário, sob pena de violação ao princípio da separação de poderes.

5.15. A RELEVÂNCIA DO PAPEL DA ADVOCACIA PÚBLICA NA APLICAÇÃO DOS PRECEDENTES ADMINISTRATIVOS

A consagração dos precedentes judiciais no art. 927 do CPC/2015 e a sua vinculação à Administração Pública demonstram a relevância da atuação da advocacia pública na preservação da estabilidade, da integridade e da coerência do sistema jurídico.

Considerada como advocacia de Estado e não de governo, a advocacia pública possui o dever institucional de garantir, de forma preventiva e/ou repressiva, a juridicidade dos atos estatais.

No exercício do controle interno, os advogados públicos devem orientar a respectiva Administração Pública, com a apresentação da interpretação jurídica adequada sobre os atos estatais.

Nesse ponto, a atuação da advocacia pública não deve restringir-se às interpretações formalistas, com fundamento na legalidade estrita. A partir da concepção do princípio da juridicidade e, como consequência, da necessidade de submissão

---

[134] Eduardo Garcia de Enterría, em obra sobre o tema, corrobora a presente afirmação quando diz que os tribunais "no suplantan, pues, a través de ese control, la función própria de los órganos políticos y administrativos, sino que atienden a que la actuación de éstos se mueva en el espacio preciso en que la Constitución les ha situado: dentro del espacio delimitado por la Ley y el Derecho." GARCIA DE ENTERRÍA, Eduardo. *Democracia y justicia administrativa*. 5. ed. Madrid: Civitas, 2005. p. 164.

[135] Sobre a necessidade de justificação judicial, Tomás-Ramón Fernández afirma: "El deber de independencia exige algo más que el deber de sinceridad y ese algo más es la «justificación» de las decisiones (...) porque solo una justificación suficiente apoyada en sólidas razones puede contribuir a reproducir el consenso social que sostiene al Derecho (...)". FERNÁNDEZ, Tomás-Ramón. *Del arbitrio y de la arbitrariedad judicial*. Madrid: Iustel, 2005. p. 133.

dos atos estatais não apenas ao princípio da legalidade, mas, também, aos demais princípios constitucionais, expressos ou implícitos, é imperioso que os advogados públicos, na interpretação administrativa, levem em consideração os precedentes judiciais vinculantes.

Isso porque a atuação administrativa contrária aos precedentes judiciais vinculantes colocaria em risco, conforme já destacado, os princípios da igualdade, da segurança jurídica e da proteção da confiança legítima, abrindo-se caminho à judicialização e ao desfazimento da ação administrativa, sem olvidar a potencial responsabilização do gestor público.

Ao lado da atuação passiva, consistente no recebimento de consultas administrativas específicas ou no exercício da defesa judicial da entidade administrativa, a advocacia pública deve pautar, de forma crescente, a sua atuação pela prevenção e proatividade, com a edição de orientações ou súmulas administrativas, a busca por soluções consensuais de conflitos e, se for o caso, a propositura de ações judiciais com o objetivo de evitar danos, restaurar a juridicidade e ressarcir eventuais prejuízos ao erário.

É verdade que a preocupação com a atuação da advocacia pública na garantia da efetividade das decisões dos tribunais superiores no âmbito dos processos administrativos não representa novidade.

Em âmbito federal, compete à AGU "unificar a jurisprudência administrativa, garantir a correta aplicação das leis, prevenir e dirimir as controvérsias entre os órgãos jurídicos da Administração Federal", podendo editar, inclusive, enunciados de súmula administrativa, resultantes de jurisprudência iterativa dos Tribunais (art. 4º, XI e XII, da LC 73/1993).

Com o objetivo de garantir a uniformidade da interpretação administrativa, os membros efetivos da AGU não podem contrariar súmula, parecer normativo ou orientação técnica adotada pelo Advogado-Geral da União (art. 28, II, da LC 73/1993).[136]

Com o objetivo de garantir a uniformização da atuação dos órgãos e entidades da Administração Federal, o art. 40, § 1º, da LC 73/1993 dispõe que o parecer do Advogado-Geral da União, aprovado e publicado juntamente com o despacho presidencial, vincula a Administração Federal, cujos órgãos e entidades ficam obrigados a lhe dar fiel cumprimento.

---

[136] A vedação também se aplica aos Procuradores do Banco Central do Brasil (art. 17-A, II, da Lei 9.650/1998, inserido pela Medida Provisória 2.229-43/2001).

Ademais, a Súmula da AGU tem caráter obrigatório para seus respectivos órgãos jurídicos, inclusive aqueles que atuam nas autarquias e fundações públicas federais, na forma do art. 43 da LC 73/1993. Com fundamento no referido dispositivo legal, o art. 2º do Decreto 2.346/1997, que consolida normas de procedimentos a serem observadas pela Administração Pública Federal em razão de decisões judiciais, determina que, após firmada a jurisprudência pelos Tribunais Superiores, a Advocacia-Geral da União expedirá súmula a respeito da matéria, cujo enunciado deve ser publicado no Diário Oficial da União.

A partir das súmulas da própria AGU, o Advogado-Geral da União poderá dispensar a propositura de ações ou a interposição de recursos judiciais (art. 3º do Decreto 2.346/1997).

A preocupação da AGU com a coerência administrativa pode ser demonstrada, também, pela instituição da Câmara de Conciliação e Arbitragem da Administração Federal (CCAF), órgão integrante da AGU, com competência, por exemplo, para dirimir, por meio de conciliação, as controvérsias entre órgãos e entidades da Administração Pública Federal, bem como entre estes e a Administração Pública dos Estados, do Distrito Federal e dos Municípios, na forma do art. 18, III, do Anexo I do Decreto 7.392/2010.

Mencione-se, ainda, que, no processo administrativo fiscal federal, é vedado aos órgãos de julgamento afastar a aplicação ou deixar de observar tratado, acordo internacional, lei ou decreto, sob fundamento de inconstitucionalidade, salvo (art. 26-A, *caput*, e § 6º, I e II, do Decreto 70.235/1972, alterado pela Lei 11.941/2009): a) se o ato tiver sido declarado inconstitucional por decisão definitiva plenária do STF; b) se o ato fundamentar crédito tributário objeto de: b.1) dispensa legal de constituição ou de ato declaratório do Procurador-Geral da Fazenda Nacional, na forma dos arts. 18 e 19 da Lei 10.522/2002; b.2) súmula da AGU, na forma do art. 43 da LC 73/1993; ou b.3) pareceres do Advogado-Geral da União aprovados pelo Presidente da República, na forma do art. 40 da LC 73/1993.

Aliás, no processo administrativo fiscal, a necessidade de coerência administrativa justifica não apenas a edição de súmulas administrativas por parte do Conselho Administrativo de Recursos Fiscais – CARF, órgão colegiado, paritário, integrante da estrutura do Ministério da Fazenda (art. 25, II do Decreto 70.235/1972, alterado pela Lei 11.941/2009), mas o respeito aos precedentes administrativos do próprio Conselho.

É possível perceber, portanto, que o ordenamento jurídico, antes do CPC/2015, já demonstrava preocupação com a aplicação coerente da jurisprudência e das orientações administrativas no exercício da advocacia pública.

Contudo, esse papel é reforçado com o advento do CPC/2015, uma vez que os precedentes vinculantes previstos no art. 927 do CPC devem ser observados pelas autoridades administrativas, independentemente da existência de súmula ou orientação do órgão jurídico responsável pela consultoria do respectivo ente federado.[137]

Em verdade, o órgão jurídico pode emitir orientação específica, inclusive por meio de súmula, para o administrador público e demais membros do órgão jurídico, com o objetivo de reiterar e esclarecer a necessidade de cumprimento do precedente judicial, mas essa conduta não é condição necessária para que o precedente judicial seja observado pela Administração.

---

[137] Nesse sentido, a Portaria MF 152/2016 promoveu recente alteração no regimento interno do Conselho Administrativo de Recursos Fiscais – CARF (art. 62, § 2º) para exigir que os seus relatores respeitassem o que já foi pacificado na jurisprudência do STF e STJ em sede dos recursos extraordinários e recursos especiais repetitivos (arts. 1.036 a 1.041 do CPC/2015). Entendemos, contudo, que a vinculação da Administração Pública deve englobar todos os precedentes vinculantes indicados no art. 927 do CPC.

Capítulo 6

CONCLUSÕES

Conforme demonstrado ao longo do livro, constata-se a crescente aproximação e interpenetração entre os modelos *common law* e *civil law*, especialmente a partir da II Guerra Mundial, com o advento do novo constitucionalismo ("neoconstitucionalismo"), e do pós-positivismo que superaram a ideia de que o direito se confunde com a lei (legiscentrismo), aproximaram o direito e a moral e valorizaram os direitos fundamentais.

De um lado, a intensificação da produção legislativa e a relativização da força vinculante dos precedentes nos países do *common law* e, de outro lado, a importância das decisões judiciais e do processo de descodificação nos países do *civil law*, revelam a convergência das tradições jurídicas, impulsionada com o processo de globalização.

Nos países do *civil law*, é possível perceber a crescente relevância das decisões judiciais no cenário das fontes do direito, o que justificou, em alguns desses países, a incorporação, ainda que adaptada ou modificada, da teoria dos precedentes judiciais, tal como ocorreu no Brasil.

No estágio atual da evolução do direito, é difícil conceber algum sistema jurídico que não tenha incorporado, ao menos parcialmente e com adaptações, a teoria dos precedentes judiciais.

A relevância do papel dos precedentes judiciais no ordenamento jurídico pátrio ficou demonstrada com a promulgação do CPC de 2015 que exige a uniformização da jurisprudência dos tribunais, que deve ser estável, íntegra e coerente.

A consagração da teoria dos precedentes, com as respectivas adaptações, pelo ordenamento jurídico brasileiro apresenta desafios aos juristas que deverão alterar a mentalidade no processo de interpretação e de aplicação do direito.

De fato, o Brasil inaugurou o debate sobre a incorporação da teoria de precedentes adaptada à sua realidade que garanta racionalidade e previsibilidade à atuação jurisdicional. Mas não apenas em relação à atividade jurisdicional. A racionalidade e a previsibilidade devem pautar toda e qualquer atuação estatal no Estado Democrático de Direito.

No âmbito da Administração Pública, a teoria dos precedentes judiciais indica que a atuação dos agentes públicos não pode ignorar os precedentes judiciais vinculantes elencados no art. 927 do CPC/2015.

Ademais, o dever de coerência administrativa indica que o exercício da função pública deve levar em consideração os precedentes produzidos, também, pela Administração Pública.

O precedente administrativo, conceituado como a norma jurídica retirada de decisão administrativa anterior, válida e de acordo com o interesse público, que, após decidir determinado caso concreto, deve ser observada em casos futuros e semelhantes pela Administração Pública, garante a efetividade dos princípios da igualdade, da segurança jurídica, da boa-fé, da proteção da confiança legítima, da razoabilidade, da proporcionalidade e da eficiência.

É preciso avançar no estudo dos precedentes administrativos no Brasil. Este livro pretende fomentar o debate e jogar luz sobre o tema.

BIBLIOGRAFIA

ARAGÃO, Alexandre Santos de. A concepção pós-positivista do princípio da legalidade. *RDA*, n. 236, abr./jun. 2004.

_____. *Curso de direito administrativo*. Rio de Janeiro: Forense, 2012.

_____. Teoria das autolimitações administrativas: atos próprios, confiança legítima e contradição entre órgãos administrativos. *Revista Eletrônica de Direito Administrativo Econômico* (REDAE), Salvador: Instituto Brasileiro de Direito Público, n. 14, maio/jul. 2008.

_____. Teorias pluralistas das fontes de direito: *lex mercatoria*, ordenamentos setoriais, subsistemas, microssistemas jurídicos e redes normativas. *RTDC*, v. 36, 2008.

AUSTIN, John. *Lectures on Jurisprudence or the philosophy of positive law*. New York: James Cockcroft & Company, 1875. v. II.

ÁVILA, Humberto. *Teoria dos princípios*: da definição à aplicação dos princípios jurídicos. São Paulo: Malheiros, 2003.

BACA ONETO, Víctor S. ¿Són el precedente y la doctrina fuentes del Derecho Administrativo? In: RODRÍGUEZ-ARANA MUÑOZ, Jaime; SENDÍN GARCÍA, Miguel Ángel; PÉREZ HUALDE, Alejandro et al. (Coords.). *Fuentes del Derecho Administrativo*: tratados internacionales, contratos como regla de derecho, jurisprudência, doctrina y precedente administrativo. Buenos Aires: RAP, 2010.

BANDEIRA DE MELLO, Celso Antônio. *Curso de direito administrativo*. 21. ed. São Paulo: Malheiros, 2006.

_____. *Discricionariedade e controle jurisdicional*. 2. ed. São Paulo: Malheiros, 2003.

BANDEIRA DE MELLO, Oswaldo Aranha. *Princípios gerais de direito administrativo*. 3. ed. São Paulo: Malheiros, 2007.

BANKOSKI, Zenon; MacCORMICK, D. Neil; MARSHALL, G. Precedent in the United Kingdom. In: MacCORMICK, D. Neil; SUMMERS, Robert S. (ed.). *Interpreting precedents*: a comparative study. Aldershot: Dartmouth Publishing, 1997.

BARROSO, Luís Roberto. *Interpretação e aplicação da Constituição*. 3. ed. São Paulo: Saraiva, 1999.

_____. *O controle de constitucionalidade no direito brasileiro*. 4. ed. São Paulo: Saraiva, 2009.

_____. *O novo direito constitucional brasileiro*: contribuições para a construção teórica e prática da jurisdição constitucional no Brasil. Belo Horizonte: Fórum, 2012.

BAUM, Lawrence. *A Suprema Corte americana*. Rio de Janeiro: Forense Universitária, 1987.

BENTHAM, Jeremy. *The Works of Jeremy Bentham*. Edinburgh, 1843. vol. V.

BITTENCOURT, Carlos Alberto Lúcio. *O controle jurisdicional da constitucionalidade das leis*. 2. ed. Rio de Janeiro: Forense, 1968.

BOBBIO, Norberto. *Teoria geral do direito*. 3. ed. São Paulo: Martins Fontes, 2010.

BRADFORD, C. Steven. Following Dead Precedent: The Supreme Court's Ill-Advised Rejection of Anticipatory Overruling. *Fordham Law Review*, v. 59, 1990.

BRENNER, Saul; SPAETH, Harold, J. *Stare indecisis*: the alteration of precedent on the Supreme Court, 1946-1992. New York: Cambridge University Press, 1995.

BREWER-CARÍAS, Allan R. Notas sobre el valor del precedente en el Derecho Administrativo, y los principios de irretroactividad y de la irrevocabilidad de los actos administrativos. In: RODRÍGUEZ-ARANA MUÑOZ, Jaime; SENDÍN GARCÍA, Miguel Ángel; PÉREZ HUALDE, Alejandro et al. (Coords.). *Fuentes del Derecho Administrativo*: tratados internacionales, contratos como regla de derecho, jurisprudência, doctrina y precedente administrativo. Buenos Aires: RAP, 2010.

BUSTAMANTE, Thomas da Rosa. *Teoria do precedente judicial*: a justificação e a aplicação de regras jurisprudenciais. São Paulo: Noeses, 2012.

CAIRAMPOMA ARROYO, Alberto. La regulación de los precedentes administrativos en el ordenamiento jurídico peruano. *Derecho PUCP*, n. 73, 2014.

CALDERÓN MORALES, Hugo H. Fuentes del derecho administrativo: los tratados, los contratos, la jurisprudencia, incidencia de la doctrina, los precedentes, los decretos de emergencia y los decretos leyes de facto. In: RODRÍGUEZ-ARANA MUÑOZ, Jaime; SENDÍN GARCÍA, Miguel Ángel; PÉREZ HUALDE, Alejandro et al. (Coords.). *Fuentes del Derecho Administrativo*: tratados internacionales, contratos como regla de derecho, jurisprudência, doctrina y precedente administrativo. Buenos Aires: RAP, 2010.

CÂMARA, Alexandre Freitas. *O novo processo civil brasileiro*. 2. ed. São Paulo: Atlas, 2016.

CANOTILHO, J. J. Gomes. *Direito constitucional e teoria da Constituição*. 7. ed. Coimbra: Almedina, 2003.

CARVALHO FILHO, José dos Santos. *Manual de direito administrativo*. 24. ed. Rio de Janeiro: Lumen Juris, 2011.

_____. *Processo administrativo federal*. 4. ed. Rio de Janeiro: Lumen Juris, 2009.

CARVALHO, Gustavo Marinho de. *Precedentes administrativos no direito brasileiro*. São Paulo, 2013.

CASSAGNE, Juan Carlos. *Derecho administrativo*. 8. ed. Buenos Aires: Abeledo-Perrot, 2006. t. 1.

CASTANHEIRA NEVES, António. *O instituto dos assentos e a função jurídica dos operários dos Supremos Tribunais*. Coimbra: Coimbra Editora, 1983.

CASTRO NETO, Luiz de. *Fontes do direito administrativo*. São Paulo: CTE Editora, 1977.

CASTRO, Flávia Lages. *História do direito geral e Brasil*. Rio de Janeiro: Lumen Juris, 2007.

COMADIRA, Guillermo L. Los precedentes administrativos. *AAVV. Cuestiones de acto administrativo, reglamento y otras fuentes de Derecho Administrativo*. Buenos Aires: RAP, 2009.

COVIELLO, Pedro José Jorge. *La protección de la confianza del administrado*. Buenos Aires: Abeledo-Perrot, 2004.

CRAMER, Ronaldo. *Precedentes judiciais*: teoria e dinâmica. Rio de Janeiro: Forense, 2016.

CRETELLA JUNIOR, José. *Curso de direito administrativo*. Rio de Janeiro: Forense, 1986.

CROSS, Rupert; HARRIS, J. W. *Precedent in English Law*. 4. ed. Oxford: Clarendon Press, 1991.

CURRIER, Thomas S. Time and change in judge-made Law: prospective overruling. *Virginia Law Review*, v. 51, n. 2, mar. 1965.

DASHJIAN, Michael B. The prospective application of judicial legislation. *Pacific Law Journal*, v. 24, 1993.

DAVID, René. *O direito inglês*. São Paulo: Martins Fontes, 1997.

_____. *Os grandes sistemas do direito contemporâneo*. São Paulo: Martins Fontes, 2002.

DI PIETRO, Maria Sylvia Zanella. *Direito administrativo*. 22. ed. São Paulo: Atlas, 2009.

DIDIER JR., Fredie; BRAGA, Paula Sarno; OLIVEIRA, Rafael Alexandria de. *Curso de direito processual civil*. 10. ed. Salvador: JusPodivm, 2015. v. 2.

DÍEZ SASTRE, Silvia. *El precedente administrativo:* fundamentos y eficácia vinculante. Madrid: Marcial Pons, 2008.

DÍEZ-PICAZO, Luis Mª. La doctrina del precedente administrativo. *Revista de Administración Pública* (RAP), Madrid, n. 98, mayo-agosto 1982.

DURÁN MARTÍNEZ, Augusto. El precedente administrativo. In: RODRÍGUEZ-ARANA MUÑOZ, Jaime; SENDÍN GARCÍA, Miguel Ángel; PÉREZ HUALDE, Alejandro et al. (Coords.). *Fuentes del Derecho Administrativo*: tratados internacionales, contratos como regla de derecho, jurisprudência, doctrina y precedente administrativo. Buenos Aires: RAP, 2010.

DUXBURY, Neil. *The nature and authority of precedent*. New York: Cambridge University Press, 2008.

DWORKIN, Ronald. *Taking rights seriously*. Cambridge: Harvard University Press, 1978.

EISENBERG, Melvin Aron. *The Nature of the Common Law*. Cambridge: Harvard University Press, 1991.

FAGUNDES, Miguel Seabra. *O controle dos atos administrativos pelo Poder Judiciário*. 7. ed. Rio de Janeiro: Forense, 2006.

FAIRCHILD, Tomas E. Limitation of new judge-made law to prospective effect only: "prospective overruling" or sunbursting. *Marquete Law Review*, v. 51, 1968.

FALCÓN Y TELLA, Maria José. *Case Law in Roman, Anglosaxon and Continental Law*. Boston: Martinus Nijhoff Publishers, 2011.

FARNSWORTH, E. Allan. *An introduction to the legal system of the United States*. 4. ed. New York: Oxford University Press, 2010.

FERNÁNDEZ, Tomás-Ramón. *Del arbitrio y de la arbitrariedad judicial*. Madrid: Iustel, 2005.

FERRAJOLI, Luigi. Pasado y futuro del Estado de Derecho. In: CARBONELL, Miguel (Org.). *Neoconstitucionalismo(s)*. 2. ed. Madrid: Trotta, 2005.

FINE, Toni M. *Introdução do sistema jurídico anglo-americano*. São Paulo: Martins Fontes, 2011.

FREITAS, Juarez. Processo administrativo federal: reflexões sobre o prazo anulatório e a amplitude do dever de motivação dos atos administrativos. *As leis do processo administrativo*. São Paulo: Malheiros, 2006.

_____. Respeito aos precedentes judiciais iterativos pela Administração Pública. *Revista de Direito Administrativo*, 211, jan./mar. 1998.

FRIEDMAN, Lawrence M. *A history of American Law*. 3. ed. New York: Touchstone, 2005.

GARCÍA DE ENTERRÍA, Eduardo. *Democracia y Justicia Administrativa*. 5. ed., Madrid: Civitas, 2005.

_____. *La Constitución como norma y el Tribunal Constitucional*. 4. ed. Madrid: Civitas, 2006.

_____; FERNÁNDEZ, Tomás-Ramón. *Curso de derecho administrativo*. 12. ed. Madrid: Civitas, 2005. v. I.

GARCIA MACHO, Ricardo. Contenido y limites de La confianza legítima: estudio sistemático de la jurisprudencia del Tribunal de Justicia. *REDA*, n. 56, out.-dez. 1987.

GASPARINI, Diógenes. *Direito administrativo*. 12. ed. São Paulo: Saraiva, 2007.

GERHARDT, Michael J. *The Power of Precedent*. Oxford: University Press, 2008.

GONZÁLEZ PÉREZ, Jesús. *El principio general de la buena fe en el derecho administrativo*. 4. ed. Madrid: Civitas, 2004.

GOODHART, Arthur L. Determining the Ratio Decidendi of a Case. *Yale Law Journal*, v. XL, n. 2, dec. 1930.

GORDILLO, Augustín. *Tratado de derecho administrativo*. 7. ed. Belo Horizonte: Del Rey, 2003. t. I.

_____. *Tratado de derecho administrativo*. 5. ed. Belo Horizonte: Del Rey, 2003. t. 2.

GUIMARÃES, Bernardo Strobel. Âmbito de validade da Lei de Processo Administrativo (Lei 9.784/1999) – para além da Administração Federal. *RDA*, 235, jan./mar. 2004.

HART, H. L. A. *O conceito de direito*. São Paulo: Martins Fontes, 2009.

HESSE, Konrad. *Elementos de direito constitucional da República Federal da Alemanha*. Porto Alegre: Sergio Antonio Fabris Editor, 1998.

HOLMES, Oliver Wendell. The Path of the Law, 10. *Harvard Law Review* 457, 469 (1897).

IVANEGA, Miriam M. Los precedentes administrativos en el Derecho argentino. In: RODRÍGUEZ-ARANA MUÑOZ, Jaime; SENDÍN GARCÍA, Miguel Ángel; PÉREZ HUALDE, Alejandro et al. (Coords.). *Fuentes del Derecho Administrativo*: tratados internacionales, contratos como regla de derecho, jurisprudência, doctrina y precedente administrativo. Buenos Aires: RAP, 2010.

JÁUREGUI, Carlos. *Generalidades y peculiaridades del Sistema Legal Inglés*. Buenos Aires: Depalma, 1990.

JUSTEN FILHO, Marçal. *Curso de direito administrativo*. 10. ed. São Paulo: RT, 2014.

KAY, Richard S. Retroactivity and prospectivity of judgments in American Law. *Comparing the prospective effect of judicial rulings across jurisdictions*, New York: Springer, 2015.

KELMAN, Maurice. The Force of Precedent in the Lower Courts, 14. *Wayne L. Rev.* 3, 4, 1967.

KELSEN, Hans. *Teoria pura do direito*. 6. ed. São Paulo: Martins Fontes, 1998.

KINGSBURY, Benedict; KRISCH, Nico; STEWART, Richard B. *The emergence of Global Administrative Law*. Law and Contemporany Problems. North Carolina: Duke University School of Law, 2005. n. 3 e 4, v. 68.

KNIFFEN, Margaret N. Overruling Supreme Court precedents: anticipatory action by United States courts of appeals. *Fordham Law Review*, V. 51, 1982.

KRELL, Andreas J. *Discricionariedade administrativa e proteção ambiental*: o controle dos conceitos jurídicos indeterminados e a competência dos órgãos ambientais: um estudo comparativo. Porto Alegre: Livraria do Advogado, 2004.

LAMY, Eduardo de Avelar; SCHMITZ, Leonard Ziesemer. A Administração Pública Federal e os precedentes do STF. *Revista de Processo*, v. 37, n. 214, p. 199-215, dez. 2012.

LEVI, Edward H. *An introduction to legal reasoning*, Chicago: University of Chicago Press, 2013.

LEVY, Beryl Harold. Realist Jurisprudence and Prospective Overruling. *University of Pennsylvania Law Review*, v. 109, 1960.

LONDOÑO BEDOYA, Jesús David. El precedente administrativo en el ordenamiento jurídico colombiano. *Revista Summa Iuris*, Medellín, v. 2, n. 2, jul./dic. 2014.

LOPES, Pedro Moniz. *Princípio da boa-fé e decisão administrativa*. Coimbra: Almedina, 2011.

LÓPEZ RODÓ, Laureano. Presupuestos subjetivos para la aplicación del principio que prohibe ir contra los propios actos. *Revista de Administración Pública* (RAP), n. 9, set.-dez. 1952.

LOSANO, Mario G. *Os grandes sistemas jurídicos*: introdução aos sistemas jurídicos europeus e extraeuropeus. São Paulo: Martins Fontes, 2007.

LOURENÇO, Haroldo. Precedente judicial como fonte do direito: algumas considerações sob a ótica do novo CPC. *Revista Forense*, v. 109, n. 417, p. 73-96, jan./jun. 2013.

MACCORMICK, Neil. Can stare decisis be abolished? *Judicial Review*, 1966.

_____. Reflections and conclusions. In: MacCORMICK, D. Neil; SUMMERS, Robert S. (ed). *Interpreting precedents:* a comparative study. Aldershot: Dartmouth Publishing, 1997.

_____. *Rethoric and the rule of Law:* a theory of legal reasoning. New York: Oxford University Press, 2005.

_____; SUMMERS, Robert S. (ed). *Interpreting precedents:* a comparative study. Aldershot: Dartmouth Publishing, 1997.

MACÊDO, Lucas Buril de. Contributo para a definição de *ratio decidendi* na teoria brasileira dos precedentes judiciais. *Revista de Processo*, v. 39, n. 234, ago. 2014.

MACERA, Paulo Henrique. Reserva de administração: delimitação conceitual e aplicabilidade no direito brasileiro. *Revista Digital de Direito Administrativo USP*, v. 1, n. 2, 2014.

MAIRAL, Héctor A. *La doctrina de los actos propios y la Administración Pública*. Buenos Aires: Depalma, 1994.

MARINONI, Luiz Guilherme. Aproximação crítica entre as jurisdições de *civil law* e de *common law* e a necessidade de respeito aos precedentes no Brasil. *Revista da Faculdade de Direito – UFPR*, Curitiba, n. 49, 2009.

_____. *Precedentes obrigatórios*. 5. ed. São Paulo: RT, 2016.

MARQUES NETO, Floriano de Azevedo. Direito das telecomunicações e ANATEL. *Direito administrativo econômico*. São Paulo: Malheiros, 2006.

MARRARA, Thiago. A boa-fé do administrado e do administrador como fator limitativo da discricionariedade administrativa. *Revista de Direito Administrativo*, Rio de Janeiro, v. 259, jan./abr. 2012.

MARTINS-COSTA, Judith. *A boa-fé no direito privado*. São Paulo: RT, 2000.

MAURER, Hartmut. *Direito administrativo geral*. Barueri: Manole, 2006.

MAXIMILIANO, Carlos. *Hermenêutica e aplicação do direito*. 18. ed. Rio de Janeiro: Forense, 1999.

MEADOR, Daniel John; MITCHELL, Gregory. *American Courts*. 3. ed. St. Paul: West Academic Publishing, 2009.

MEDAUAR, Odete. *A processualidade no direito administrativo*. 2. ed. São Paulo: RT, 2008.

MEIRELLES, Hely Lopes. *Direito administrativo brasileiro*. 22. ed. São Paulo: Malheiros, 1997.

MELLO, Patrícia Perrone Campos. O Supremo e os precedentes constitucionais: como fica a sua eficácia após o novo Código de Processo Civil. *Universitas JUS*, v. 26, n. 2, 2015.

_____. *Precedentes*: o desenvolvimento judicial do direito no constitucionalismo contemporâneo. Rio de Janeiro: Renovar, 2008.

MENDES, Gilmar Ferreira; COELHO, Inocêncio Mártires; BRANCO, Paulo Gustavo Gonet. *Curso de direito constitucional*. 4. ed. São Paulo: Saraiva, 2009.

MERKL, Adolfo. *Teoría general del derecho administrativo*. Granada: Comares, 2004.

MERRYMAN, John Henry; PÉREZ-PERDOMO, Rogelio. *The civil law tradition*: an introduction to the legal systems of Europe and Latin America. 3. ed. Califórnia: Stanford Press, 2007.

MODESTO, Paulo. Autovinculação da Administração Pública. *Revista Eletrônica de Direito do Estado*, Salvador: Instituto Brasileiro de Direito Público, n. 24, out./dez. 2010.

_____. Legalidade e autovinculação da Administração Pública: pressupostos conceituais do contrato de autonomia no anteprojeto da nova lei de organização administrativa. In: MODESTO, Paulo (Coord.). *Nova organização administrativa brasileira*. Belo Horizonte: Fórum, 2009.

MONTESQUIEU, Baron de (Charles de Secondat). *O espírito das leis*. 3. ed. São Paulo: Martins Fontes, 2005.

MORAND-DEVILLER, Jacqueline. *Droit Administratif*. 12. ed. Paris: Montchrestien, 2011.

MOREIRA NETO, Diogo de Figueiredo. *Curso de direito administrativo*. 16. ed. Rio de Janeiro: Forense, 2014.

_____. *Legitimidade e discricionariedade*: novas reflexões sobre os limites e controle da discricionariedade. 4. ed. Rio de Janeiro: Forense, 2001.

MOREIRA, Egon Bochmann. *Processo administrativo*. 5. ed. São Paulo: Malheiros, 2017.

MORRISON, Wayne. *Blackstone's commentaries on the laws of England*. London: Cavendish Publishing Limited, 2001. v. 1.

MULLER, Friedrich. *Métodos de trabalho do direito constitucional*. 3. ed. Rio de Janeiro: Renovar, 2005.

NEVES, Daniel Amorim Assumpção. *Manual de direito processual civil* – Volume único. 8. ed. Salvador: JusPodivm, 2016.

_____; OLIVEIRA, Rafael Carvalho Rezende. *Manual de improbidade administrativa*. 6. ed. São Paulo: Método, 2018.

NOHARA, Irene Patrícia; MARRARA, Thiago. *Processo administrativo:* Lei nº 9.784/99 comentada. São Paulo: Atlas, 2009.

OLIVEIRA, Rafael Carvalho Rezende. *A constitucionalização do direito administrativo: o princípio da juridicidade, a releitura da legalidade administrativa e a legitimidade das agências reguladoras*. 2. ed. Rio de Janeiro: Lumen Juris, 2010.

_____. *Curso de direito administrativo*. 5. ed. São Paulo: Método, 2017.

_____. Dever de coerência na Administração Pública: precedentes administrativos, praxe administrativa, costumes, teoria dos atos próprios e analogia. In: WALD, Arnoldo; JUSTEN FILHO, Marçal; PEREIRA, Cesar (Org.). *O direito administrativo na atualidade* – estudos em homenagem a Hely Lopes Meirelles. São Paulo: Malheiros, 2017.

_____. *Novo perfil da regulação estatal*: Administração Pública de Resultados e análise de impacto regulatório. São Paulo: Método, 2015.

_____. *Princípios do direito administrativo*. 2. ed. São Paulo: Método, 2013.

ORTIZ DÍAZ, José. El precedente administrativo. *Revista de Administración Pública* (RAP), Madrid, n. 24, sep./dic. 1957.

OTERO, Paulo. *Legalidade e Administração Pública*: o sentido da vinculação administrativa à juridicidade. Coimbra: Almedina, 2003.

PAREJO ALFONSO, Luciano. *Derecho administrativo*. Barcelona: Ariel, 2003.

PECZENIK, Aleksander. The binding force of precedent. In: MacCORMICK, D. Neil; SUMMERS, Robert S. (ed). *Interpreting precedents*: a comparative study. Aldershot: Dartmouth Publishing, 1997.

PEREIRA, Jane Reis Gonçalves. *Interpretação constitucional e direitos fundamentais*. Rio de Janeiro: Renovar, 2006.

PERLINGIERI, Pietro. *Perfis do direito civil*: introdução ao direito civil constitucional. 3. ed. Rio de Janeiro: Renovar, 2002.

PIELOW, Johann-Cristian. Integración del ordenamiento jurídico: autovinculaciones de la administración. In: MUÑOZ, Guillermo Andrés; SALOMONI, Jorge Luis. *Problemática de la administración contemporânea*: una comparación europeo-argentina. Buenos Aires: Ad-Hoc, 1997.

PINHO, Humberto Dalla Bernardina de. Judicial rulings with prospective effect in Brazilian Law. In: STEINER, Eva. *Comparing the Prospective Effect of Judicial Rulings Across Jurisdictions*. Berna: Springer, 2015.

PIRES, Luís Manuel Fonseca. A estabilidade como atributo do ato administrativo. In: VALIM, Rafael; OLIVEIRA, José Roberto Pimenta; DAL POZZO, Augusto Neves (Coords.). *Tratado sobre o princípio da segurança jurídica no direito administrativo*. Belo Horizonte: Fórum, 2013.

RAZ, Joseph. *The authority of law*. 2. ed. New York: Oxford University Press, 2009.

REALE, Miguel. *Lições preliminares de direito*. 25. ed. São Paulo: Saraiva, 2001.

REIS, Maria do Carmo Guerrieri Saboya. *Anotações sobre o Poder Judiciário americano*. Brasília, n. 129, jan./mar. 1996.

SANTAMARÍA PASTOR, Juan Alfonso. *Principios de derecho administrativo general*. Madrid: Iustel, 2004. v. I.

SANTOFIMIO GAMBOA, Jaime Orlando. La fuerza de los precedentes administrativos en el sistema jurídico del derecho positivo colombiano. *Revista de Derecho de la Universidad de Motevideo*, v. 10, n. 20, 2011.

SCHAEFER, Walter V. The control of Sunbursts: Techniques of Prospective Overruling. *New York University Law Review*, v. 42, 1967.

SCHAUER, Frederick. Precedent. *Stanford Law Review*, v. 39, 1987.

_____. *Thinking like a lawyer:* a new introduction to legal reasoning. Cambridge: Harvard University Press, 2009.

SCHREIBER, Anderson. *A proibição de comportamento contraditório*. 3. ed. Rio de Janeiro: Renovar, 2012.

SCHWARTZ, Bernard. *O federalismo norte-americano atual*. Rio de Janeiro: Forense Universitária, 1984.

SENDÍN GARCÍA, Miguel Ángel; NAVARRO MEDAL, Karlos. Las otras fuentes del ordenamiento jurídico administrativo nicaragüense: tratados internacionales, jurisprudencia, precedente administrativo y doctrina. In: RODRÍGUEZ-ARANA MUÑOZ, Jaime; SENDÍN GARCÍA, Miguel Ángel et al. (Coords.). *Fuentes del Derecho Administrativo*: tratados internacionales, contratos como regla de derecho, jurisprudência, doctrina y precedente administrativo. Buenos Aires: RAP, 2010.

SERRATE PAZ, José M. Diversas fuentes del derecho administrativo. In: RODRÍGUEZ-ARANA MUÑOZ, Jaime; SENDÍN GARCÍA, Miguel Ángel; PÉREZ HUALDE, Alejandro et al. (Coords.). *Fuentes del Derecho Administrativo*: tratados internacionales, contratos como regla de derecho, jurisprudência, doctrina y precedente administrativo. Buenos Aires: RAP, 2010.

SHANNON, Bradley Scott. The Retroactive and Prospective Application of Judicial Decisions. Harvard Journal of Law & Public Policy, Cambridge, v. 26, 2003.

SILVA, Almiro do Couto e. O princípio da segurança jurídica (proteção à confiança) no direito público brasileiro e o direito da Administração Pública de anular seus atos administrativos: o prazo decadencial do art. 54 da Lei do processo administrativo da União (Lei n.º 9.784/1999). *RDA*, n. 237, jul.-set. 2004.

SINCLAIR, Michael. Precedent, Super-Precedent. *George Mason Law Review*, Arlington, v. 14:2, 2007.

SORRENTINO, Federico. *Le fonti del Diritto italiano*. Padova: Cedam, 2009.

STEINER, Eva. Judicial rulings with prospective effect-from comparison to sistematization. *Comparing the prospective effect of judicial rulings across jurisdictions*. New York: Springer, 2015.

STRECK, Lenio Luiz; ABBOUD, Georges. *O que é isto – o precedente judicial e as súmulas vinculantes?* 3. ed. Porto Alegre: Livraria do Advogado, 2015.

SUMMERS, Robert S. Precedent in the United States (New York State). In: MacCORMICK, D. Neil; SUMMERS, Robert S. (ed). *Interpreting precedents*: a comparative study. Aldershot: Dartmouth Publishing, 1997.

_____; ENG, Svein. *Departures from precedents*. In: MacCORMICK, D. Neil; SUMMERS, Robert S. (ed.). *Interpreting precedents*: a comparative study. Aldershot: Dartmouth Publishing, 1997.

SUNDFELD, Carlos Ari. *Direito administrativo para céticos*. 2. ed. São Paulo: Malheiros, 2014.

_____. Processo e procedimento administrativo no Brasil. *As leis de processo administrativo (Lei Federal 9.784/99 e Lei Paulista 10.177/98)*. São Paulo: Malheiros, 2006.

_____; SOUZA, Rodrigo Pagani de; JURKSAITIS, Guilherme Jardim. Interpretações administrativas aderem à lei? *Revista de Direito Administrativo*, Rio de Janeiro, v. 260, maio/ago. 2012.

TARUFFO, Michele. Institutional factors influencing precedents. In: MacCORMICK, D. Neil; SUMMERS, Robert S. (ed.). *Interpreting precedents*: a comparative study. Aldershot: Dartmouth Publishing, 1997.

_____. Precedente e giurisprudenza. *Rivista Trimestrale di Diritto e Procedura Civile*, Milano: Giuffrè, a. 61, 3, 2007.

TEIXEIRA, Sálvio de Figueiredo. Considerações e reflexões sobre o direito norte--americano. *Revista da Faculdade de Direito da Universidade Federal de Minas Gerais*, Belo Horizonte: Universidade de Minas Gerais, 1949.

THEODORO JÚNIOR, Humberto; NUNES, Dierle; BAHIA, Alexandre Melo Franco; PEDRON, Flávio Quinaud. *Novo CPC – fundamentos e sistematização*. 3. ed. Rio de Janeiro: Forense, 2016.

TRIBE, Laurence H. *American Constitutional Law*. New York: Foundation Press, 2000. v. 1.

TUCCI, José Rogério Cruz e. Parâmetros de eficácia e critérios de interpretação do precedente judicial. In: WAMBIER, Teresa Arruda Alvim (Coord.). *Direito jurisprudencial*. São Paulo: RT, 2012.

VALIM, Rafael. O *princípio da segurança jurídica no direito administrativo brasileiro*. São Paulo: Malheiros, 2010.

WAMBAUGH, Eugene. *The Study of Cases*: a course of instruction in reading, stating reported cases, composing head-notes and briefs, criticizing and comparing authorities, and compiling digests. 2. ed. Boston: Little, Brown and Company, 1894.

WAMBIER, Teresa Arruda Alvim; CONCEIÇÃO, Maria Lúcia Lins; RIBEIRO, Leonardo Ferres da Silva; MELLO, Rogério Licastro Torres de. *Primeiros comentários ao novo Código de Processo Civil*: artigo por artigo. São Paulo: RT, 2015.

WILLEMAN, Flávio de Araújo; MARTINS, Fernando Barbalho. *Direito administrativo*. Rio de Janeiro: Lumen Juris, 2009.

ZAGREBELSKY, Gustavo. *El derecho dúctil*. Ley, derechos, justicia. Madrid: Trotta, 2003.

ZANCANER, Weida. *Da convalidação e da invalidação dos atos administrativos*. 3. ed. São Paulo: Malheiros, 2008.

ZANDER, Michael. *The law-making process*. 7. ed. Oxford: Hart Publishing, 2015.

ZANETI JR., Hermes. *O valor vinculante dos precedentes*: teoria dos precedentes normativos formalmente vinculantes. 2. ed. Salvador: JusPodivm, 2016.

ZAVASCKI, Teori Albino. *Eficácia das sentenças na jurisdição constitucional*. São Paulo: RT, 2001.

ROTAPLAN
GRÁFICA E EDITORA LTDA
Rua Álvaro Seixas, 165
Engenho Novo - Rio de Janeiro
Tels.: (21) 2201-2089 / 8898
E-mail: rotaplanrio@gmail.com